[Matltab 활용]

처음부터 배우는

# 디지털영상처리와 비전

황재호 지음

KYOWOOSA
教友社

Matlab 소스파일과 영상

# 머리말

이 책은 영상처리의 입문서이다.

현재는 매우 일반화되어 손쉽게 디지털 영상을 얻거나 만날 수 있으나 불과 몇 년 전까지만 해도 영상을 디지털로 얻는 일은 그리 흔하지 않았다. 인터넷의 급속한 보급과 멀티미디어 시스템의 구축, 휴대폰의 대중화, 디지털카메라의 일반화라는 영상과 그 매체의 비약적인 발전과 보급은 자연히 디지털 영상처리나 컴퓨터 비전의 여러 학문적이고 산술적인 용어의 대중화를 가져왔다.

수많은 디지털화 된 영상들과 그 영상들의 변화무쌍한 변형 및 동영상을 통한 영화, 애니메이션, 가상현실체험 등 실로 현대인은 흘러넘치는 영상물의 홍수 속에 살고 있다고 하여도 지나치지 않다.

이와 같은 영상의 대중화와 디지털화로 손쉽게 영상을 접할 수 있는데 반해 실제 그러한 영상을 자신이 직접 처리하려면 그 화려함에 비해 벽이 높다는 것을 실감하게 된다. 영상처리는 보기와는 달리 수많은 온갖 고도의 수학과 알고리즘 그리고 프로그래밍 기법이 혼합된 실용학문이기 때문이다. 영상처리를 처음 시도한 사람들이 확률통계와 자료 분석을 다루는 수학자들이였음을 감안하면 그네들의 수학적 접근과 이의 알고리즘화와 다음에 이어지는 소프트웨어 프로그래머들의 고생스러운 프로그램 코딩작업의 산물에 일반인들의 접근이 그리 만만치는 않음이다. 그만큼 영상처리는 고도의 수학+영상처리로서의 알고리즘+프로그램작업이라는 세 분야의 합작품이다. 그 가운데 하나만 빠져도 영상처리는 불가능하다. 순수 수학으로부터 눈에 보이는 실제의 영상으로 보여져야하는 실용에 이르기까지 세 단계를 거쳐야 비로소 완성된다.

이 책은 영상처리와 비전 분야를 처음 공부하고자하는 이들을 위해 쓰여 졌다. 실제 영상처리 프로그램은 C언어를 사용해야하나 프로그램의 장벽에 막혀 전진하지 못하고 주저앉는 경우가 허다함을 고려하여 C언어에 익숙하기 전까지 Matlab를 프로그램언어로 지정하여 수학적 이해, 알고리즘을 어떻게 만들어갔는가 그리고 그 알고리즘을 Matlab을 통해 실현시키는 세 단계에 걸쳐 전지전자 컴퓨터 분야에 종사하는 누구든지 손쉽게 영상처리에 입문할 수 있도록 서술되었다. 이 책은 입문서이니 영상처리의 모든 분야가 망라되어있지는 않다. 따라서 이 책을 끝낸 독자 제위는 그 다음 단계로 넘어가 보다 발전된 학문과 기술의 진보를 이루기 바란다. 끝으로 이 책의 출판을 맡아주신 출판사 사장님과 편집하신 분들의 노고에 깊은 감사의 말씀을 드린다.

2009. 6

저자 황재호 씀

# 차례

# 제 1 장 영상은 데이터이고 영상처리는 데이터 처리이다.

## 들어가는 말

이미지(Image), 그림 또는 화상이라고도 불리는 영상은 실제로 평면에 뿌려진 데이터들이다. 이 데이터는 0, 1, 2, 40 과 같은 간단한 숫자들이다. 숫자들이 모여서 영상을 만든다. 숫자들이 변하면 영상처리가 된다. 멈추거나 움직이기도 한다. 모니터는 컴퓨터 내부의 명령에 의해 이러한 숫자를 색깔로 변환시킨다. 컴퓨터는 숫자로 색을 읽지만 인간은 색으로 물체를 분간하기 때문이다.

### 내 용

## 1.1 들어가는 말

영상(Image)는 현재 어린아이에서 부터 노년에 이르기까지 거의 전 연령과 계층에 친숙하다. 현재 전자문명인 핸드폰, 인터넷 그리고 컴퓨터가 이미 일반에 보급되어 생활의 필수품을 넘어서 몸의 일부처럼 인식되고 있다. 휴대폰으로 정보를 얻어 보고 사진도 찍는다. 영상이 만들어 진다. 디지털 카메라로 찍은 사진을 컴퓨터와 연결하여 사진을 보거나 편집한다. 캠코더로 찍은 동영상도 촬영과 동시에 영상 상태를 감지하고 역시 컴퓨터에 접속하여 여러 편리한 작업을 수행한다. 이러한 일들이 이미 일상이 된지 오래이다. TV와 라디오를 듣듯이 영상정보를 손쉽게 얻고 그것과 컴퓨터와 연결하여 사진을 수집, 정리하든지 색상과 문양, 밝기 등을 원하는 대로 편집하고 바꿀 수 있다. 얼굴이 검어서 고민인 사람은 미백의 얼굴사진을 만들 수 있다. 얼굴에 보기 싫은 여드름 자국, 기미, 주근깨, 점들도 제거하고 입술도 예쁘게 얼굴형태도 갸름하게 다듬는다. 인터넷을 검색하다가 마음에 드는 사진이나 동영상을 다운받아 자신의 파일에 차곡차곡 정리한다. 좋아하는 연예인이나 탤런트, 가수의 얼굴이나 멋진 포즈 영상을 바탕화면 영상으로 잡기도 한다. 친구들끼리 놀러가서 찍은 사진이나 동영상도 자신들의 카페에 올려놓고 재미있는 말거리와 익살스러운 글을 첨가하여 예쁘게 편집, 추억거리로 삼는다. 어찌 이것뿐이랴. 몸에 이상이 있어서 병원에 검진을 받으러 가면, CT, MRI 라는 말을 흔히 듣는다. 직접 몸에 칼을 대지 않고도 뼈와 장기조직의 이상상태를 사진을 보듯이 환히 들여다본다. TV 뉴스나 특집, 드라마 진행에서도 배경과 주변장치 및 필요한 정보나 데이터를 마치 실물을 보듯이 생생하게 제시한다. 컴퓨터 그래픽 또는 우리에게 친숙한 컴퓨터 합성에 의한 현장감 넘치는 영화와 드라마 그리고 흥미진진한 애니메이션. 이 모든 것이 영상이고 이것을 그렇게 동작하도록 만드는 기술이 영상처리이다. 디지털 신호로 모든 것이 이루어지므로 영상신호처리(Image Signal Process) 또는 디지털 영상신호처리라고 부른다.

백여 년 전만 하더라도 사진(Picture 또는 Image) 기술은 처음 접하는 사람에게는 마술이었다. 신기한 세계였다. 눈에 보이는 것이 사진기에 들어가 한 장의 그림으로 그대로 나타나다니! 기적 같은 일이 일어난 것이다. 아마도 현재의 고물 컴퓨터 한 대가지고 천 년 전으로 돌아간다면 그는 신(神)으로 추앙될지도 모를 일이다. 사진기에 한 장으로 찍힌 사진이 필름들을 붙여서 동시에 돌리면 어떻게 되는가? 활동사진. 영화이다. 현재 일어나고 있는 일들과 사건들을 그대로 녹화할 수 있음이다. 원하면 언제라도 다시 돌려서 그때의 생생한 모습을 다시 볼 수도 있다. 전문용어라고 하기에는 이미 일반화된 단어이나 전자를 정지영상, 후자를 동영상이라고 부른다. 옛것은 천천히 연속적으로 돌아가고 사진의 색상도 그런대로 두루뭉술하기 때문에 연속이라는 영어인 아날로그(Analog)라 부른다. 아날로그 영상, 아날로그 사진, 아날로그 영화. 반면에 지금 것들은 어찌나 속도가 빠른지 사진을 찍자마자 그 사진기나 컴퓨터에서 볼 수 있고, 메일로 전송이 가능하다. 사진에 글씨 쓰는 것은 기본이고 마음대로 떼었다 붙였다 할 수 있다. 동영상도 마찬가지이다. 인화니 현상이니 하는 것은 아예 개념조차 없다. 바로 보고 바로 고치고 편집하고 컴퓨터에 저장하고 인터넷에 올린다. 똑부러지고 명쾌하고 선명하기 때문에 톡톡 튄다는 디지털(Digital)이라 부른다. 음성도 영상도 모두 디지털이다.

## 1.2 아날로그와 디지털 그리고 수학

그런데 아날로그와 디지털은 도대체 무엇이 다른가? 수학이 다르다. "수학" 소리만 나면 머리가 지끈지끈한 사람도 있을 것이다. 수학=무진장 어려운 것. 이라고 생각하기 쉽다. 그러나 이것은 순전히 선입관이다. 수학은 수를 다루는 것이다. 컴퓨터를 하나도 모르던 컴맹일 때 컴퓨터의 "컴"자만 들어도 떨렸으나, 조금 배우다 보니 별거 아니라는 사실을 알듯이 수학도 마찬가지이다. 수들끼리 서로 주기니 받기니 하는 원리와 법칙을 알면 무척이나 쉬운 것 또한 수학이다. 영상처리도 모두 수학으로 한다는 사실을 기억하기 바란다. 수학에 자신이 없어도 책에 나오는 수식을 알기 쉽게 해설하여 놓았으니 편히 공부하면 된다. 수학에 대해서는 나중에 계속해서 말하기로 하고 일단은 아날로그와 디지털이 어떻게 수학적으로 표현되며 다른가를 살펴보자. 앞에서 아날로그는 연속해서 움직이고 디지털은 톡톡거리며 움직인다고 말하였다. 그림 1-1을 보도록 하자. 그림 (a)는 달걀모양의 물체이고 그림 (b)는 다각형이다. 이들이 그림의 화살표와 같이 왼쪽에서

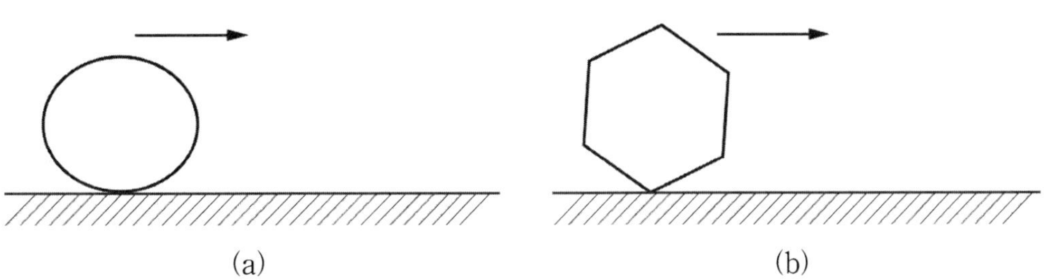


[그림 1-1]

오른쪽으로 이동할 때, 그림 (a)는 부드럽게 움직이겠지만, 그림 (b)는 툭툭 요동을 치면서 이동할 것이다. 그림 (a)는 곡면의 무수한 점들이 다양하게 흐름을 만들지만, 그림 (b)는 6각형이므로 단지 6개 유형의 흐름만 갖는다. 무엇이 아날로그이며, 무엇이 디지털인지를 감지했으리라 본다. 그림 1-1 (a)가 아날로그이고 그림 (b)가 디지털이다. 연속적인 것이 아날로그이고 뚝뚝 끊어지면서 지속되는 것이 디지털이다. 역학적인 개념으로 이해하였으면, 이제는 수학적으로 이해하여 보자.

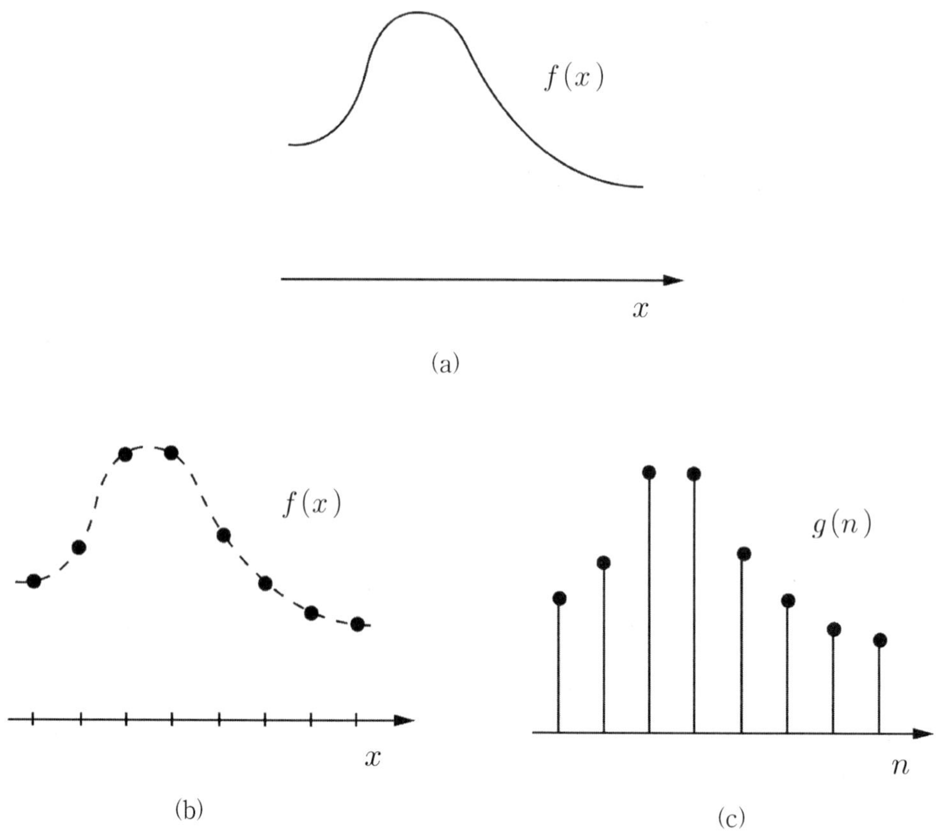


[그림 1-2]

그림 1-2 (a)는 아날로그를 함수로 나타낸 것이다. 그래프가 연속적으로 변하면서 독립변수 $x$에 대한 값 $f(x)$를 만들고 있다. 그림 (b)는 (a)에서 (c)로 가는 중간 단계이다. 그림 (b)의 점선 중간 중간에 일정 간격으로 굵은 점들이 찍혀 있다. 굵은 점들만 보면 점들 사이의 값은 고려하지 않는다. 그림 (b)에서 중간 중간의 값들을 아예 제거하고 굵은 점들만으

로 그린 것이 그림 (c)이다. 그림 (b)는 그림 (a)를 일정간격으로 솎아 내었다하여 **샘플링**이라 부르고 샘플링 결과로 얻은 데이터들을 모은 것이 그림 (c)이다. 그림 (a)를 아날로그라고 한다면 그림 (c)가 디지털이 되는 것은 자명하다.

이렇게 디지털이 되면 수학적으로 무엇이 달라지는가? 엄청난 차이가 발생한다. 앞의 그림 1-2에서 이해하였던 바와 같이 아날로그의 가로축은 연속되는 실수나 복소수이다. 반면에 디지털은 정수 또는 자연수이다. 영상처리의 경우는 아예 0을 포함한 자연수이다. 자연수는 인간에게 가장 친숙한 수인 동시에 세살정도에서 익히는 수의 세계이다. 얼마나 쉬운가? 영상처리는 이러한 자연수들을 가지고 주거니 받거니 하면서 기기묘묘한 장관을 연출한다. 디지털로 처리한다는 말은 곧 데이터로 한데 묶어서 처리한다는 의미이다. 이 세계에서는 골치 아픈 미분이니 적분이니 미분방정식과 같은 것들이 실제 하지 않는다. 단지 이론적으로 설명하기 위해 개념적으로만 있을 뿐이다.

## 1.3 영상은 공간상의 위치에서 어떤 값으로 나타나는 데이터이다.

영상처리의 기본골격이 0을 포함한 자연수라는 것을 앞 절에서 살펴보았다. 0, 1, 2, 3, 35, 129 같은 수는 있지만 1.2, 3.9, -5, -4.78, $\sqrt{3}$, $3+4i$ 와 같은 수는 존재하지 않는다. 혹시 영상 처리의 중간 계산 과정에서 그러한 수가 발생할 수는 있으나 최종 영상으로 나타낼 때는 역시 0과 자연수이다. 그림 1-3은 영상이 결국은 디지털 데이터임을 보여주고 있다. 칼라와 흑백영상으로 나누어지는 것은 이미 알고 있을 것이다. 흑백영상은 검정색에서 서서히 밝아져 나중에는 흰색으로 변한다. 반면에 칼라 영상은 빨강(Red), 녹색(Green), 파랑(Blue)라는 세 가지 색을 적절히 조합하여 색을 만든다. 다른 여러 방법이 있기는 하지만 RGB모드라고 불리는 이 방법이 가장 흔히 사용하는 칼라 영상을 만드는 기법이다. 빨강, 녹색, 파랑의 색상 판이 모두 0을 포함한 숫자로 표현되고 있다. 흑백 영상이라고 불리는 영상도 모두 숫자로 나타냄을 볼 수 있다.

칼라영상(RGB) 칼라영상을 줌(zoom)으로 크게 확대한 것: 화소(pixel)들이 보인다.

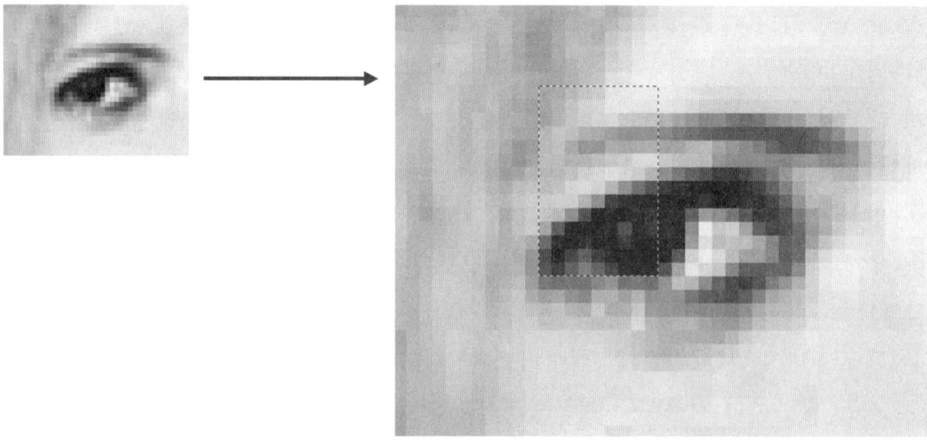

[확대한 영상 점선부분의 RGB 세 데이터 판들의 숫자 구성]

| 196 | 198 | 207 | 218 | 229 | 250 | 255 | 255 | 255 |
|---|---|---|---|---|---|---|---|---|
| 193 | 204 | 219 | 231 | 241 | 252 | 252 | 244 | 255 |
| 188 | 206 | 222 | 231 | 239 | 241 | 233 | 225 | 227 |
| 216 | 224 | 218 | 207 | 202 | 195 | 186 | 183 | 185 |
| 216 | 215 | 200 | 183 | 186 | 196 | 203 | 212 | 205 |
| 220 | 218 | 208 | 204 | 216 | 234 | 247 | 252 | 253 |
| 205 | 210 | 221 | 232 | 242 | 250 | 244 | 228 | 207 |
| 212 | 219 | 234 | 241 | 228 | 203 | 161 | 118 | 93 |
| 214 | 232 | 227 | 197 | 146 | 73 | 27 | 28 | 14 |
| 224 | 209 | 163 | 90 | 32 | 17 | 23 | 20 | 35 |
| 179 | 101 | 42 | 15 | 10 | 41 | 55 | 13 | 25 |
| 127 | 39 | 28 | 49 | 15 | 6 | 17 | 0 | 18 |
| 90 | 36 | 73 | 119 | 61 | 12 | 17 | 10 | 3 |
| 97 | 74 | 107 | 141 | 105 | 65 | 39 | 8 | 33 |

R(red, 빨강)

| 167 | 168 | 177 | 187 | 197 | 217 | 230 | 224 | 215 |
|---|---|---|---|---|---|---|---|---|
| 162 | 173 | 187 | 199 | 208 | 216 | 215 | 205 | 214 |
| 155 | 172 | 188 | 195 | 203 | 202 | 192 | 181 | 180 |
| 182 | 190 | 183 | 169 | 162 | 153 | 141 | 136 | 135 |
| 180 | 179 | 162 | 144 | 144 | 151 | 156 | 162 | 154 |
| 184 | 182 | 172 | 165 | 175 | 192 | 203 | 207 | 208 |
| 171 | 176 | 186 | 197 | 208 | 215 | 208 | 193 | 173 |
| 180 | 186 | 203 | 210 | 201 | 177 | 137 | 96 | 74 |
| 182 | 202 | 200 | 174 | 127 | 59 | 16 | 22 | 12 |
| 192 | 179 | 139 | 71 | 17 | 10 | 21 | 23 | 42 |
| 147 | 70 | 16 | 0 | 0 | 36 | 57 | 22 | 37 |
| 94 | 7 | 1 | 29 | 1 | 0 | 17 | 1 | 27 |
| 55 | 3 | 45 | 95 | 42 | 0 | 7 | 5 | 0 |
| 62 | 41 | 78 | 115 | 85 | 48 | 26 | 0 | 24 |

G(green, 녹색)

| 101 | 104 | 117 | 132 | 148 | 172 | 192 | 190 | 185 |
|---|---|---|---|---|---|---|---|---|
| 97 | 109 | 126 | 142 | 155 | 168 | 171 | 166 | 179 |
| 88 | 108 | 125 | 133 | 145 | 147 | 140 | 132 | 134 |
| 118 | 126 | 119 | 107 | 101 | 95 | 86 | 84 | 86 |
| 118 | 117 | 100 | 85 | 86 | 96 | 104 | 113 | 107 |
| 122 | 122 | 112 | 108 | 121 | 142 | 158 | 165 | 169 |
| 110 | 115 | 130 | 143 | 160 | 173 | 172 | 163 | 146 |
| 123 | 132 | 149 | 163 | 158 | 142 | 109 | 73 | 57 |
| 131 | 152 | 155 | 133 | 94 | 32 | 0 | 6 | 0 |
| 153 | 141 | 105 | 41 | 0 | 0 | 9 | 14 | 35 |
| 124 | 49 | 0 | 0 | 0 | 32 | 54 | 21 | 35 |
| 77 | 0 | 0 | 22 | 0 | 0 | 17 | 2 | 26 |
| 36 | 0 | 31 | 83 | 35 | 0 | 5 | 1 | 0 |
| 42 | 22 | 62 | 102 | 76 | 41 | 20 | 0 | 17 |

B(blue, 파랑)

[칼라영상을 회색조(gray level) 곧 흑백으로 바꾼 영상]

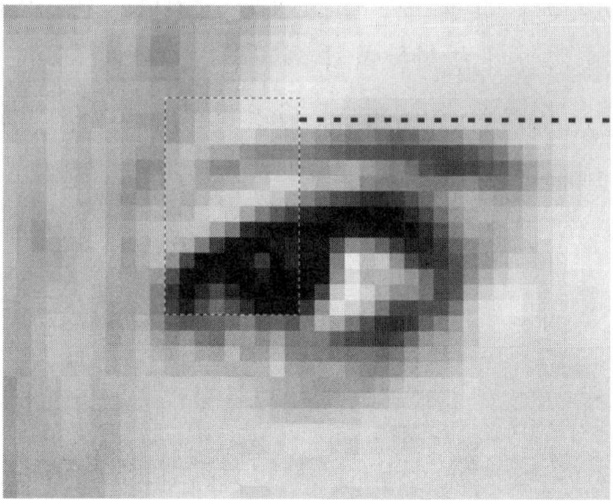

Gray(회색조) 흑백영상

| | | | | | | | | |
|---|---|---|---|---|---|---|---|---|
| 168 | 170 | 179 | 190 | 201 | 222 | 233 | 229 | 224 |
| 164 | 175 | 190 | 202 | 212 | 221 | 221 | 212 | 222 |
| 157 | 175 | 191 | 199 | 207 | 207 | 198 | 189 | 189 |
| 185 | 193 | 186 | 173 | 167 | 159 | 148 | 144 | 144 |
| 184 | 183 | 166 | 149 | 150 | 158 | 164 | 171 | 164 |
| 188 | 186 | 176 | 170 | 181 | 199 | 211 | 216 | 217 |
| 174 | 179 | 190 | 201 | 213 | 221 | 215 | 200 | 180 |
| 183 | 190 | 206 | 214 | 204 | 181 | 141 | 100 | 78 |
| 186 | 205 | 203 | 176 | 129 | 60 | 17 | 22 | 11 |
| 197 | 184 | 142 | 73 | 20 | 11 | 20 | 21 | 39 |
| 154 | 77 | 22 | 4 | 3 | 37 | 56 | 19 | 33 |
| 102 | 16 | 9 | 34 | 5 | 2 | 17 | 1 | 24 |
| 63 | 13 | 52 | 101 | 47 | 4 | 10 | 6 | 1 |
| 70 | 49 | 85 | 121 | 90 | 52 | 29 | 2 | 26 |

**[그림 1-3]**

또한 그림 1-4는 흑백 영상의 가로선 하나를 뽑아내어 데이터로 본 것이다. 역시 0을 포함한 자연수들이 평면상에서 데이터를 만들고 있음을 확인할 수 있다.

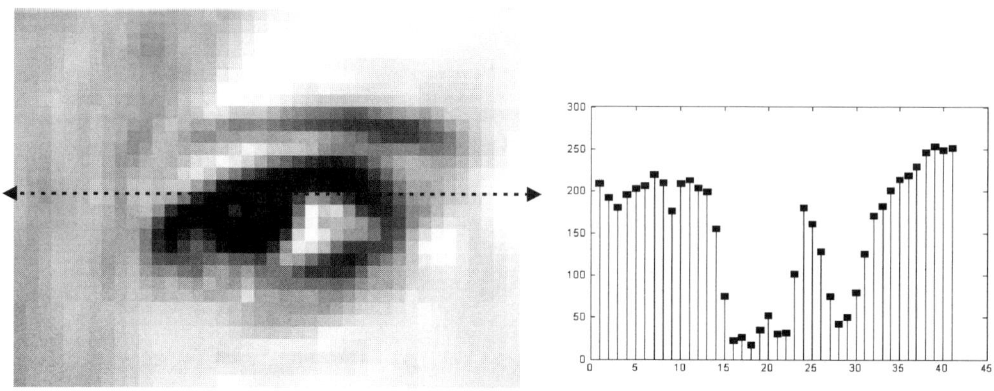


**[그림 1-4]**

그러면 숫자가 어떻게 색깔이 되느냐 라고 질문할 수 있다. 이것은 약속이다. 컴퓨터와 모니터 사이의 약속이다. 컴퓨터로 영상을 처리하고 계산할 때에는 모두 숫자로 하지만 막상 영상으로 나타낼 때에는 어떤 숫자에 어떤 모니터 색을 갖게 하라는 변환명령에 의해 움직인다. 디지털 카메라나 스캐너 또는 인터넷에서 영상을 불러들일 때도 마찬가지이다. 불러들인 영상은 컴퓨터 내의 또 다른 변환 명령에 의해 색상이 숫자로 바뀐다. 인터넷에서 그림 파일을 다운로드 할 때는 영상이 아닌 숫자들이 받아들여져 저장된다. 이 때 데이터량이 너무 커서 받아들이거나 전송할 때 영상을 압축함은 이미 다 알려진 상식이다. 영상의 색상표현에 관해서는 이 책의 뒷부분에서 배운다.

## Matlab 시작하기

영상처리를 효과적으로 하기 위해서는 다음의 세 단계를 거쳐야 한다.

첫째, 영상처리 알고리즘의 원리와 개념의 이해
둘째, 수학적 접근방법과 수식화
셋째, 프로그램 작업에 의한 영상처리 실현

영상처리는 겉으로 보면 매우 흥미롭고 재미있어 보인다. 무엇인가를 조작하면 영상이 척척 변하면서 새로운 영상이 나타나고 멋진 연기를 연출한다. 모니터 상에 눈으로 보는 것이기 때문에 사람들의 시각적 호기심을 자아내기에 충분하다. 색깔도 변하고 모양도 달라지며 움직이기까지 한다. 신기하기도 하고 때로는 놀랍기도 하다. 그러나 실제 그러한 작업이 가능하려면 위의 세 단계에 대한 완벽한 이해와 처리능력이 있어야 한다. 세 가지 단계 중에 하나만 미흡해도 영상의 시각처리는 어렵다. 영상을 어떻게 처리해야 하는가의 방법론과 원리, 그리고 이것을 어떻게 수학적으로 수식화하여 처리하는가하는 폭넓은 수학적 지식. 이 두 가지 요건이 갖추어졌다고 하더라도 실제 프로그램으로 작업하여 보여주지 않으면 아무 소용이 없다. 첫째와 두 번째 단계는 공부해서 이룩할 수 있지만 세 번째의 프로그램 작업은 프로그램 자체의 이해와 활용, 그리고 부단한 코딩작업이 있어야만 가능하다.

영상처리 프로그램 작업은 본래 C언어로 작업하는 것이 원칙이다. C언어로 구현해야만 하나하나에 대해 독립적인 활용이 가능하고 상업적 가치가 있다. 프로그램으로서의 제품화 및 상품화가 가능하다. 실제 수많은 영상처리 기법들과 알고리즘들이 C언어 프로그램 전문가의 고된 노력과 땀의 결실로 상품화되어 판매되고 있다. HDTV, 디지털TV, 핸드폰 화면, 인터넷 상의 수많은 영상과 영상관련동작 및 멀티미디어의 영상구현 등이 그 대표적인 예이다. 그러나 영상처리 알고리즘의 실험적 구현, 시뮬레이션, 학술적 분석처리 등에 모두 C언어를 사용하고 적용하는 것은 많은 노력과 시간을 필요로 하는 힘든 과정이이다. C언어에 능통한 사람이 그리 많지 않으며 프로그램 작업은 잘 하지만 영상처리 이론과 알고리즘에 관한 수학적 이해가 부족해도 또한 어렵다. 앞으로 공부할 Matlab은 프로그램에 그리 능통하지 않은 사람들도 쉽게 접근할 수 있는 매우 편리하고 쉬운 프로그램이다. 배우기 쉽고 다루기도 어렵지 않다. C언어로 며칠은 작업해야할 분량을 Matlab은 단 몇 시간 안에 결과를 작업자의 모니터 상에 보여준다.

## A1. Matlab 실행

Matlab 아이콘을 실행하면 그림 A1과 같은 화면이 생성된다.

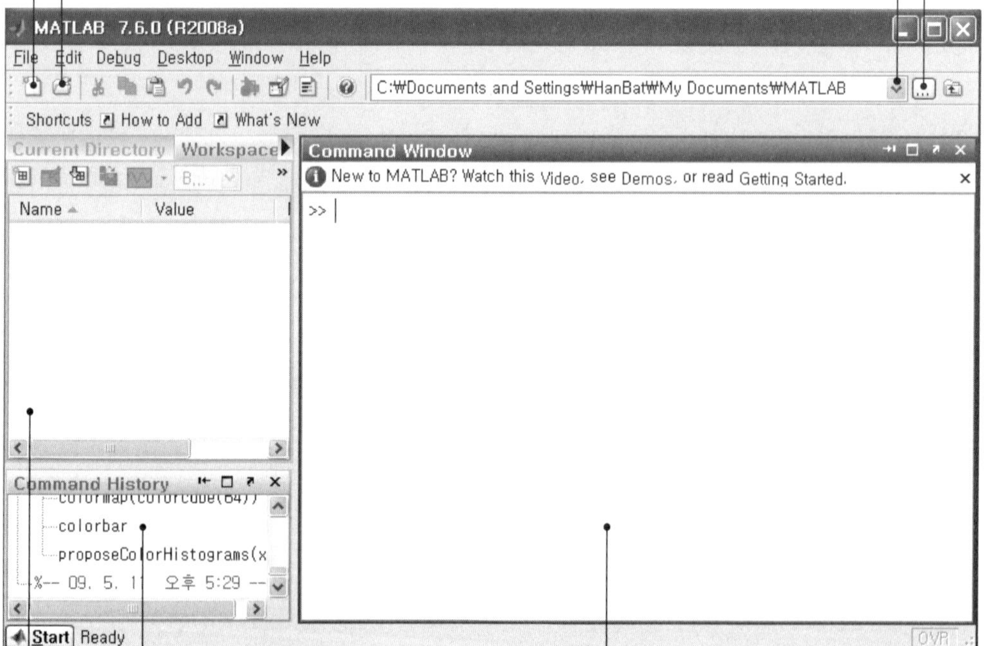


[그림 A1]

화면 위에 있는 [Current Directory]를 클릭하면 현재 폴더에 있는 파일들의 리스트가 나온다. 그 오른쪽의 [Workspace]를 클릭하면 [Command window]에서 작업하고 실행하고 있는 모든 변수들과 그 자세한 정보가 나타난다. Matlab을 계속 실행 중에는 [Workspace]로 놓고 작업한다.

## A2. file 관리

화면 상단 좌측의 [file]을 클릭하면 그림 A2의 화면이 나온다.

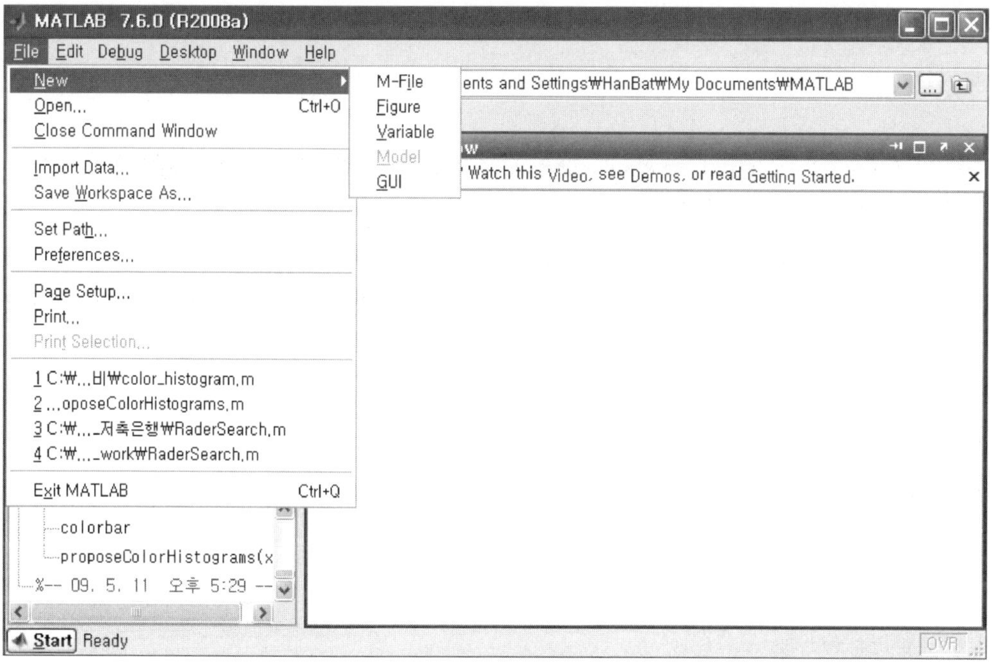


[그림 A2]

New ┬ M-file : 새로운 m파일을 만든다.
├ Figure : 새로운 그림 생성 시 사용.
├ Variable : 새로운 변수 생성 시 사용.
└ Gui : 새로운 Gui 환경을 만들 때 사용.

Matlab은 m파일이나 그림, 변수, Gui환경을 생성하는 기본 툴을 제공한다. 각각으로 이동하여 클릭하면 관련 작업창들이 나타난다. Matlab은 프로그램작성과 실행이 주로 m파일에서 이루어지기 때문에 4개의 작업 중 [M-file]이 가장 많이 사용된다.

그 밖에 [Edit], [Debug], [Desktop], [Window], [Help]은 간단히 클릭하여 사용한다. 다른 프로그램 윈도우 환경에서 제공하는 것과 유사하다.

## A3. Matlab 정보를 모두 갖고 있는 [help]

다른 윈도우 환경 지원 프로그램과는 달리 [help]는 Matlab 사용시 매우 중요하며 항상 가까이서 사용하고 자주 들어가 필요한 정보를 얻어낸다. 일단 [help]를 클릭하면 그림 A3의 화면이 나타난다. 그 다음은 화면에서 [Product Help]를 클릭하면 A4의 화면이 나타난다.

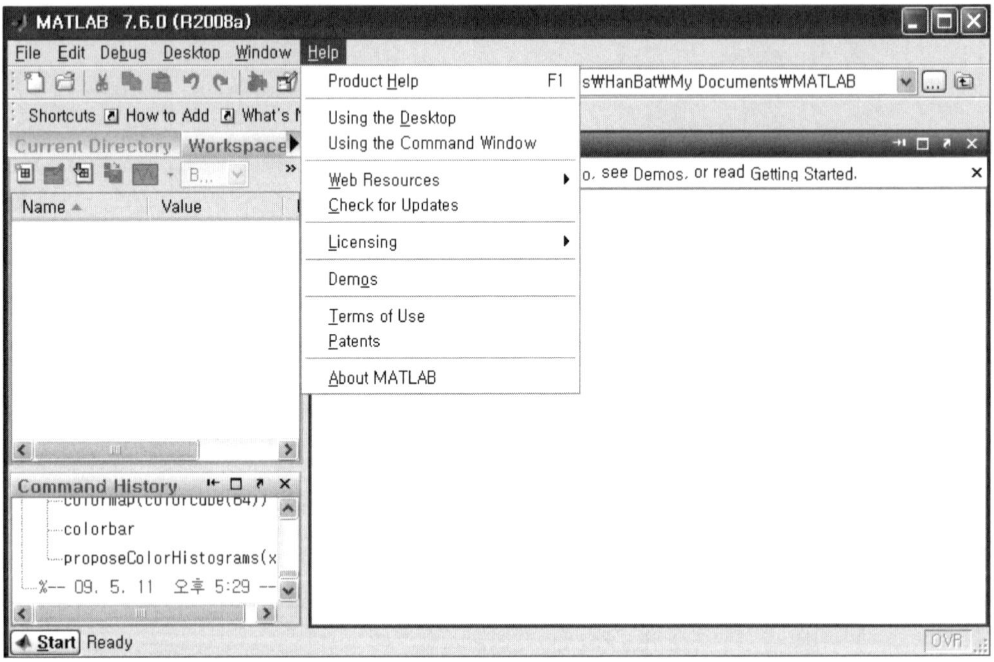


[그림 A3]

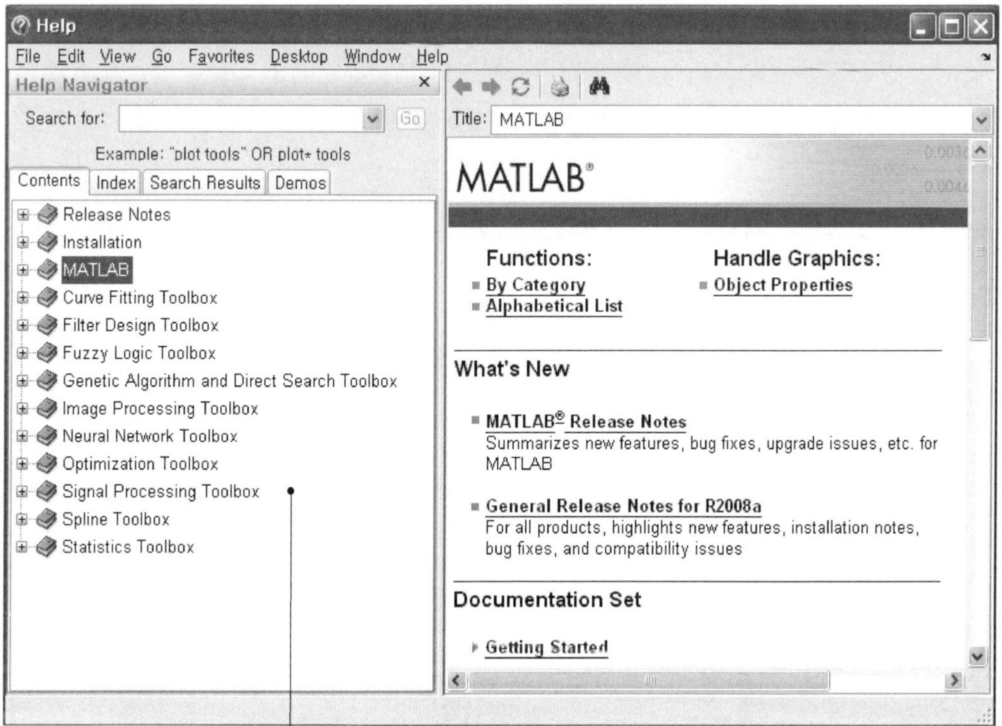


[그림 A4]

→ 현재 Matlab에 있는 모든 사용 가능한 Toolbox들을 보여준다. Matlab은 Toolbox에 의해 운용된다. 사용자가 필요한 Toolbox를 구입하여 여기에 편입시킨다. 각 Toolbox를 클릭하면 그와 관련한 함수들과 상세한 내용이 이론과 함께 제공된다.

그림 A4 상단 중간부분의 [Contents], [Index], [Search Results], [Demo] 각각을 클릭하면 각 부분의 자세한 찾기와 경로를 매우 편리하게 제시한다. 지면 관계상 그 자세한 것을 모두 설명하지 못하나 이해하기 쉬우니 자세히 검토하기 바란다.

이상은 Matlab 사용과 관련하여 간단한 소개를 하였다. 보다 자세한 것은 영상처리 과정에서 제시하고자 한다.

## B. 영상 불러오기와 보기

Matlab에서 영상 불러오기에 앞서 먼저 자신이 작업할 폴더를 만들고 그 곳에 불러올 영상을 저장한다. 그림 B1은 그렇게 만든 폴더와 그 곳에 있는 영상들의 예를 보여준다.

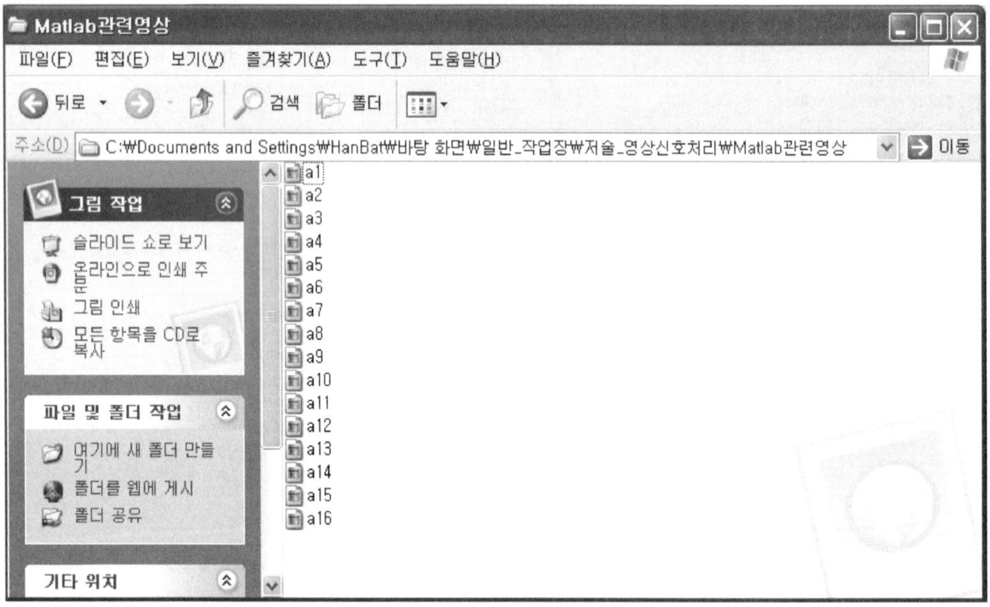


[그림 B1]

그림 B1에서 영상 파일이 들어있는 폴더의 경로를 잘 보아두어야 한다. 그 경로를 Matlab 화면에서 그림 B2-B4 같이 찾아간다.

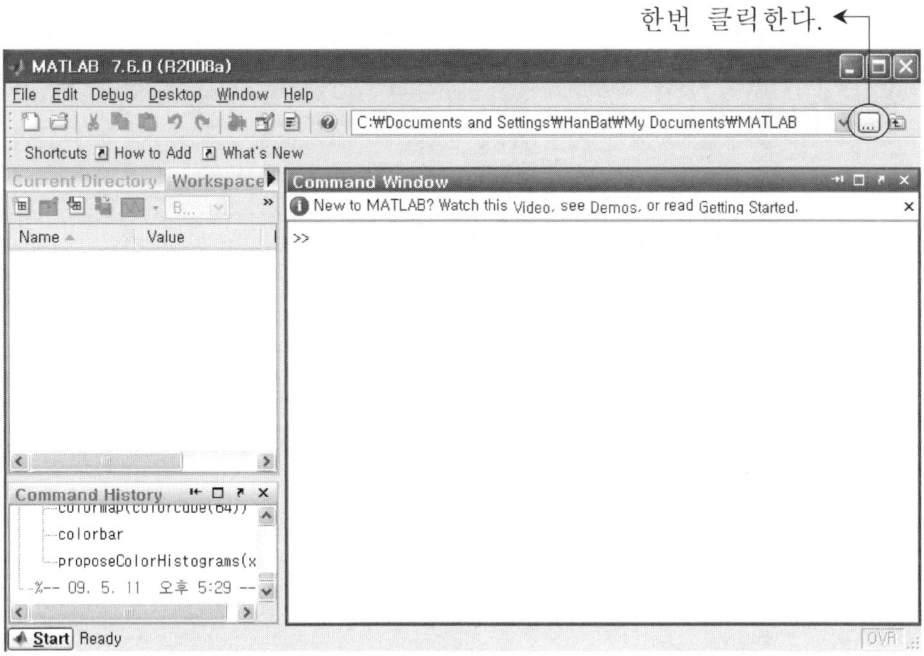


[그림 B2]

[폴더찾아보기]창이 뜨면 영상들이 들어 있는 폴더를 찾아간 후 [확인]을 클릭한다.

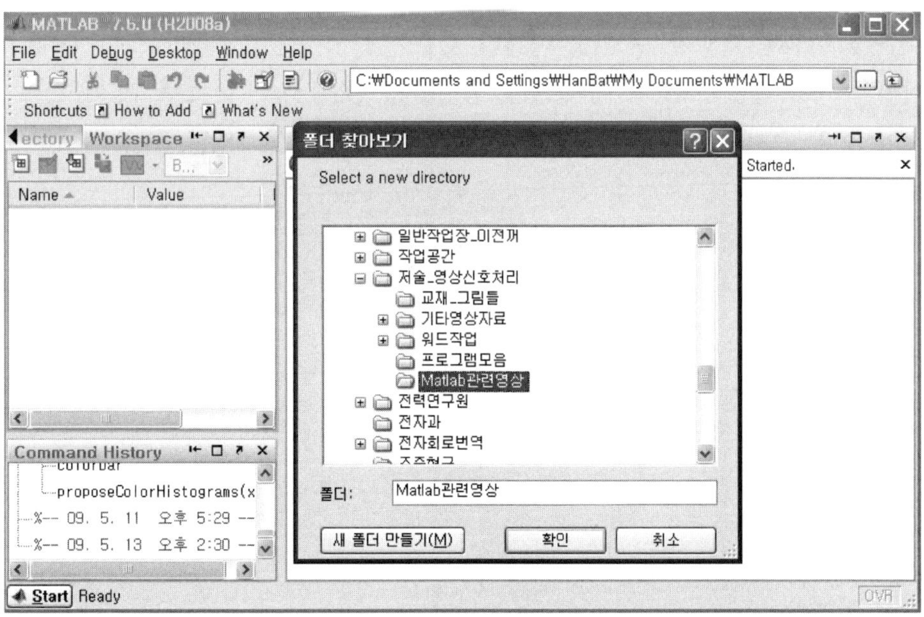


[그림 B3]

→ 영상들이 들어 있는 폴더 위치가 나타난다.

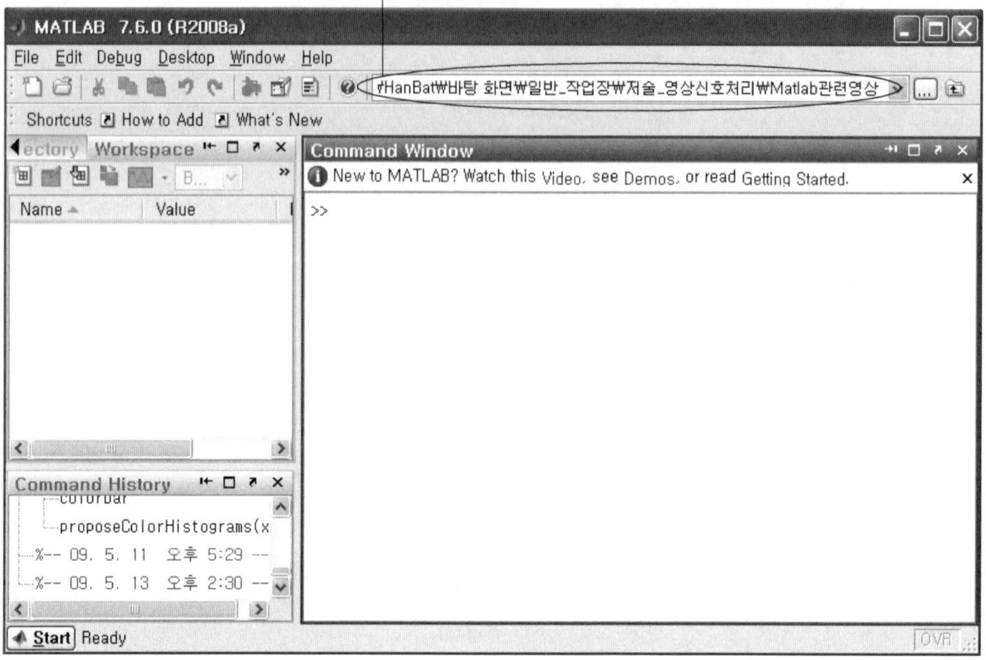


[그림 B4]

＊이제 Matlab을 작업할 수 있는 여건이 갖추어진 셈이다.
화면의 좌측 상단 작업창 위에 있는 [Current Directory]를 그림 B5와 같이 클릭 그림 B6와 같이 앞에서 찾아갔던 폴더에 들어 있는 모든 파일들을 볼 수 있다.

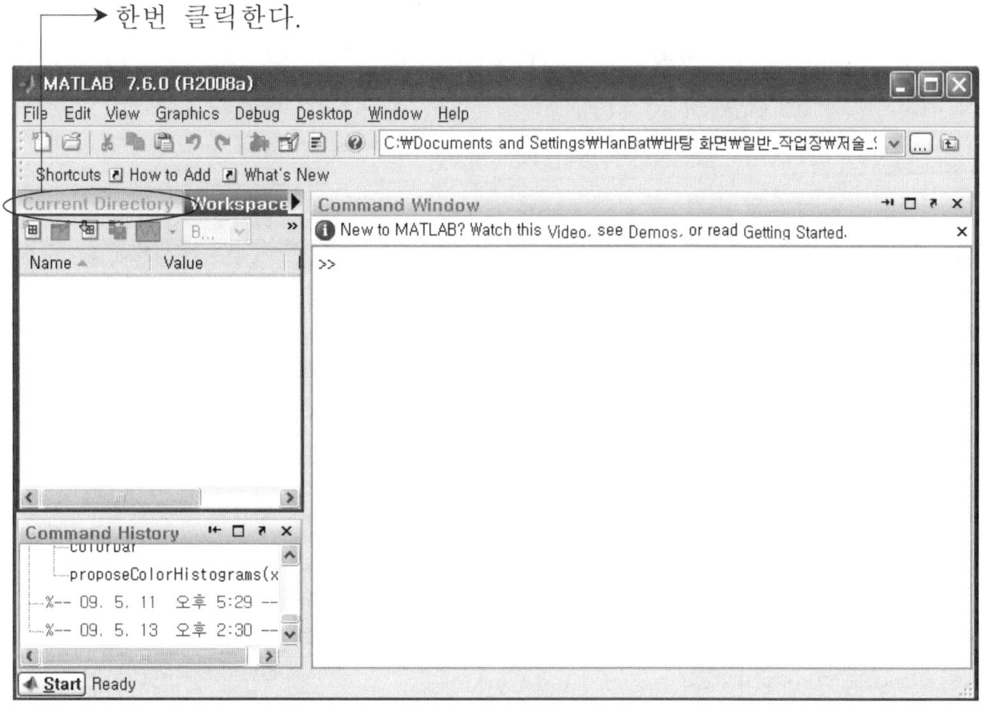
한번 클릭한다.
MATLAB 7.6.0 (R2008a)
File Edit View Graphics Debug Desktop Window Help
Shortcuts How to Add What's New
Current Directory Workspace
Command Window
New to MATLAB? Watch this Video, see Demos, or read Getting Started.
Name Value
Command History
proposeColorHistograms(x
%-- 09. 5. 11 오후 5:29 --
%-- 09. 5. 13 오후 2:30 --
Start Ready

[그림 B5]

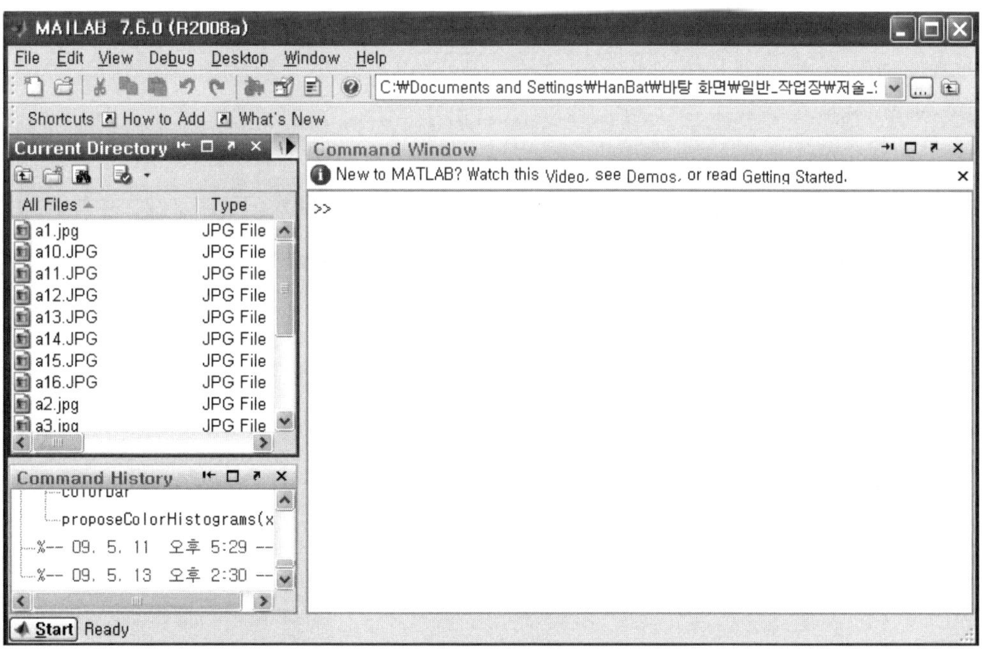
MATLAB 7.6.0 (R2008a)
File Edit View Debug Desktop Window Help
Shortcuts How to Add What's New
Current Directory
Command Window
New to MATLAB? Watch this Video, see Demos, or read Getting Started.
All Files Type
a1.jpg JPG File
a10.JPG JPG File
a11.JPG JPG File
a12.JPG JPG File
a13.JPG JPG File
a14.JPG JPG File
a15.JPG JPG File
a16.JPG JPG File
a2.jpg JPG File
Command History
proposeColorHistograms(x
%-- 09. 5. 11 오후 5:29 --
%-- 09. 5. 13 오후 2:30 --
Start Ready

[그림 B6]

그림 B6와 같이 [Current Directory]에 들어있는 영상파일과 기타 파일들을 확인하였으면 [Current Directory] 오른쪽에 있는 [Workspace]를 클릭한다. Matlab 프로그램작업은 그림 B7와 같이 [Workspace]가 있는 상태에서 수행한다. 이 [Workspace]에는 [Command Window]에서 작업하는 모든 변수들의 상세한 정보가 나타난다.

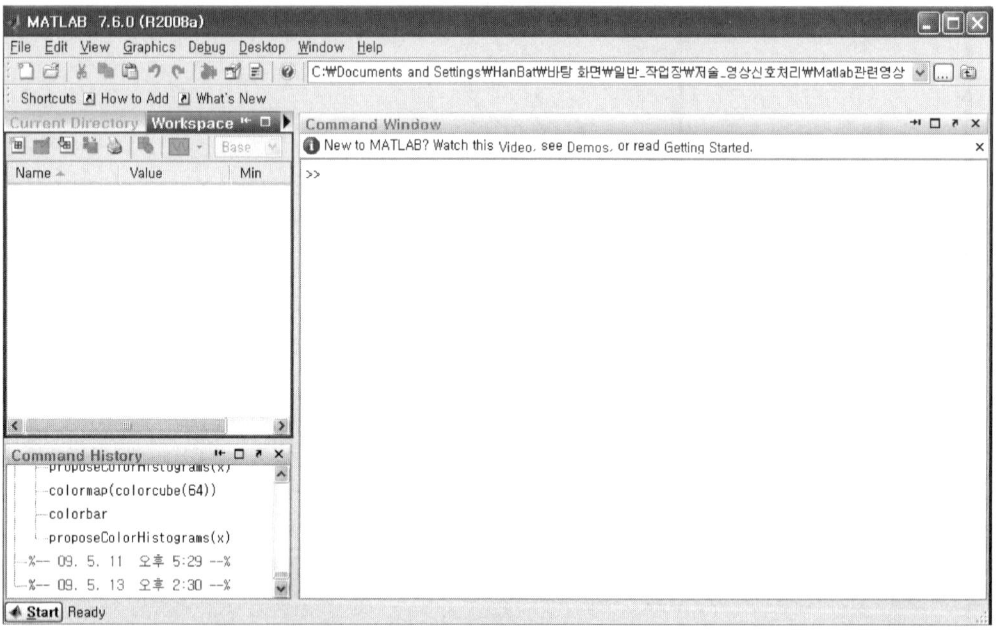


[그림 B7]

그림 B8에서와 같이 [Command Window]창에 영상을 불러오는 “imread” 함수를 사용하여 그림과 같이 기록한 후 키보드의 enter를 치면 그림 B9와 같이 [Workspace]에 변수가 뜬다.

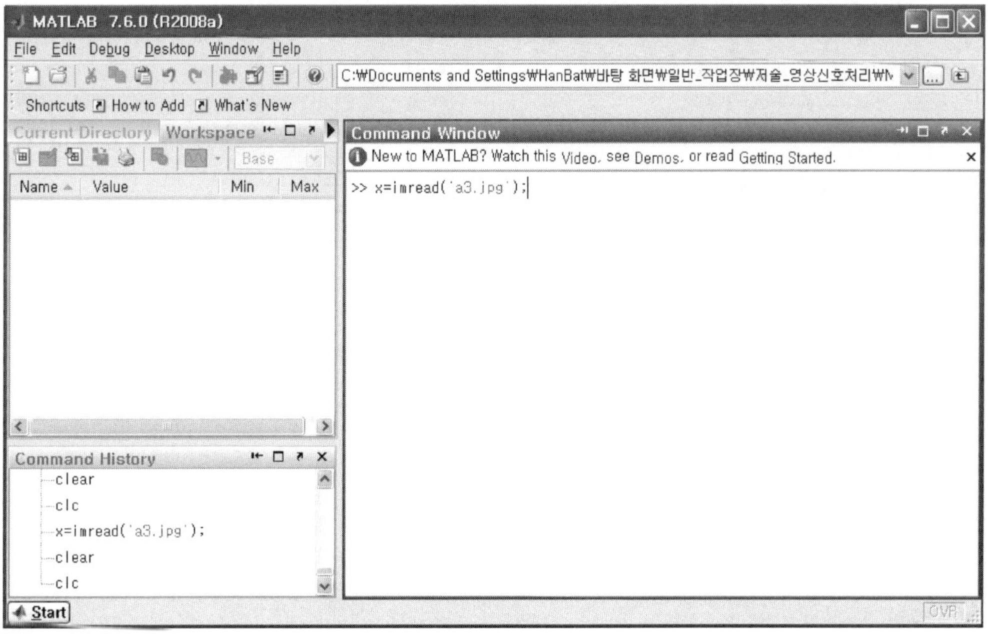


[그림 B8]

x = imread( 'a3. jpg' ); enter

- ; → 실행결과가 명령창에 나타나지 않게 함.
- jpg → 확장자
- a3 → 영상의 명칭
- imread → 영상을 읽어오는 함수
- x → 영상데이터가 들어갈 변수

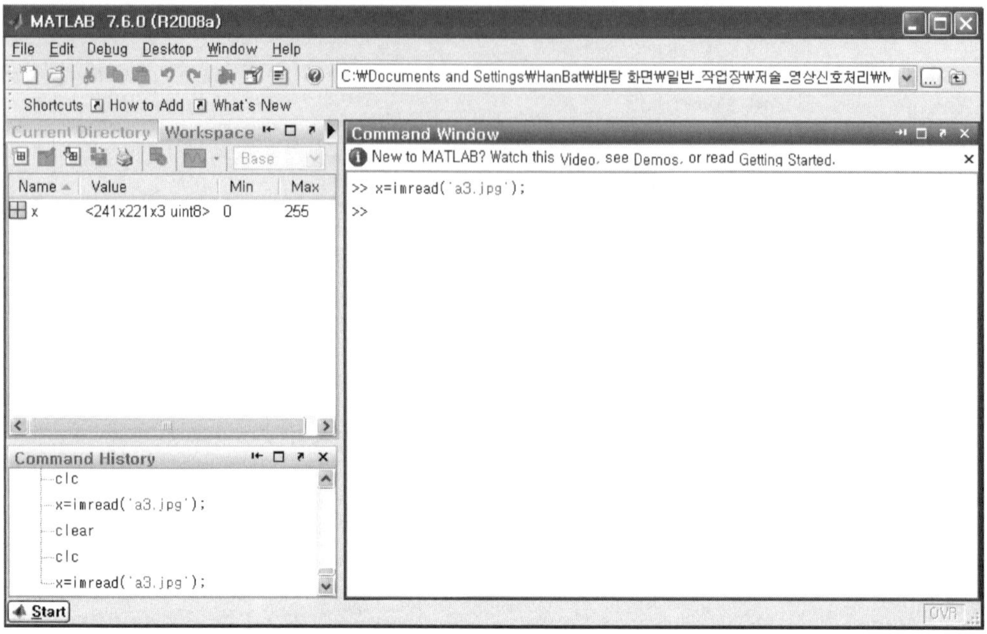


[그림 B9]

*[Workspace]에 나타난 결과에 대한 설명

X < 241 × 221 × 3 unit 8 > 0 255

- X → 영상데이터가 들어간 변수
- 241 × 221 → 화소의 세로×가로수
- 3 → 영상이 RGB로서
  Red판 : 241 × 221 화소
  Green판 : 241 × 221 화소
  Blue판 : 241 × 221 화소
  이상과 같이 R,G,B 세판의 컬러 영상이라는 의미이다.
- unit 8 → 영상을 구성하는 화소(pixel)의 숫자적 표현방식이다. 데이터 클래스 중의 하나이다. unit 8은 8bit 정수라는 뜻이다. 8bit이므로 0, 1, 2,…,255의 숫자만 있다.
- 0 → 화소의 최소값
- 255 → 화소의 최대값

*참고로 Matlab에서 사용하는 숫자 형식인 클래스를 정리하였다.

| 이 름 | 설 명 |
|---|---|
| double | $-10^{308} \sim 10^{308}$의 8바이트 부동소수점<br>통상 모든 일반적인 숫자 계산에 사용한다. |
| uint8 | 0~255의 8비트 정수. 영상데이터에 사용 |
| uint16 | 0~65535의 16비트정수 |
| uint32 | $0 \sim (2^{32}-1)$의 32비트정수 |
| int8 | -128~127의 8비트정수 |
| int16 | 16비트(+, −) 정수 |
| int32 | 32비트(+, −) 정수 |
| char | 16비트 문자 |
| logical | 0 또는 1의 논리값 |

*영상을 불러오는 함수 "imread"의 확장자

| 영상파일 포맷 확장자 이름 | Matlab에서 사용시 |
|---|---|
| JPEG | jpg 또는 jpeg |
| TIF | tif 또는 tiff |
| BMP | bmp |
| GIF | gif |
| PNG | png |
| XWD | xwd |

*불러온 영상을 보기 위해 "imshow"명령어를 그림 B10과 같이 [Command Window]에 쓰고 키보드의 enter 를 치면 그림 B11과 같이 영상이 나타난다.

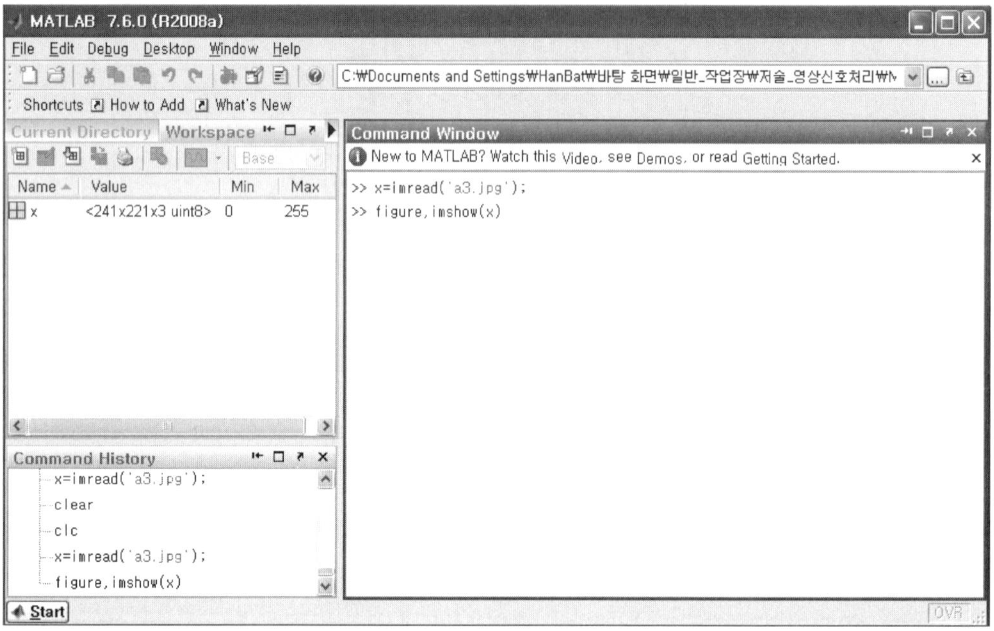

[그림 B10]

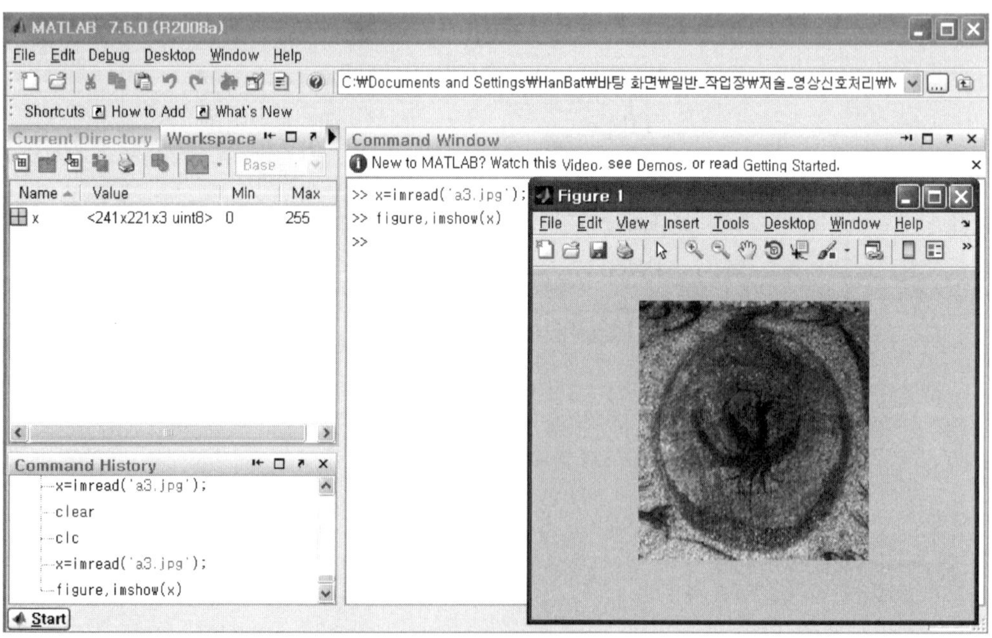

[그림 B11]

*RGB 컬러 영상에서 R, G, B 각각의 영상데이터를 분리하기 위해 그림 B12 [Command Window]에서 영상변수 x( : , : , 1) 에 새로운 변수 x_red 를 지정한 후

모든것 모든것 → 첫 번째 것

enter 를 치면 변수가 하나씩 만들어진다.

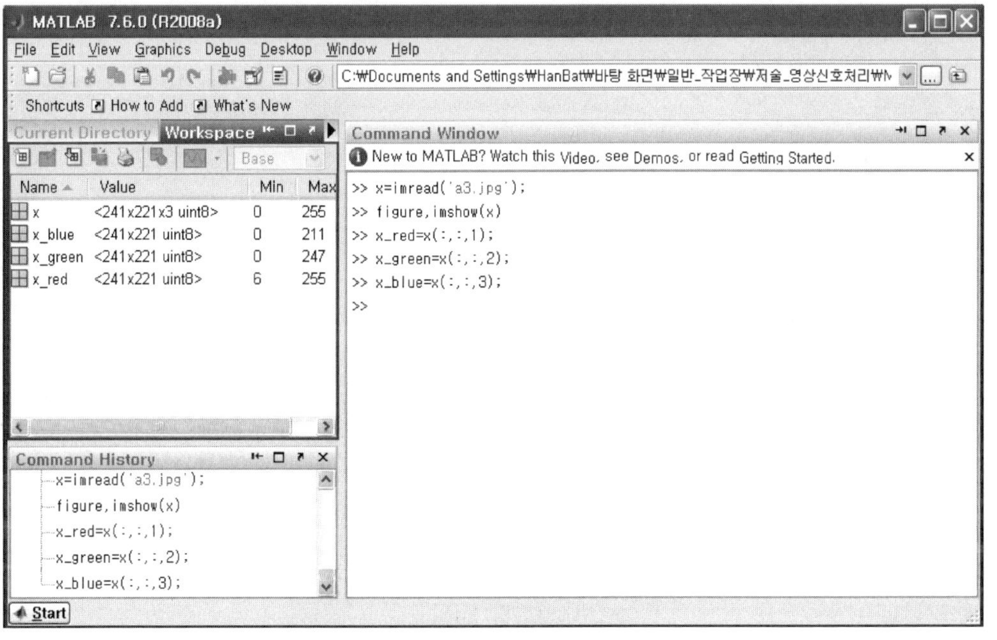

[그림 B12]

＊영상 데이터를 숫자로 확인하기 위해 [Workspace]로 가서 해당 변수에 커서를 올려놓고 두 번 클릭하면 그림 B14처럼 된다.

→ 두 번 클릭한다.

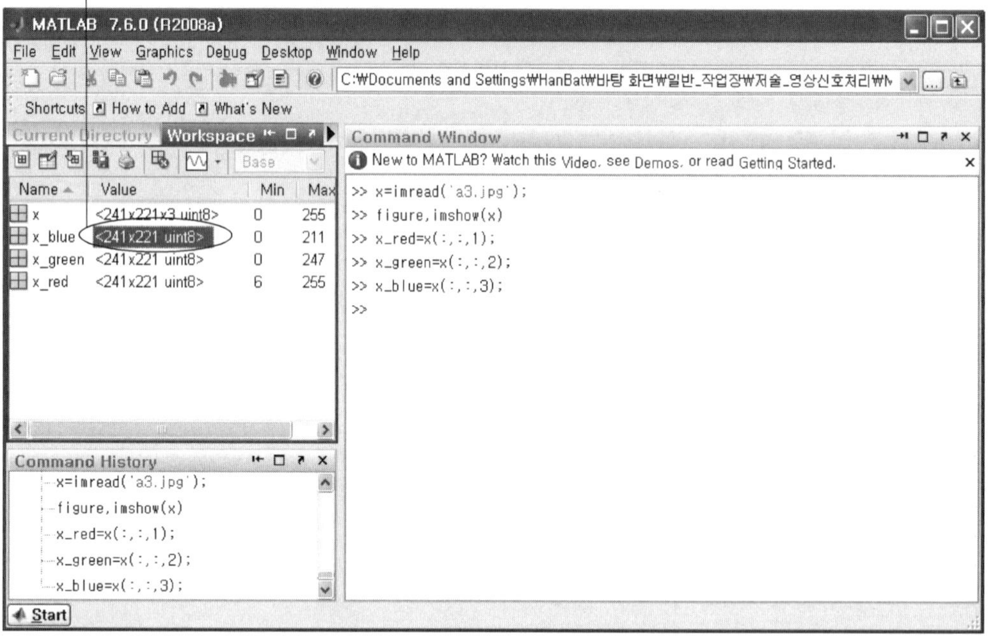


[그림 B13]

*[Command Window] 창 상단에 새로운 데이터 창이 나타난다. 해당 변수의 데이터를 모두 숫자로 보여주는 엑셀 파일 형태이다. 이 상태에서 그대로 마우스로 긁은 후 복사하여 엑셀파일이나 한글워드에 붙일 수 있다.

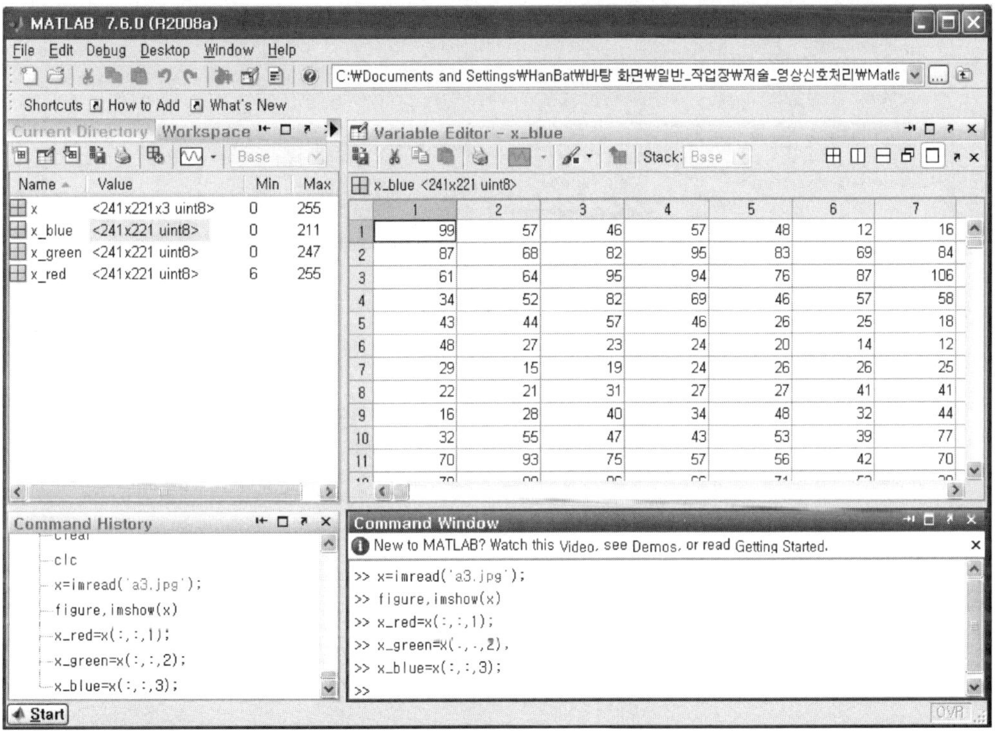


[그림 B14]

이러한 데이터 화면을 보면, 영상의 화소들이 모두 숫자로 표현되고 있음을 확인할 수 있다. 0~255의 정수로 화소값을 정하고 있다.

* 데이터 창에서 데이터를 마우스로 긁은 후 마우스 오른쪽을 클릭한 후 화면이 뜨면 [Copy]를 클릭하여 복사한다.

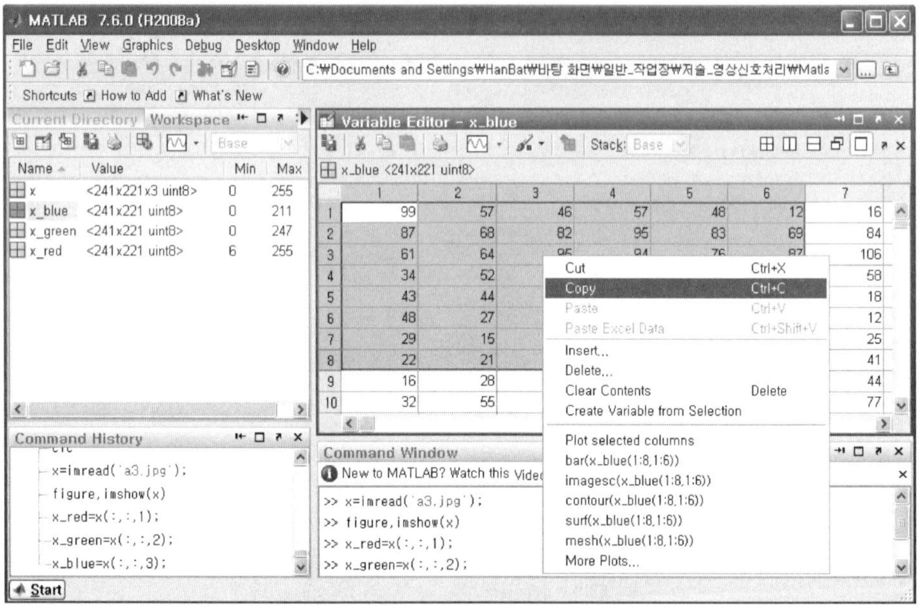


[그림 B15]

* 그림 B16과 B17은 그림 B15에서 복사한 데이터를 엑셀과 한글워드에 붙인 결과이다.

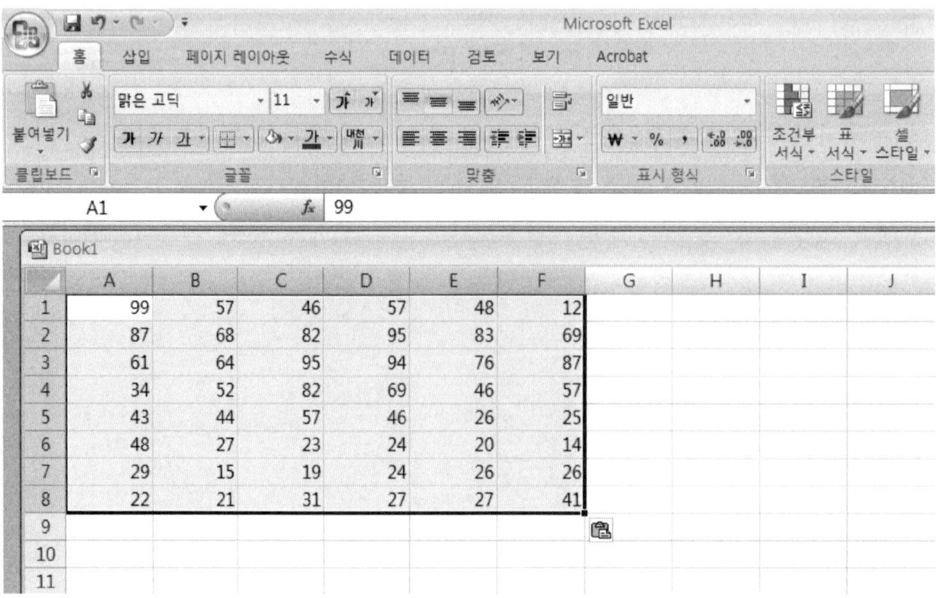


[그림 B16]

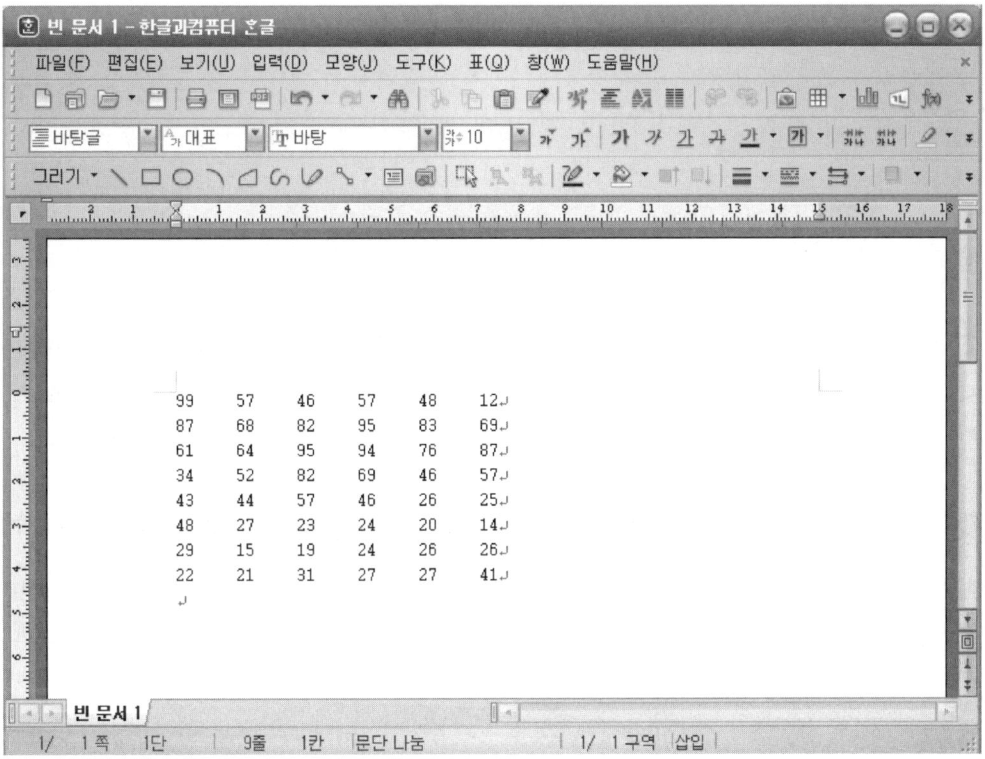
빈 문서 1 - 한글과컴퓨터 호글
파일(F) 편집(E) 보기(U) 입력(D) 모양(J) 도구(K) 표(Q) 창(W) 도움말(H)
바탕글
대표
바탕
10
그리기
99 57 46 57 48 12
87 68 82 95 83 69
61 64 95 94 76 87
34 52 82 69 46 57
43 44 57 46 26 25
48 27 23 24 20 14
29 15 19 24 26 26
22 21 31 27 27 41
빈 문서 1
1/ 1쪽 1단 9줄 1칸 문단 나눔 1/ 1 구역 삽입

[그림 B17]

## C. 영상저장하기

Matlab 프로그램 작업에서 얻은 영상데이터를 영상파일로 저장할 수 있다. 이 때 사용하는 명령어는 “imwrite” 이다. [Command Window]에서

imwrite ( x , ‘파일명. 확장자’ ) enter
명령어 변수

그림 C1은 작업한 변수 x_red 를 Red_image_data라는 파일명으로 jpg 또는 tif파일영상으로 만든 결과를 보이고 있다. 이때 좌상단의 창은 [Current Directory]로 클릭한 후 영상파일을 확인한다.

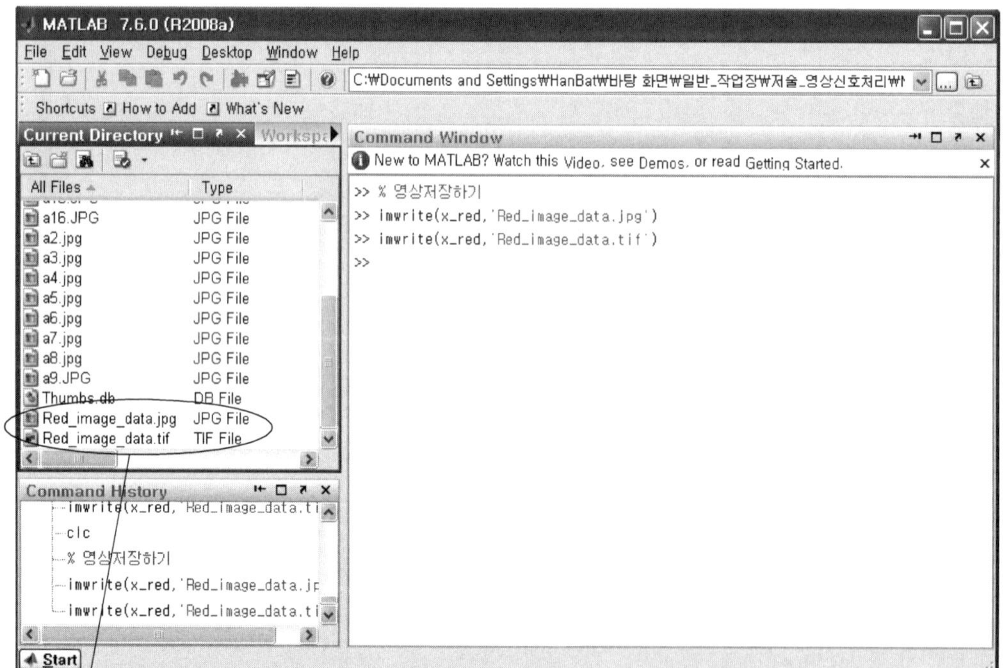


[그림 C1]

→ 영상파일이 생성된 것을 확인한다.

### D. m 파일 만들기와 m 파일 실행하기

프로그램 작업은 간단한 경우에는 [Command Window]창에서 수행할 수도 있으나 m 파일을 만들어 간편하게 실행한다. 이하 앞에서 보였던 내용을 m 파일로 만들어 실행해 보도록 한다.

→ 한번 클릭하면 그림 D2와 같이 m 파일을 만드는 작업창이 뜬다.

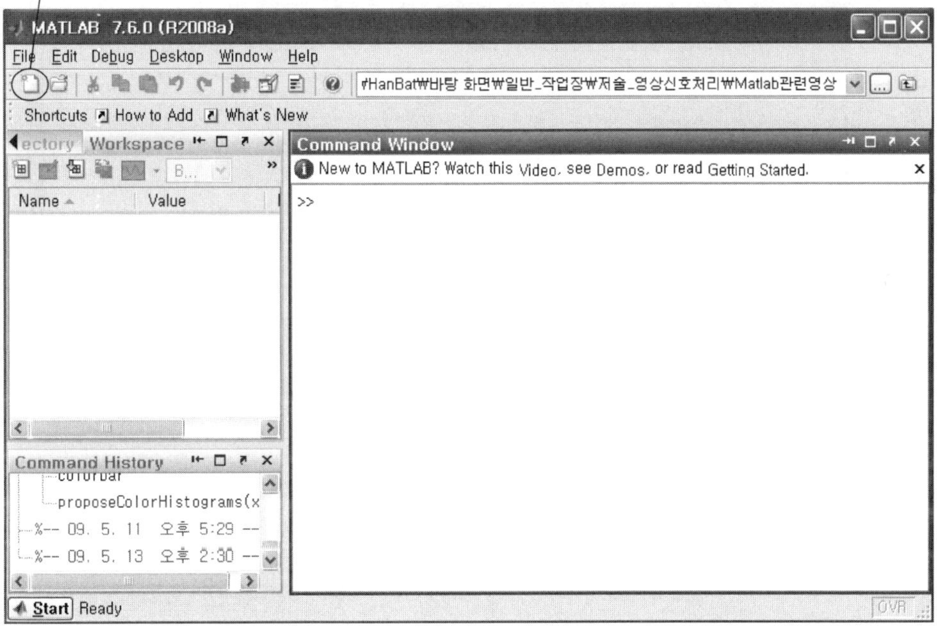


[그림 D1]

이 안에 프로그램을 작성한다. 여기서는 enter 를 쳐도 실행되지 않는다.

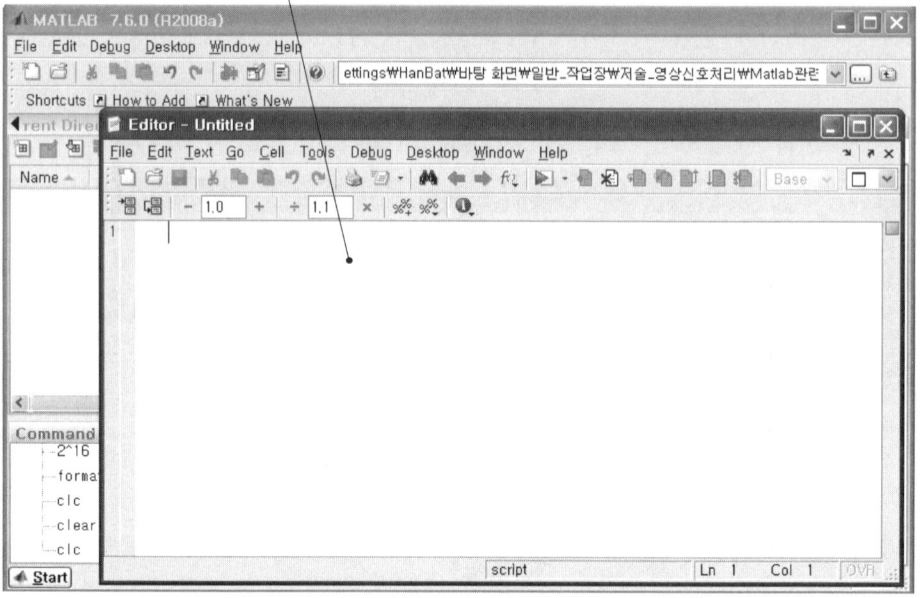


[그림 D2]

* m 파일 내에 프로그램을 작성한다. % : comment 이다.

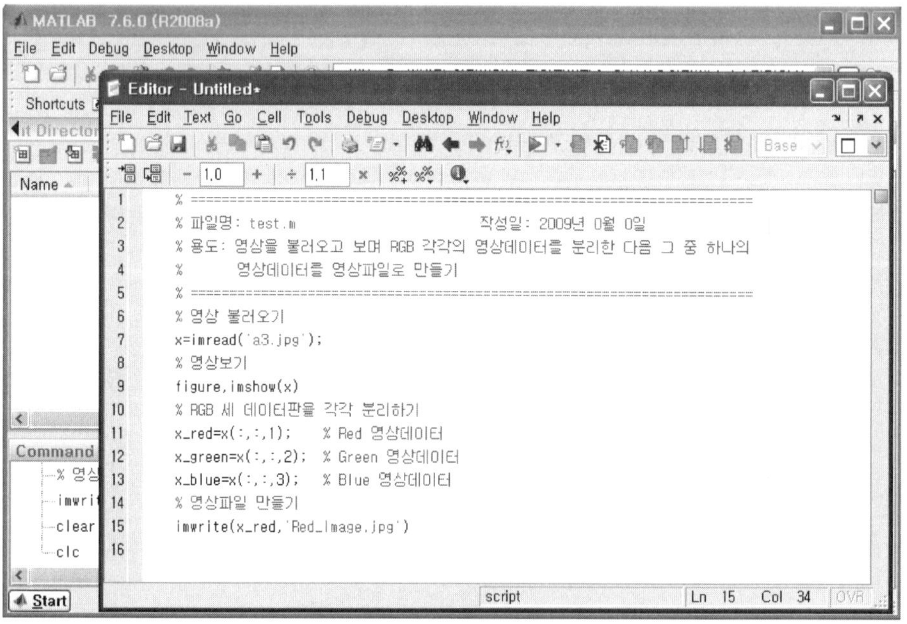


[그림 D3]

＊ 프로그램 작성이 모두 끝났으면

→ 한번 클릭하여 저장한다. 그림 D5 화면이 나온다.

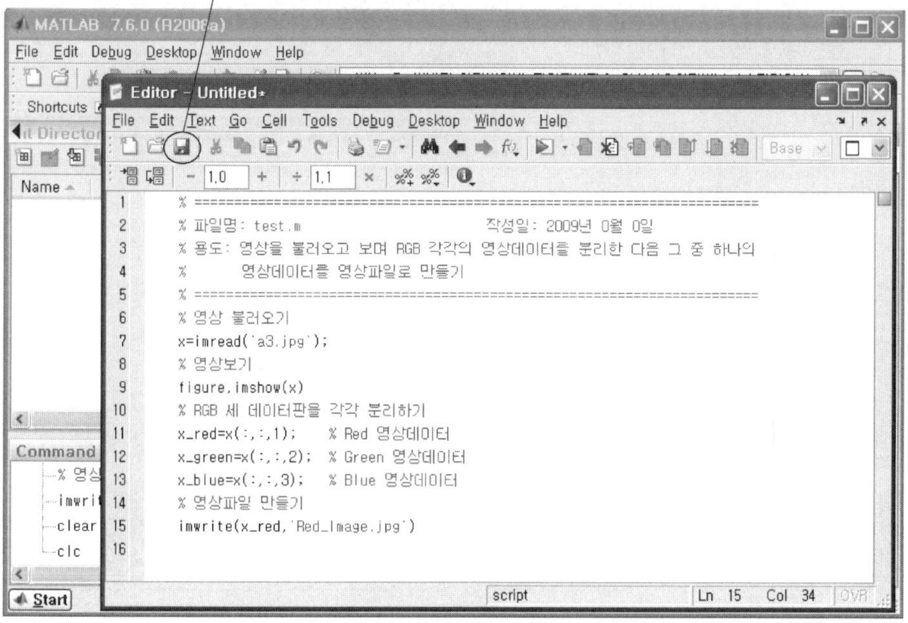


[그림 D4]

＊ 화면의 [파일이름]에 파일명을 적고

클릭하여 저장한다. ←

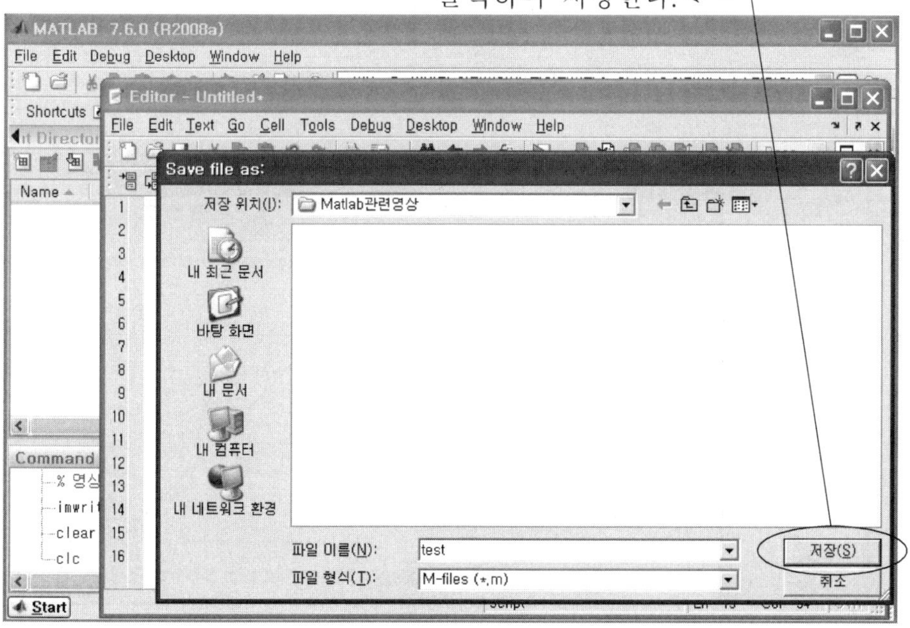


[그림 D5 ]

* 이 때 m파일은 현재 사용하고 있는 폴더에 저장된다. 저장된 것을 확인하기 위해 → 클릭한다. 그러면 그림 D7 화면이 뜬다.

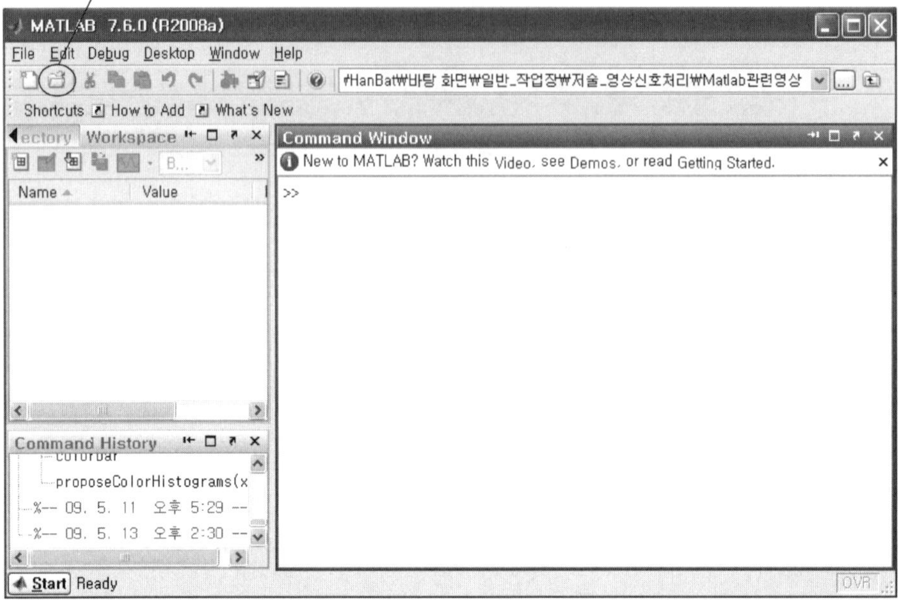

[그림 D6 ]

→ 확인이 되었다. 이 m파일을 보거나 수정하려면 파일을 클릭하여 선택한 후 → 을 클릭하여 연다. 확인만 하고 나면 [취소]를 클릭한다.

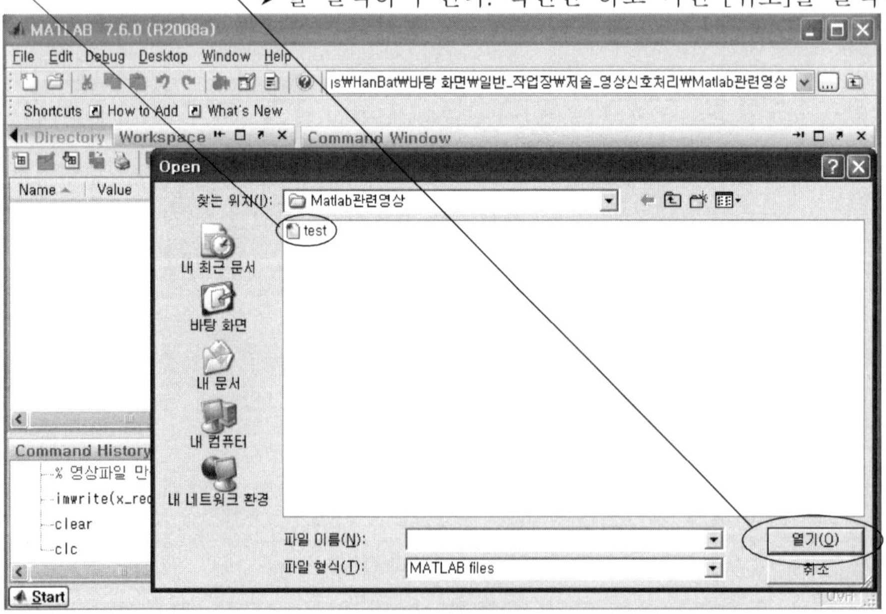

[그림 D7]

＊ m 파일명을 →와 같이 [Command Window]에 치고 enter 하면 m파일이 자동실행된다. 그 결과가 그림 D9이다.

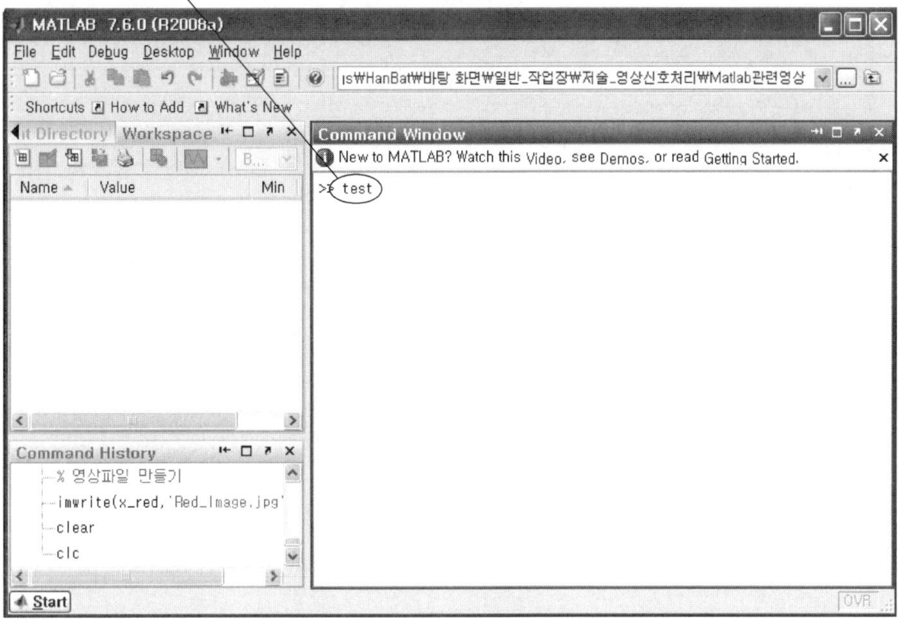


[그림 D8]

＊ 실행 결과가 나타난다. → 사용한 변수

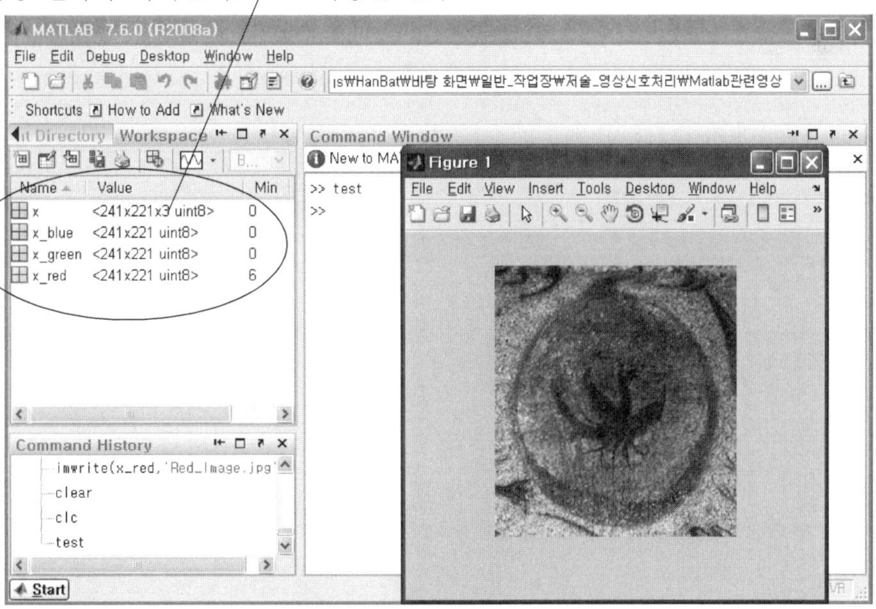


[그림 D9]

* → 이곳을 클릭하면 현재 폴더에 있는 영상과 m 파일 및 실행되어 만든 영상 을 확인할 수 있다.

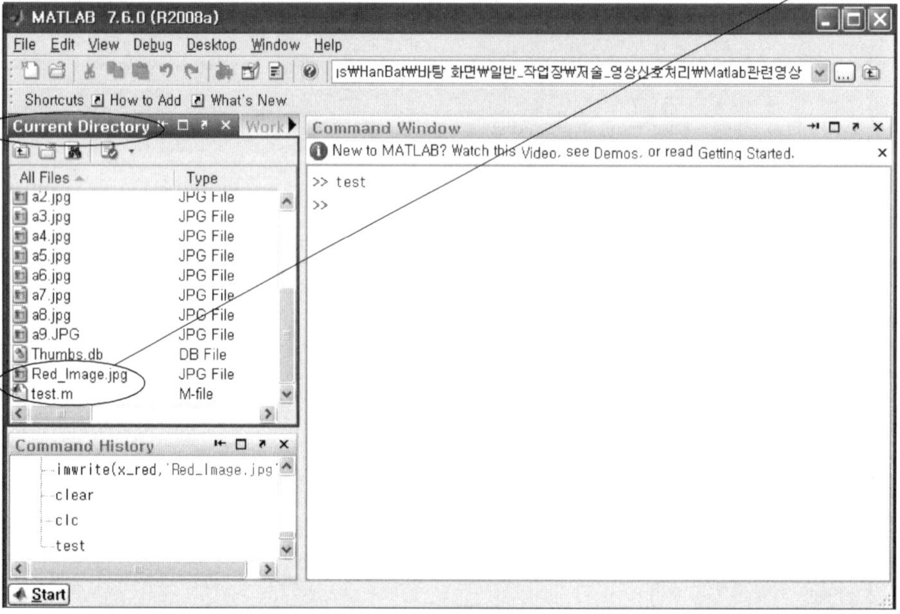

[그림 D10]

## m 파일 프로그램 연습

*영상을 불러오고 RGB 각각의 영상데이터를 분리한 후 그 중 하나의 영상데이터에서 가로 및 세로 한 줄을 빼내어 그래프로 그리는 프로그램

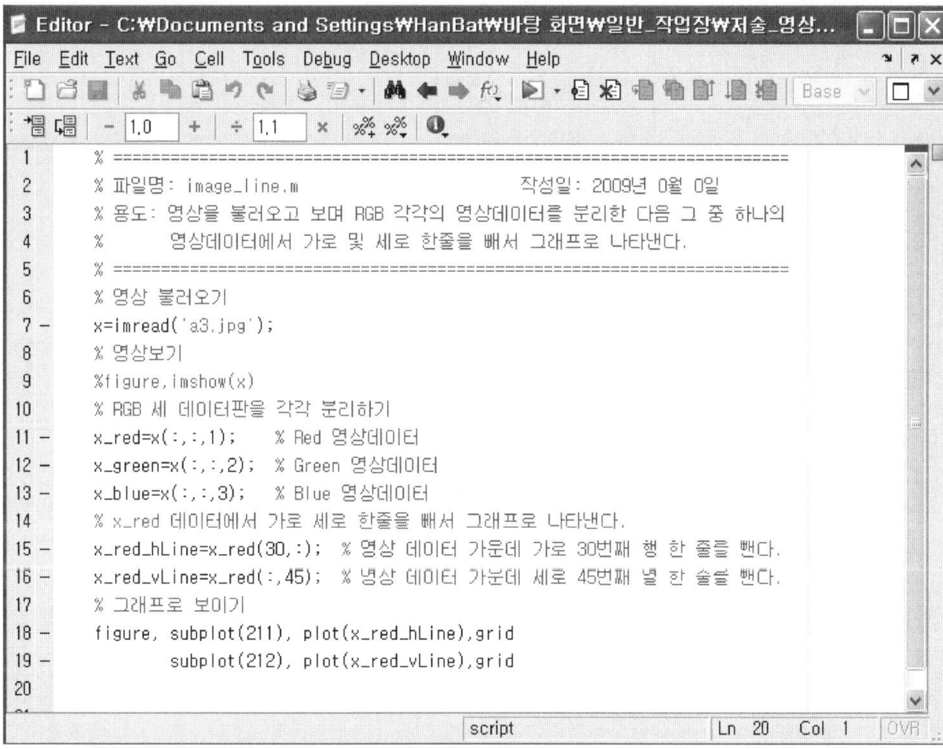

```
% ========================================================================
% 파일명: image_line.m                              작성일: 2009년 0월 0일
% 용도: 영상을 불러오고 보며 RGB 각각의 영상데이터를 분리한 다음 그 중 하나의
%        영상데이터에서 가로 및 세로 한줄을 빼서 그래프로 나타낸다.
% ========================================================================
% 영상 불러오기
x=imread('a3.jpg');
% 영상보기
%figure,imshow(x)
% RGB 세 데이터판을 각각 분리하기
x_red=x(:,:,1);    % Red 영상데이터
x_green=x(:,:,2);  % Green 영상데이터
x_blue=x(:,:,3);   % Blue 영상데이터
% x_red 데이터에서 가로 세로 한줄을 빼서 그래프로 나타낸다.
x_red_hLine=x_red(30,:);  % 영상 데이터 가운데 가로 30번째 행 한 줄을 뺀다.
x_red_vLine=x_red(:,45);  % 녕상 데이터 가눈데 세로 45번째 녈 한 술을 뺀다.
% 그래프로 보이기
figure, subplot(211), plot(x_red_hLine),grid
        subplot(212), plot(x_red_vLine),grid
```

[그림 D11]

[프로그램]

```
% ==========================================================================
% 파일명: image_line.m                           작성일: 2009년 0월 0일
% 용도: 영상을 불러오고 보며 RGB 각각의 영상데이터를 분리한 다음 그 중 하나의
%       영상데이터에서 가로 및 세로 한줄을 빼서 그래프로 나타낸다.
% ==========================================================================
% 영상 불러오기
x=imread('a3.jpg');
% 영상보기
%figure,imshow(x)
% RGB 세 데이터판을 각각 분리하기
x_red=x(:,:,1);    % Red 영상데이터
x_green=x(:,:,2);  % Green 영상데이터
x_blue=x(:,:,3);   % Blue 영상데이터
% x_red 데이터에서 가로 세로 한줄을 빼서 그래프로 나타낸다.
x_red_hLine=x_red(30,:);  % 영상 데이터 가운데 가로 30번째 행 한 줄를 뺀다.
x_red_vLine=x_red(:,45);  % 영상 데이터 가운데 세로 45번째 열 한 줄를 뺀다.
% 그래프로 보이기
figure, subplot(211), plot(x_red_hLine),grid
        subplot(212), plot(x_red_vLine),grid
```

[그림 D12]

[결과]

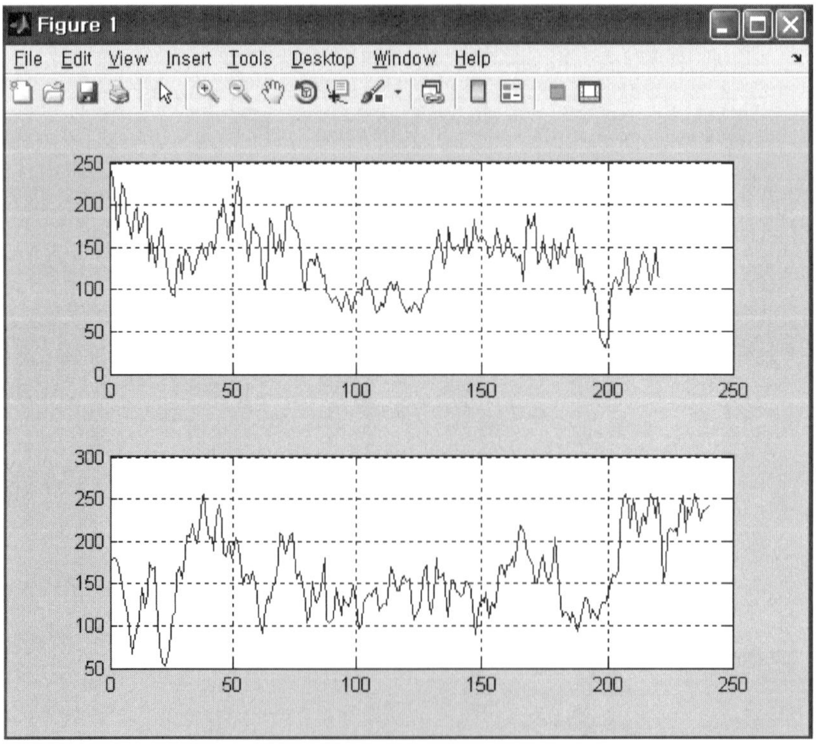


[그림 D13]

# 제 2 장 화소(Pixel)와 색깔 그리고 배열

## 들어가는 말

화소들이 모여서 영상이 된다. 그냥 아무렇게나 모이는 것이 아니라 군대의 연병장 사열하듯 질서 정연하게 가로 세로 열을 짓는다. 그 각각의 화소는 자신의 위치와 색이라는 두 가지 정보를 갖고 있다. 위치는 배열로 결정되고 색깔은 사전에 약속된 숫자로 주어진다. 이들의 모임이 집합이고 그 배열이 행렬이다. 어떠한 색을 갖느냐에 따라, 회색조(gray level 또는 gray scale), RGB, CMYB, HSI 그리고 반짝반짝 빛나는 HDRI의 형태를 갖는다. 화소의 수가 많으면 영상이 잘 보이고 작으면 해상도가 떨어진다.

## 내 용

## 2.1 화소(pixel)의 배열과 색깔

화소들이 모여서 영상이 된다. 아무렇게나 모이는 것이 아니라 군대 연병장에서 사열하듯이 가로 세로 줄과 열을 맞추어 배열한다. 따라서 각 화소는 자신의 위치가 있고 색깔을 나타내는 숫자판을 들고 그 위치에 서 있다. 외부의 명령에 의해 판에 적힌 색깔 숫자를 바꾸기도 하고 자신의 자리를 이동하기도 한다. 때에 따라서는 간격을 넓혀 크게 벌어지기도 하고 간격을 좁혀 줄어들기도 한다. 그림 2-1는 바둑판 모양의 배열에서 숫자판을 들고 서 있는 모습으로 영상의 화소들을 보여 주고 있다.

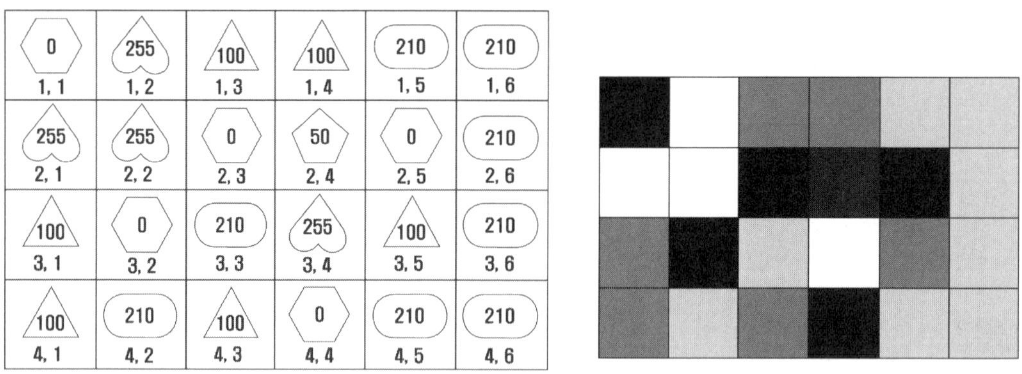


(a) (b)

**[그림 2-1] 화소의 위치와 색도값**

그림 2-1의 바둑판 각 방들은 번지수와 숫자를 기록한 작은 도형들(△, ⬡, ♤, ⬭, ⬠)로 되어 있다. 번지수의 왼쪽에 **1, 2, 3**로 쓰여진 것은 행(raw, 行)이라 하고, 오른쪽 편에 **1, 2, 3,** …로 쓰여진 것은 열(column, 列)이라 부른다. 이 영상은 4개의 행과 6개의 열로 모두 4×6=24(개)의 화소로 이루어져 있다. 행과 열은 영상처리에서 매우 중요하니 기록방법을 많이 연습해 보기 바란다. 그와 같이 행과 열로 위치가 주어진 곳에 그 화소의 색이 숫자로 표시되어 있다. 색을 숫자로 나타내는 방법은 뒤에 자세히 살펴볼 터이나, 여기서는 간단히 회색조(gray level 또는 gray scale)로 언급한 후 설명을 이어가겠다. 회색조는 흑백 영상을 의미하며 숫자가 0이면 검정색이고 255이면 흰색이다. 검정색과 흰색을 256 등급으로 나누어 점차로 검정색에서 흰색으로 이동한다. 따라서 그림의 작은 도형 안에 들어가 있는 숫자 0은 검정색, 255는 흰색이다. 50은 검정색에 가까운 회색이고, 210은 흰색에 가까운 회색이다. 그림 2-1(b)는 실제 색으로 표현된 영상이다. 다음 몇 가지 예제를 통해 화소의 위치와 색도를 연습해보자.

### 예 제 2-1

그림 (a)와 같은 영상의 화소 배열이 있다. 각 화소의 배열상 행과 열을 기록하고 전체 화소의 개수를 구하시오.

| | | | |
|---|---|---|---|
| | | | |
| | | | |
| | | | |

예제 2-1 그림 (a)

**풀이와 해설**

가로축들이 행이고 세로축들이 열이다. 가로축들이 3개 있으므로 행은 3(개)이고 세로축들이 4개 있으므로 열은 4(개)이다. (행, 열) 순서로 그림 (b)와 같이 각 방을 기록해 나간다.

| | | | |
|---|---|---|---|
| 1, 1 | 1, 2 | 1, 3 | 1, 4 |
| 2, 1 | 2, 2 | 2, 3 | 2, 4 |
| 3, 1 | 3, 2 | 3, 3 | 3, 4 |

예제 2-1 그림 (b)

### 예 제 2-2

그림 2-1(a)에서 다음 물음에 답하시오.

(1) 화소의 배열 (2, 4)에 해당하는 색도값은 얼마인가?

(2) 화소의 배열 (3, 2)에 해당하는 색도값은 얼마인가?

(3) 화소의 배열 (4, 4)에 해당하는 색도값은 얼마인가?

(4) 화소의 색도 값이 0인 배열을 모두 고르시오.

(5) 화소의 색도 값이 255인 배열을 모두 고르시오.

(6) 화소의 색도 값이 210인 배열을 모두 고르시오.

풀이와 해설

그림 2-1(a)를 보면서 그대로 답하면 된다. 문제 (4)~(6)은 집합으로 표시한다.

(1) 50　　(2) 0　　(3) 0

(4) {(1, 1), (2, 3), (2, 5), (3, 2), (4, 4)} 모두 5개

(5) {(1, 2), (2, 1), (2, 2), (3, 4)} 모두 4개

(6) {(1, 5), (1, 6), (2, 6), (3, 3), (3, 6), (4, 2), (4, 5), (4, 6)} 모두 8개

---

영상의 화소들이 평면상에 하나의 배열을 이루며 각 화소마다 배열 상에 하나의 위치와 값을 갖고 있다는 사실을 알았을 것이다. 예제를 통해서도 연습을 해 보았으니 매우 쉽다는 느낌을 가졌으리라 본다. 그렇다. 영상처리는 매우 쉬운 과목이다. 그런데 참으로 쉬우려면 기초가 튼튼해야 한다. 개념적으로 이해한 것을 이제는 수학적으로 정리할 차례이다. 영상을 구성하는 배열(Array)는 수학적으로 행렬(Matrix)에 해당한다. **영상은 행렬이고 영상처리는 행렬계산이다**. 반드시 기억해야 한다. 영상이 그저 예쁜 그림이나 모양으로 생각했다가는 큰 코 다친다. 영상은 행렬로 이루어진 데이터이고 이를 여러 형태로 변형하고 바꾸는 기기묘묘한 작업은 모두 행렬 계산이다. 행렬이기 때문에 화소들 모두는 행렬로 나타낼 수 있다. 앞의 그림 2-1(a)를 행렬로 나타내보다. 식 (2.1)이다.

$$\text{Image} = \begin{bmatrix} 0 & 255 & 100 & 100 & 210 & 210 \\ 255 & 255 & 0 & 50 & 0 & 210 \\ 100 & 0 & 210 & 255 & 100 & 210 \\ 100 & 210 & 100 & 0 & 210 & 210 \end{bmatrix} \tag{2.1}$$

식 (2.1)에서 다시 한 번 행과 열을 헤아려 보자. 앞에서 했던 것을 기억하며, 행이 4(개), 열이 6(개)이다. 행에 관한 부호를 $i$, 열에 관한 부호는 $j$라고 두고 식 (2.1)을 함수 형태로 만든다. 식 (2.2)이다.

$$\text{image} : f(i, j) = \text{색을 나타내는 숫자} \tag{2.2}$$

식 (2.2)에서 색을 나타내는 숫자를 $k$라 놓고 다시 쓰면 식 (2.3)이 된다.

$$f(i, j) = k \tag{2.3}$$

앞에서 살펴보았듯이 행을 나타내는 $i$는 1, 2, 3, 4이고, 열을 나타내는 $j$=1, 2, 3, 4, 5, 6이었다. $i$와 $j$는 배열을 만들고 그때마다 자신의 색 $k$을 갖는다. 식 (2.1)을 $i, j$ 배열에 대해 놓고 다음 그림 2-2와 같이 서로 대조해 본다.

| 1, 1 | 1, 2 | 1, 3 | 1, 4 | 1, 5 | 1, 6 |
|---|---|---|---|---|---|
| 2, 1 | 2, 2 | 2, 3 | 2, 4 | 2, 5 | 2, 6 |
| 3, 1 | 3, 2 | 3, 3 | 3, 4 | 3, 5 | 3, 6 |
| 4, 1 | 4, 2 | 4, 3 | 4, 4 | 4, 5 | 4, 6 |

[ $i, j$ 배열 ]

$\Leftrightarrow$

$$\begin{bmatrix} 0 & 255 & 100 & 100 & 210 & 210 \\ 255 & 255 & 0 & 50 & 0 & 210 \\ 100 & 0 & 210 & 255 & 100 & 210 \\ 100 & 210 & 100 & 0 & 210 & 210 \end{bmatrix}$$

[ 화소값 ]

[그림 2-2]

그림 2-2에서 식 (2.3)을 가지고 하나씩 서로 대응시켜 본다. 왼쪽과 오른쪽을 번갈아 보면서 $f(i, j) = k$에 맞추어 본다.

$f(1, 1) = 0,\ f(1, 2) = 255,\ f(1, 3) = 100,\ f(1, 4) = 100,\ f(1, 5) = 210,\ f(1, 6) = 210$
$f(2, 1) = 255,\ f(2, 2) = 255,\ f(2, 3) = 0,\ f(2, 4) = 50,\ f(2, 5) = 0,\ f(2, 6) = 210 \cdots$

이 정도 해 보았으면 어떻게 하는지 요령을 알았으리라 본다. $f(3,3)$은 얼마인가? 210이다. $f(4,1)$은? 100이다. $f(4,5)$는? 210이다. 이 때, $f(i, j) = k$의 $k$는 통상 0, 1, 2, ⋯, 255로서 모두 256(개)이다. 2진수 $2^8 = 256$에 해당하는 256은 8비트 컴퓨터가 처음 나와서 영상 처리할 때 그에 맞추고자 색도를 256 등급으로 나누었다는 이야기가 있는데 정확한지는 모르겠다. 하여튼 특별한 경우를 제외하고는 0, 1, 2, ⋯, 255의 256 등급을 사용한다. 이제까지 이해한 것을 토대로 조금 더 복잡한 것을 예제 2-3 그림의 예로 제시하였으니 혼자 연습해보기 바란다.

### 예 제 2-3

| 1,1 | 1,2 | 1,3 | 1,4 | 1,5 | 1,6 | 1,7 | 1,8 | 1,9 |
|---|---|---|---|---|---|---|---|---|
| 2,1 | 2,2 | 2,3 | 2,4 | 2,5 | 2,6 | 2,7 | 2,8 | 2,9 |
| 3,1 | 3,2 | 3,3 | 3,4 | 3,5 | 3,6 | 3,7 | 3,8 | 3,9 |
| 4,1 | 4,2 | 4,3 | 4,4 | 4,5 | 4,6 | 4,7 | 4,8 | 4,9 |
| 5,1 | 5,2 | 5,3 | 5,4 | 5,5 | 5,6 | 5,7 | 5,8 | 5,9 |
| 6,1 | 6,2 | 6,3 | 6,4 | 6,5 | 6,6 | 6,7 | 6,8 | 6,9 |
| 7,1 | 7,2 | 7,3 | 7,4 | 7,5 | 7,6 | 7,7 | 7,8 | 7,9 |
| 8,1 | 8,2 | 8,3 | 8,4 | 8,5 | 8,6 | 8,7 | 8,8 | 8,9 |
| 9,1 | 9,2 | 9,3 | 9,4 | 9,5 | 9,6 | 9,7 | 9,8 | 9,9 |
| 10,1 | 10,2 | 10,3 | 10,4 | 10,5 | 10,6 | 10,7 | 10,8 | 10,9 |
| 11,1 | 11,2 | 11,3 | 11,4 | 11,5 | 11,6 | 11,7 | 11,8 | 11,9 |
| 12,1 | 12,2 | 12,3 | 12,4 | 12,5 | 12,6 | 12,7 | 12,8 | 12,9 |
| 13,1 | 13,2 | 13,3 | 13,4 | 13,5 | 13,6 | 13,7 | 13,8 | 13,9 |
| 14,1 | 14,2 | 14,3 | 14,4 | 14,5 | 14,6 | 14,7 | 14,8 | 14,9 |

[화소의 위치]

| 168 | 170 | 179 | 190 | 201 | 222 | 233 | 229 | 224 |
|---|---|---|---|---|---|---|---|---|
| 164 | 175 | 190 | 202 | 212 | 221 | 221 | 212 | 222 |
| 157 | 175 | 191 | 199 | 207 | 207 | 198 | 189 | 189 |
| 185 | 193 | 186 | 173 | 167 | 159 | 148 | 144 | 144 |
| 184 | 183 | 166 | 149 | 150 | 158 | 164 | 171 | 164 |
| 188 | 186 | 176 | 170 | 181 | 199 | 211 | 216 | 217 |
| 174 | 179 | 190 | 201 | 213 | 221 | 215 | 200 | 180 |
| 183 | 190 | 206 | 214 | 204 | 181 | 141 | 100 | 78 |
| 186 | 205 | 203 | 176 | 129 | 60 | 17 | 22 | 11 |
| 197 | 184 | 142 | 73 | 20 | 11 | 20 | 21 | 39 |
| 154 | 77 | 22 | 4 | 3 | 37 | 56 | 19 | 33 |
| 102 | 16 | 9 | 34 | 5 | 2 | 17 | 1 | 24 |
| 63 | 13 | 52 | 101 | 47 | 4 | 10 | 6 | 1 |
| 70 | 49 | 85 | 121 | 90 | 52 | 29 | 2 | 26 |

[화소의 색도]

[예제 2-3 그림]

(1) $f(i, j) = k$에서 $i$와 $j$의 최대값은 얼마인가?

(2) 화소의 총 개수는 얼마인가?

(3) 화소의 위치와 색도를 보면서 $f(i, j) = k$을 연습해 보시오.

## 2.2 화소의 색도값은 어떻게 만들어지는가?

이미 앞장에서 화소의 색도값은 디지털이고 0과 자연수로 되어 있다는 것을 공부했다. 디지털 카메라, 스캐너, 캠코더, 휴대폰 카메라 등으로 사진을 찍거나 영상을 받아들일 때 처음부터 디지털이 되는 것은 아니다. 본래 모든 영상은 아날로그이다. 카메라로 영상을 잡을 때도 상이 맺히는 곳의 물리적 특성 또한 아날로그이다. 이를 디지털로 변환할 수 있었던 데는 반도체 고집적 기술의 급속한 발달의 힘이다. 반도체는 빛이나 온도, 압력 변화에 의해 내부의 전기적인 상태가 달라진다. 빛의 세기 변화에 따른 전기적 상태 변화를 갖는 반도체 센서들을 무수히 고집적 회로에 형성시킴으로 영상이 그 집적회로 위에 맺혔을 때 각 소자들 위의 서로 다른 빛의 세기가 전기적 신호로 변환되어 읽힌다. 이 간단한 원리가 오늘날의 영상 문화를 이룩하는 데는 30년 이상의 세월이 소요되었다. 대부분의 디지털 카메라의 영상 입력단에 사용되고 있는 영상센서는 CCD(condenser coupled device)이다. 1969년 AT&T Bell 연구소에서 개발된 이래 1974년에는 2D의 일 만 화소까지 가능하였고, 그 후 반도체와 컴퓨터 기술의 비약적인 발달에 힘입어 오늘날과 같은 디지털 영상 혁명을 이룩할 수 있었다. CCD는 미세한 화소가 그 표면에 세밀하게 배열되어 있는 형태로서 영상이 표면에 맺히게 되면 그 수많은 각각의 화소들에 빛의 세기에 따른 서로 다른 전압이 발생한다. 이 전압은 콘덴서 형태로 저장되었다가 CCD와 연결되어 있는 마이크로 프로세스 콘트롤의 명령에 의한 디지털로 변환되어 읽혀진다. 이 때 각 화소의 배열 위치와 함께 RGB 각각의 색도 정보가 읽혀 메모리에 저장되며 디스플레이 액정화면에 나타난다. CCD의 장점은 영상을 하나의 평면 단위로 읽어들인다는 점이다. 스캐너가 축을 따라 센서가 이동하면서 라인별로 색도 정보를 읽어 들이는 데에 비해 CCD는 하나의 평면 단위로 영상을 받아들이기 때문에 사진 낱장은 물론이고 그 진행에 속도를 갖게 함으로 평면들의 집합이 된 동영상 입력도 가능하다. 문제는 디지털 영상 입력 장치에 내장되어 콘트롤하는 마이크로 프로세서의 성능과 처리 속도 및 메모리 저장 능력에 달려있다. 그림 2-3에 CCD를 통한 영상입력과 디지털로의 변환 과정의 개념도를 보이고 있다.

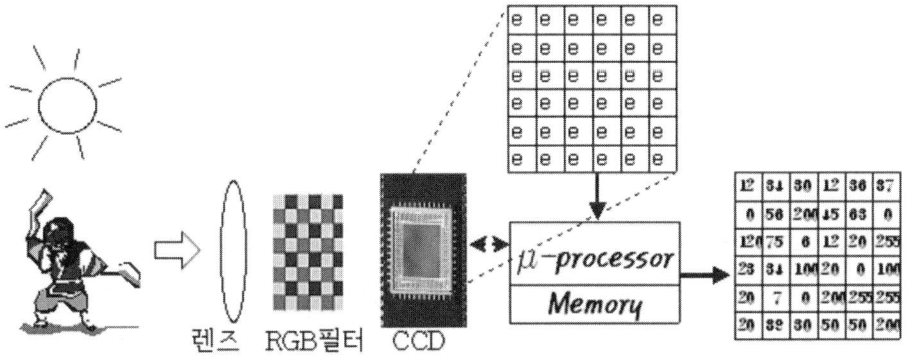


[그림 2-3] 영상입력과정과 디지털처리

대상 물체에 빛이 비취면 렌즈를 통해 RGB 필터를 거쳐 CCD 표면에 영상이 맺힌다. RGB 필터는 물체의 빛 가운데 R(빨강), G(녹색), B(파랑)의 각 성분을 각각 별도로 추출하여 CCD 표면에 뿌려준다. CCD 는 입력 장치 내부의 마이크로프로세서에 의해 제어되고 CCD 표면의 전기적 신호를 우측의 숫자로 바꾸어 각 배열에 위치시킨다. 우측의 숫자 배열이 다시 영상으로 변환되어 LCD 창에 나타나는 것이다. CCD 이후부터 일련의 모든 작동과 처리가 디지털로 진행됨은 물론이다.

## 2.3 화소 색의 결정

### 2.3.1 색상, 명도, 채도 그리고 콘트라스트

흑백사진과 컬러사진이 있고 흑백 TV와 컬러TV가 있듯이 사람들 눈에 보이는 것들은 흑백이나 컬러라고 할 수 있다. 다른 동물에 비해 인간의 시각 감지 능력은 매우 약하다. 밤에도 물체를 볼 수 없고 조금만 흐리면 정확히 구분을 못한다. 눈에 보이는 물체를 인식할 수 있음은 곧 물체와 그 주변 환경의 색도차이에 근거한다. 보호색을 띠고 있는 곤충이나 동물들을 찾지 못하는 것도 색도차이를 구분하지 못하기 때문이다. 인간이 구분할 수 있는 색도차이라는 것이 고작해야 100(개)이하이다. 그것도 식별능력이 뛰어난 사람인 경우에나 그렇고 보통사람들은 그보다 훨씬 작다. 고양이나 부엉이는 밤에도 사냥을 할 정도이고 독수리는 고공에서도 땅에 기어 다니는 개미도 본다는데 인간의 좋은 머리만큼 발달하지 못한 것 중에 하나가 시각인 듯하다.

문제는 이렇게 잘 볼 수도 없고 착시 현상에도 취약한 사람이 그냥 보는 것으로 그치는 것이 아니라 인간이 볼 수 있게끔 시각화해야 한다는 점이다. 즉 정지영상이나 동영상을 만들 때 인간의 시각 능력 한계를 고려해서 정량화 시켜야 한다. 대부분의 시각 매체가 사진이나 컴퓨터 모니터 위에 나타나므로 인간 시각 범위 안에서 화소색과 배열을 정해야 한다.

색을 받아들이는 지각 변수에는 색상(hue), 채도(saturation) 및 명도(brightness), 즉 HSB가 있다. 빨강, 노랑, 파랑과 같은 것들을 흔히 색상이라고 부른다. 말 그대로 크레파스나 물감에서 흔히 볼 수 있는 색이다. 빛이 색에 비춰었을 때 해당 색은 빛의 다른 주파수들은 모두 흡수하고 그 색에 해당하는 주파수만 반사한다. 잘 알려진 바와 같이 빛에는 여러 색들이 있다. 무지개 색이 그것인데, 빨강, 주황, 노랑, …, 남색, 보라이다. 이들 빛의 색들은 각기 서로 다른 주파수를 갖고 있다. 보라색 쪽이 주파수가 가장 높고 빨강색 쪽이 주파수가 낮다. 물론 빨강색 밖에는 적외선이 있고, 보라색 밖에는 자외선이 있지만, 눈에 보이는 소위 가시광선(可視光線)들은 각기 주파수가 다르다는 것 때문에 다른 색을 갖는다. 그런데 여기서 흑색, 회색 및 백색은 색깔이라고 흔히 부르지만 색상의 범주에는 넣지 않는다.

채도(彩度, saturation)는 색의 칙칙한 정도이다. 순수하게 빨강색에 흰색을 조금 섞으면 칙칙한 빨강색이 된다. 흰색이 섞이는 정도에 따라 느낌이 달라진다. 색이 변한 것 같고 빛에 바랜 느낌을 준다. 순수하게 빨강색인 경우를 채도가 높다하고 희미하거나 탁해져서 분홍색을 띠게 되면 채도가 낮다 한다. 다른 색에서도 마찬가지이다. 순수한 색은 흰색이 조금도 섞이지 않은 것으로 채도가 100(%)라 할 수 있다. 통상 순수한 색에 흰색을 섞어 가면서 0~100(%)의 채도를 만든다.

명도는 밝은 정도이다. 명도가 높으면 화면이 환해지면서 희게 변하고, 낮으면 어두워지면서 검게 변한다. 전체적으로 밝은 쪽으로 또는 어두운 쪽으로 변한다. 흔히 컴퓨터 모니터 화면의 밝기를 조정하는 것이 곧 이 "밝기(brightness)"인데 비슷한 개념이다. 매우 어두운 흑색에서부터 아주 밝은 흰색에 이르기까지 밝기의 정도를 수치적으로 나타내며 명도를 가늠한다. 이 명도를 영상처리에서는 통상 회색조 또는 명암도(gray level 또는 gray scale)라고 부른다. 영상처리에 있어서 매우 중요한 용어이니 잘 숙지하기 바란다. 그림 2-4에 회색조를 보이고 있다.

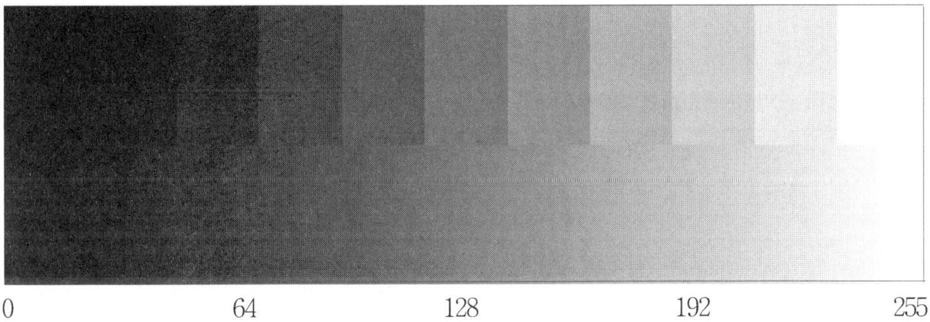


[그림 2-4] 회색조

그림 2-4의 윗부분은 명암정도를 0~10의 11등급으로 나눈 것이고, 아랫부분은 0~255의 256등급으로 나누었다. 회색조 0~255 (256등급)는 영상처리의 기본이 되는 구분이고 앞으로 엄청나게 많이 사용한다. 회색조 0은 흑색, 255는 흰색, 그 가운데 숫자는 단계별로 흑색에서 흰색으로 이동한다. 회색조는 크레파스나 물감으로 칠해 놓은 색깔이라기보다는 빛과 관련된 밝기이다. 컴퓨터 모니터 상에서 인지되는 개개 화소의 밝기 정도이므로 그것들의 조합에 의해 흑백영상의 형태가 만들어지고 물체의 윤곽이나 구조가 결정된다. 다음 그림 2-5는 0~255 회색조에 보다 친숙해지기 위해 몇 가지 영상을 제시하였다.

(a) 회색조 118-255 (b) 회색조0-118 (c) 회색조 0-255

[그림 2-5]

그림 2-5에서 볼 수 있듯이 회색조의 값을 어떻게 잡느냐에 따라 전혀 다른 밝기가 된다. 그림 (a)는 회색조 118~255를 채택한 것으로 주로 흰색 쪽에 치우쳐 있다. 그림 (b)는 (a)와는 반대로 회색조 0~118 범위 안에서 영상의 화소들이 값을 갖게 한 것으로 흑색 쪽으로 몰려 있다. 반면에 그림 (c)는 회색조 0~255를 모두 갖도록 한 것인데 흑백 대비가 또렷하여 매우 선명한 영상임을 알 수 있다. 그림 (a)를 안개 속에서 본 것이라 보고, 그림 (b)를 새벽녘 컴컴할 때라 한다면, 그림 (c)는 밝고 청명한 대낮에 본 것과 같다고 하겠다. 이와 같이 영상의 화소들이 회색조의 어떤 값을 갖고 있느냐에 따라 밝기가 결정된다.

### 예 제 2-4

다음 세 가지 그림은 모두 회색조 영상이다. 영상의 회색조 범위에 걸맞은 것을 서로 연결하시오.

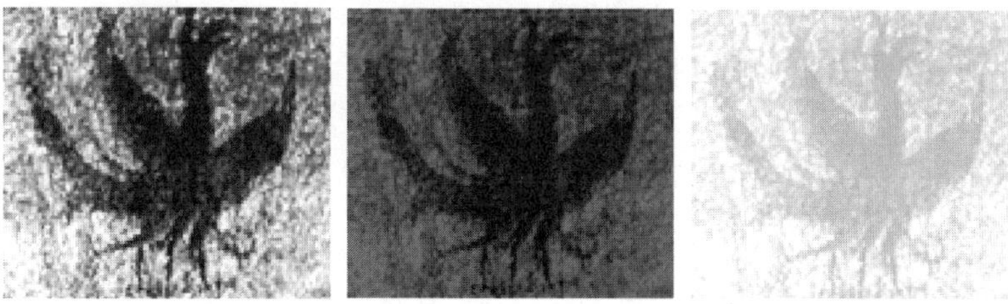

[예제 2-4 그림]

(회색조 180-255) (회색조 0-120) (회색조 0-255)

### 풀이와 해설

먼저 답을 보면  이다.

좌측그림은 흑색인 0에서부터 흰색인 255까지 사용하고 있다. 우측그림은 흰색이 주종을 이루는 밝은 영상으로서 회색조 180～255가 이에 해당한다. 반면에 중앙의 영상은 매우 어둡다. 흑색이 주종을 이루므로 회색조 0～120 이라고 볼 수 있다.

---

색상, 채도, 명도라고 부르는 HSB 말고도 영상에서 자주 듣는 콘트라스트(대비 對比, contrast)라는 것이 있다. 특히 명도(밝기, brightness)와 함께 많이 사용되는데 무엇이 다른가 살펴보자. 콘트라스트는 영상이 갖고 있는 색도의 범위를 말한다. 앞의 그림 2-5와 예제 2-4 에서도 알 수 있듯이 색도범위가 넓은 0～255와 그렇지 않은 것과는 잘 보이는 정도가 달랐다. 영상이 사용하는 색도 범위가 크면 콘트라스트가 크다고 하고, 범위가 작으면 작다고 한다. 콘트라스트가 클수록 잘 보이는 것은 당연하다. 수학적으로 표현하면 식 (2.2)와 같다.

$$contrast = \frac{\text{명도최대값} - \text{명도최소값}}{\text{명도최대값} + \text{명도최소값}} \tag{2.2}$$

앞의 그림 2-5(a)의 영상이 명도(회색조) 118~255를 범위로 갖고 있으므로

명도최대값 = 255 , 명도최소값 = 188

이다. 이를 식 (2.2)에 대입하면 그림 2-5(a)의 콘트라스트는

$$Contrast = \frac{255-118}{255+118} = 0.287$$

을 얻는다. 이로보건데 식 (2.2)의 값은 항상 1보다 작고 0보다 큰 것을 알 수 있다. 콘트라스트는 0~1이다. 다음 그림 2-6을 통해 콘트라스트에 관하여 더 살펴보도록 하자.

(a) 회색조 60-180 (b) 회색조 0-250 (c) 회색조 110-140

$$Contrast = \frac{180-60}{180+60} = 0.5 \quad Contrast = \frac{250-0}{250+0} = 1 \quad Contrast = \frac{140-110}{140+110} = 0.12$$

[그림 2-6]

그림 2-6는 밝기(brightness)는 고정시키고 콘트라스트만 변화시킨 것이다. 그림 (a)의 콘트라스트는 0.5, 그림 (b)는 1, 그림 (c)는 0.12이다. 콘트라스트가 증가할수록 선명하게 잘 보이기는 하지만 영상의 연한 부분들이 사라지는 것을 볼 수 있다.

## 2.3.2 컬러 만들기

화소 색의 결정은 회색유형(gray mode)와 컬러유형(color mode)로 양분된다. 전자는 당연히 흑백 영상이고 후자는 컬러 영상이다. 회색조(gray level)로 대표되는 회색유형은 앞절에서 살펴보았고, 이번에는 컬러를 어떻게 만드는지 살펴보도록 하자. 컬러색을 만드는 방법은 매우 간단하다. 몇 가지 기본색들을 서로 조합하여 만든다. 흔히 쓰이는 유형으로는 RGB, CMY(CMYK), HSI 그리고 $YC_bC_r$이 있다. 컴퓨터 모니터에 사용하는 대부분의 유형은 RGB이다. CMY나 CMYK는 종이나 헝겊에 인쇄하는 출판, 광고업계에서 많이 사용한다. HSI 컬러 유형은 특별히 색상이나 채도 및 명도를 취급할 때 사용한다. $YC_bC_r$(YUV)는 광도 Y를 분리하여 생동감을 조성하는 컬러유형이다. 이들 네 가지 컬러 유형들은 수학적으로 상호 코드변환이 가능하다. 본 절에서는 네 가지 유형에 대하여 설명하지만 뒤에 이어지는 영상처리는 주로 회색조 영상에 대하여 진행한다. 회색조 영상 처리가 영상처리의 기본이기 때문에 다른 컬러 영상은 이에 준하여 약간 발전시키면 된다.

이들 네 가지 컬러유형은 각각의 화소에서 기본적으로 세 가지 성분을 적절히 조합하여 컬러를 표현한다. 그 각각은 정도를 나타내는 숫자로 되어 있다.

RGB(Red, Green, Blue) = 빨강색도(0~255) + 녹색색도(0~255) + 파랑색도(0~255)
CMY(Cyan, Magenta, Yellow) = 청록색도 + 자홍색도 + 노랑색도
CMYK(Cyan, Magenta, Yellow, Black) = 청록색도 + 자홍색도 + 노랑색도 + 검정색도
HSI(Hue, Saturation, Intensity) = 색상정도+채도정도+밝기정도
$YC_bC_r$ (luminance, chrominance $C_b$, $C_r$) = 휘도+$C_b$+$C_r$

이들 컬러 유형들의 기본 원리는 각각의 성분에 대한 영상 배열이 한 개씩 존재한다. R + G + B는 R이 한 장, G가 한 장, B가 한 장. 도합 세장의 영상배열이 있다. (그림 1-3참조) 컬러로 갈수록 화소의 수가 세곱으로 증가하고 그에 따른 데이터량이 증가하여 처리속도가 만만치 않아야 한다. 이하 각 컬러유형들에 관하여 자세히 살펴보도록 하자.

### RGB mode

앞에서 간단히 설명한 바와 같이 RGB는 Red(빨강)+Green(녹색)+Blue(파랑)의 세 색상으로 컬러를 표현한다. 각 색상이 정도가 0~255의 256(개)로 나누어져 있다. (그림 2-7)

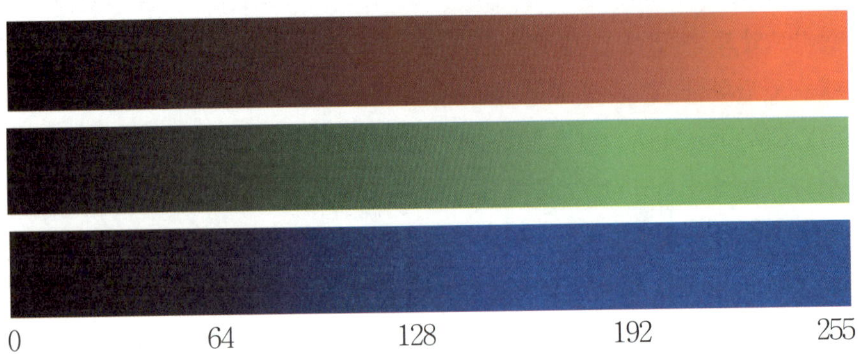


[그림 2-7] RGB mode와 256 단계 디지털 색도

그림 2-7에서 왼쪽으로 갈수록 흑색에 가깝다. 마치 빨강, 녹색, 파랑에 흑색을 조금씩 섞어가면서 색을 만들어간 듯하다. 왼쪽의 어두운 부분의 색도 값이 0, 오른쪽 끝의 색도 값이 255이고, 전 범위를 256단계로 나누어서 도합 256개의 색도 값을 갖는다. 빨강도 색도가 256(개), 녹색도 256(개), 파랑도 256(개)이다. 다음 그림 2-8은 RGB 각각의 색도 값에 따라 최종 영상의 컬러가 나타나는 모습을 보이고 있다. 그림의 왼쪽이 최종영상이다.

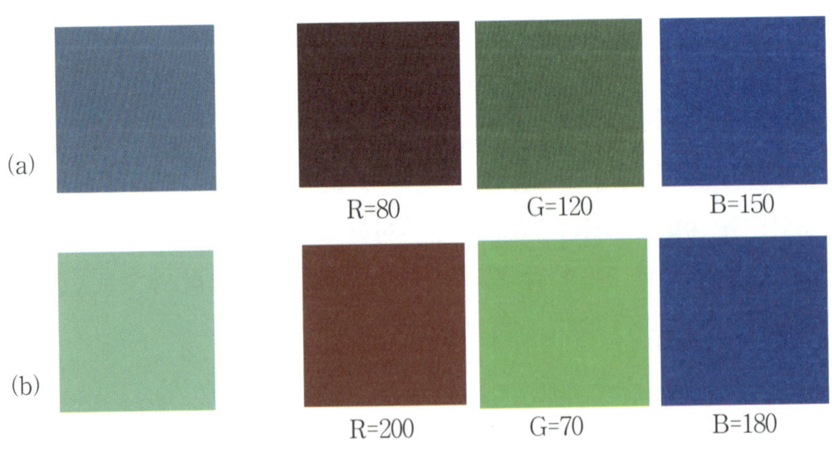

(c)

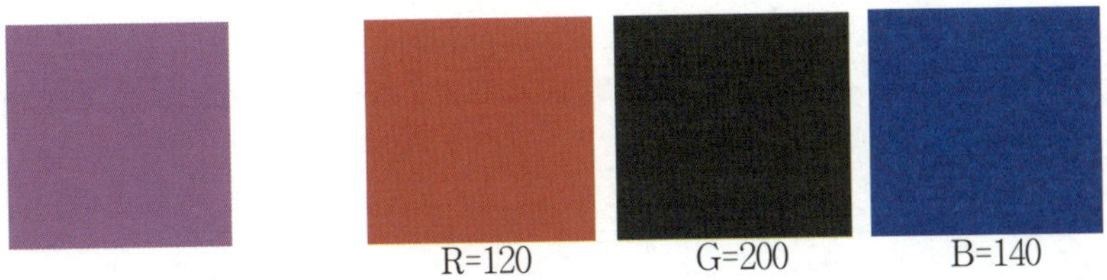


[그림 2-8]

RGB 각 색상이 256가지이므로 이들 색상을 서로 조합하면 무려 $256 \times 256 \times 256 = (2^8)^3 = 2^{24} = 16,777,216$(개)의 색이 만들어진다. 컴퓨터에서 만들 수 있는 색의 종류가 무려 일천육백만 가지를 넘는 천문학적인 숫자라니 실로 놀라운 일이 아닐 수 없다. 사람이 물감을 사용하여 만들 수 있는 색의 종류가 과연 몇 가지 정도이겠는가? 잘해야 고작 수백 가지 정도일 것이다. 컴퓨터 모니터에서 인간이 접하는 색의 세계는 기존의 상상을 초월한다. 색의 혁명이라 할 수 있다. 한글 워드나 MS워드, 파워포인트 및 각종 영상처리용 소프트웨어에서 지원하는 색의 종류가 매우 많음에 어떤 때는 당황할 때도 있다. 어떤 색을 선택할 것인가 고민한다. 그러한 소프트웨어에서 제공하는 색이라 해야 $2^{24}$(개)라는 엄청난 색 가운데 극히 일부분인데 말이다. 인류문명사를 예술적 관점에서 바라본 어떤 학자가 "인류문명은 색에서 비롯되었고 역사의 전환 이면에는 색의 창출이 있었다." 라고 한 말이 생각난다. 21세기는 영상을 통한 미디어 혁명의 시대이다. 디지털 TV, HDTV, DMB, 휴대폰 등 무수한 영상매체의 급속한 변화의 배후에는 색의 세계가 현존한다.

다음은 RGB 컬러영상을 회색조(gray level)의 흑백영상으로 바꾸는 작업을 설명한다. 흑백영상은 0~255의 명암도로 나타내기 때문에, RGB 각 색상이 갖고 있는 명암 요소를 서로 조합하여 나타낸다. NTSC 표준에서 제시하고 있는 변환식은 식 (2.3)과 같다.

$$\text{회색조(gray level)} = 0.299\,R + 0.587\,G + 0.114\,B \tag{2.3}$$

식 (2.3)외에도 응용분야에서 간단히 사용하는 식은 식 (2.4)과 같이 평균을 취한다.

$$\text{회색조(gray level)} = \frac{1}{3}(R+G+B) \tag{2.4}$$

식 (2.3)이나 (2.4)의 계산결과는 소수점으로 나온다. 색도는 0과 자연수로 표현하기 때문에 계산결과를 정수 처리한다. 반올림이나 소수제거 또는 소수올림을 사용한다. 다음 예제를 통해 연습해 본다.

### 예제 2-5

R=10, G=200, B=120인 RGB 컬러영상을 회색조의 흑백영상으로 변환하였다. 명암도를 구하여라. 소수점 이하는 반올림한다.

**풀이와 해설**

식 (2.3)을 사용한다.

$$\text{Gray level} = 0.299 \times 10 + 0.587 \times 200 + 0.114 \times 120$$
$$= 134.07$$

계산결과를 반올림 정수 처리한다. Gray level은 134이다.

그림 2-9는 식 (2.3)에 의해 RGB 컬러영상을 회색조 흑백영상으로 변환한 예이다. R, G, B 각각에 대한 배열과 이들을 변환하였을 때 회색조 하나만의 배열로 됨을 볼 수 있다. 연습해보기 바란다.

RGB컬러

| 38 | 48 | 42 | 18 | 85 | 125 |
|---|---|---|---|---|---|
| 104 | 69 | 57 | 103 | 190 | 148 |
| 156 | 134 | 136 | 161 | 197 | 158 |
| 192 | 162 | 158 | 162 | 157 | 146 |
| 207 | 168 | 145 | 141 | 115 | 104 |
| 220 | 206 | 189 | 154 | 73 | 70 |
| 213 | 204 | 182 | 146 | 58 | 54 |
| 205 | 216 | 165 | 130 | 88 | 80 |

Red

| 19 | 32 | 33 | 14 | 85 | 122 |
|---|---|---|---|---|---|
| 83 | 50 | 44 | 97 | 186 | 141 |
| 129 | 110 | 118 | 150 | 188 | 147 |
| 162 | 135 | 135 | 147 | 143 | 132 |
| 174 | 140 | 121 | 125 | 101 | 87 |
| 187 | 178 | 167 | 136 | 60 | 53 |
| 183 | 176 | 160 | 131 | 45 | 39 |
| 176 | 190 | 145 | 116 | 76 | 66 |

Green

| 51 | 61 | 50 | 15 | 73 | 115 |
|---|---|---|---|---|---|
| 116 | 80 | 62 | 99 | 175 | 135 |
| 164 | 142 | 140 | 154 | 179 | 143 |
| 200 | 170 | 161 | 154 | 140 | 132 |
| 219 | 181 | 153 | 138 | 101 | 95 |
| 240 | 227 | 206 | 158 | 69 | 69 |
| 243 | 234 | 207 | 160 | 62 | 62 |
| 240 | 251 | 196 | 149 | 98 | 92 |

Blue

회색조 흑백

| 28 | 40 | 38 | 15 | 84 | 122 |
|---|---|---|---|---|---|
| 93 | 59 | 50 | 99 | 186 | 142 |
| 141 | 121 | 126 | 154 | 190 | 150 |
| 175 | 147 | 145 | 152 | 147 | 136 |
| 189 | 153 | 132 | 131 | 105 | 93 |
| 203 | 192 | 178 | 144 | 65 | 60 |
| 199 | 191 | 172 | 139 | 51 | 46 |
| 192 | 205 | 157 | 124 | 82 | 73 |

Gray

[그림 2-9]

회색조 흑백영상을 RGB 컬러영상으로 변환하는 것은 고급과정이므로 여기서는 설명을 생략한다.

**Matlab**

### A. RGB 컬러 영상 만들기

- 사용하는 명령어 : cat, cat는 concatenate(연결하다)의 약자이다.
- 명령어 사용 : x = cat ( 3, xR, xG, xB ) ;

  x : 만들어지는 RGB 컬러 영상

  3 : R, G, B 각각의 영상데이터가 서로 연결하여 3차원 데이터를 만든다. 이값이 1이면 각 배열이 수직으로 이어지고, 2이면 수평으로 이어진다.

  xR, xG, xB : 영상데이터로서 행렬이다. 그 각각의 행과 열의 수가 모두 동일하다.

**[cat 명령어 사용의 예]**

$$xR = \begin{bmatrix} 2 & 3 \\ -5 & 7 \end{bmatrix},\quad xG = \begin{bmatrix} -1 & 7 \\ 9 & 4 \end{bmatrix},\quad xB = \begin{bmatrix} 0 & -2 \\ 6 & 5 \end{bmatrix}$$

[프로그램 및 결과]

Program

```
% ===========================================================
% 파일명: PR_2_1.m
% 용도: cat 명령어 연습. cat(1,.,.,.), cat(2,.,.,.) 일 때
%       x=cat(d,xR,xG,xB);
% ===========================================================
xR=[2 3;-5 7]; xG=[-1 7;9 4]; xB=[0 -2;6 5];
x1=cat(1,xR,xG,xB);
x2=cat(2,xR,xG,xB);
% 출력하기
```

```
disp('x1='),disp(x1), disp('x2='),disp(x2)
```

Result

```
x1=
     2     3
    -5     7
    -1     7
     9     4
     0    -2
     6     5

x2=
     2     3    -1     7     0    -2
    -5     7     9     4     6     5
```

PR_2_1

**[RGB 컬러 영상 만들기]**

**예 제 1** 단순한 숫자 배열로 영상 제작

- 화소배열 : 400 × 400
- RGB 각 숫자배열

| 25 | 100 |
|---|---|
| 140 | 200 |

R

| 120 | 230 |
|---|---|
| 20 | 80 |

G

| 10 | 95 |
|---|---|
| 76 | 192 |

B

[프로그램 및 결과]

Program

```
% ===============================================================
% 파일명: PR_2_2.m
% 용도: 단순숫자 배열로 RGB 컬러영상제작
% ===============================================================
% 원소값이 모두 1인 400*400 정방행열을 만든다.
R=ones(400); R=ones(400); R=ones(400);
% 행열의 구획을 나누어 숫자를 배열한다
% R
R(1:200,1:120)=25;    R(1:200,121:400)=100;
R(201:400,1:120)=140; R(201:400,121:400)=200;
% G
G(1:200,1:120)=120;  G(1:200,121:400)=230;
G(201:400,1:120)=20; G(201:400,121:400)=80;
% B
B(1:200,1:120)=10;   B(1:200,121:400)=95;
B(201:400,1:120)=76; B(201:400,121:400)=192;
% R,G,B 모두를 uint8로 변환
R=uint8(R); G=uint8(G); B=uint8(B);
% cat 명령어를 사용하여 RGB컬러영상을 만들고 영상을 본다.
x=cat(3,R,G,B); figure,imshow(x)
```

Result

PR_2_2

**예 제 2** 랜덤숫자를 발생시켜 컬러 영상 제작

• 화소배열 : 200 × 350

[프로그램 및 결과]

Program

```
% ================================================================
% 파일명: PR_2_3.m
% 용도: R,G,B 각각의 랜덤숫자배열에 의한 컬러영상제작
% ================================================================
% R,G,B 각각 랜덤숫자 발생. 배열:200*350
R=rand(200,350); G=rand(200,350); B=rand(200,350);
% 숫자를 R,G,B에 255를 곱하여 0~255 로 수정한다.
R=R*2; G=G*255; B=B*255;
% R,G,B를 uint8로 변환한다.
R=uint8(R); G=uint8(G); B=uint8(B);
% 영상을 cat 명령어로 연결하여 컬러영상을 만든다.
ColorImage=cat(3,R,G,B); figure, imshow(ColorImage)
```

Result

PR_2_3

**예 제 3** 임의로 컬러 영상을 불러오고 R, G, B 각각을 분리한 후 R에는 0.8, G에는 0.6, B에는 1.2를 곱하여 데이터를 변경하고 다시 연결하여 컬러 영상을 제작한다.

[프로그램 및 결과]

Program

```
% ==================================================
% 파일명: PR_2_4.m
% 용도: 임의영상 에서 R,G,B분리후 데이터를 조정하여
%       컬러영상으로 재구성. R*0.8, G*0.6, B*1.2
% ==================================================
x=imread('a4.jpg');  % 영상을 불러온다
% R,G,B를 분리한다.
R=x(:,:,1); G=x(:,:,2); B=x(:,:,3);
% R,G,B 색 조정.  R*0.8, G*0.6, B*1.2
R=R*0.8; G=G*0.6;  B=B*1.2;
% R,G,B를 연결하여 컬러영상 제작
ColorImage=cat(3,R,G,B);
% 원래영상과 조정한 영상을 비교하여 본다.
figure, subplot(122), imshow(ColorImage)
       subplot(121), imshow(x)
```

Result

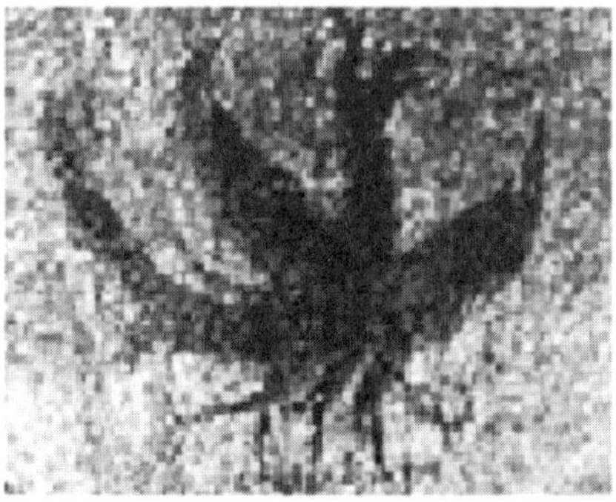

원래영상

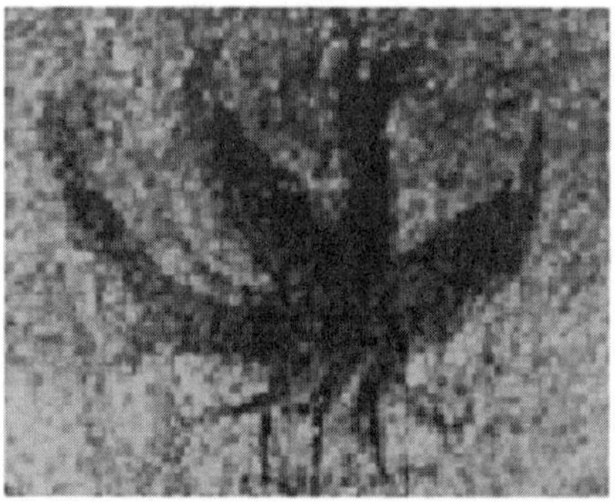

조정후 영상

PR_2_4

## B. 인덱스(index)영상과 컬러 map

RGB 영상을 실현하는 방법 중에 인덱스 영상이 있다. 인덱스 영상은 화소가 위치하는 곳에 있는 숫자가 별도의 컬러 map상에서의 RGB 색 정보를 갖는다. 다음 그림을 통해 자세히 설명한다. 일단 다음의 순서에 따라 Matlab 프로그램을 실행한다.

→ enter 를 친다. 그림 B2 화면이나온다.

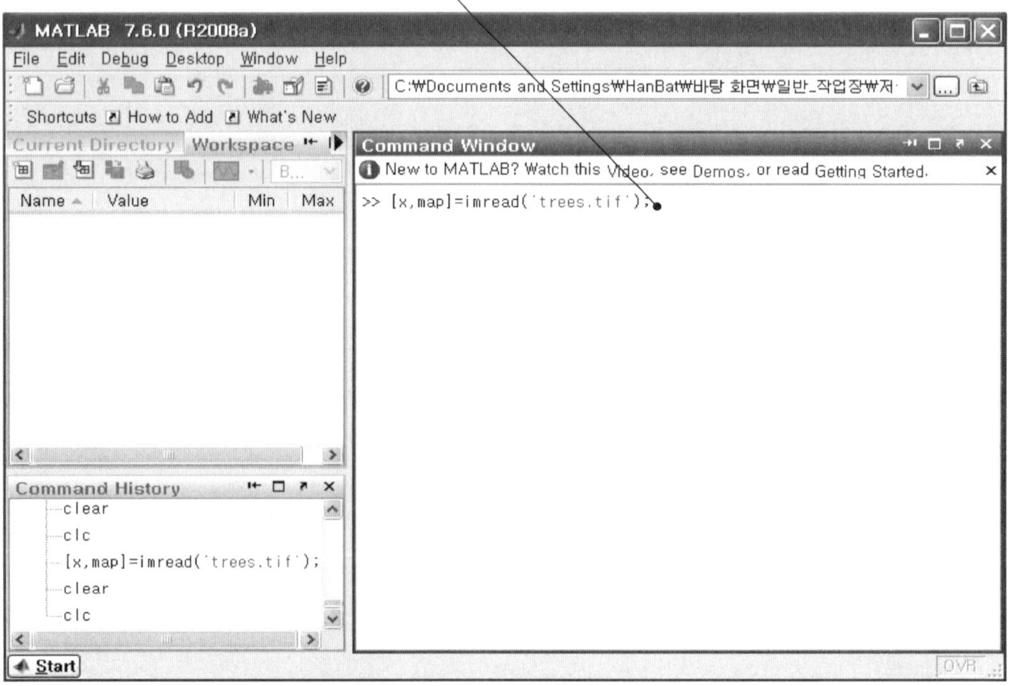


[그림 B1]

x : 인덱스 영상
map : 인덱스 영상의 컬러 map
(인덱스 영상 각 화소의 컬러정보가 들어있다, 0~1의 double로 표시)

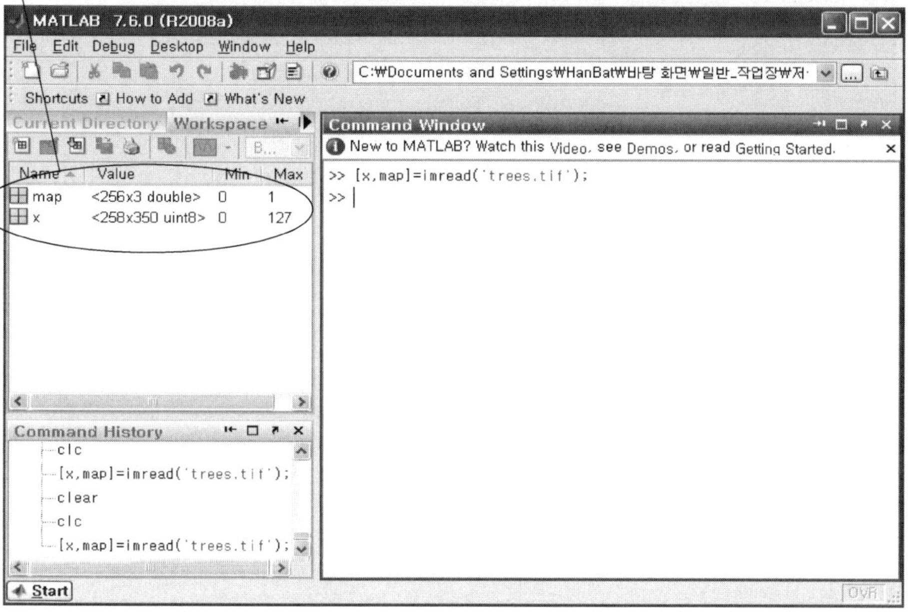


[그림 B2]

클릭하면 그림 B4 화면이 나온다.

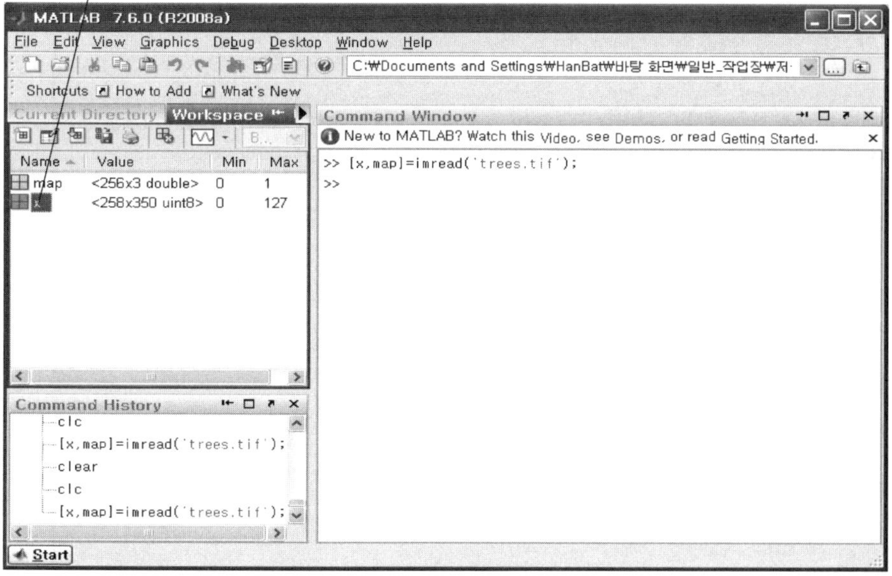


[그림 B3]

인덱스 영상의 각 화소가 숫자로 표현되어 있다.
이 숫자를 map에서 찾아 RGB 컬러를 읽는다.

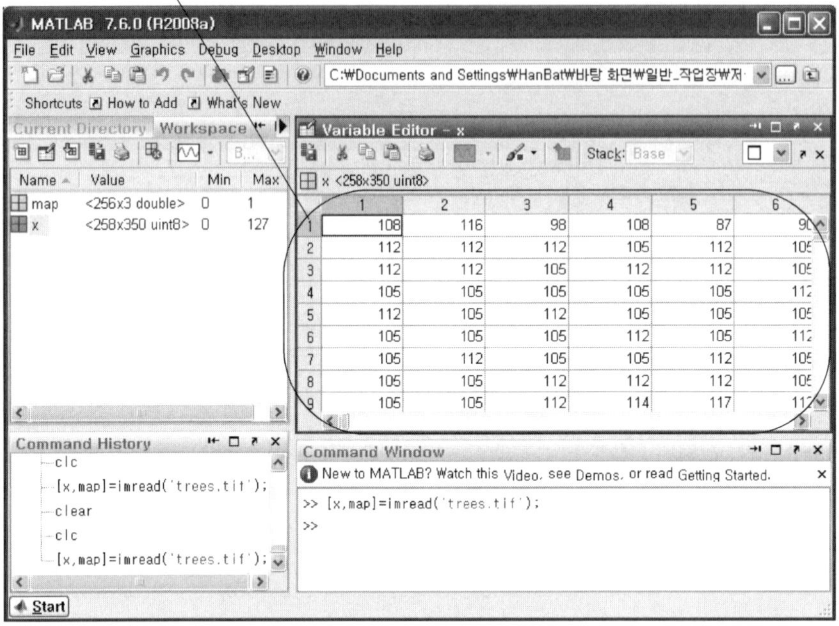

[그림 B4]

클릭한다. 그림 B6 화면이 나타난다.

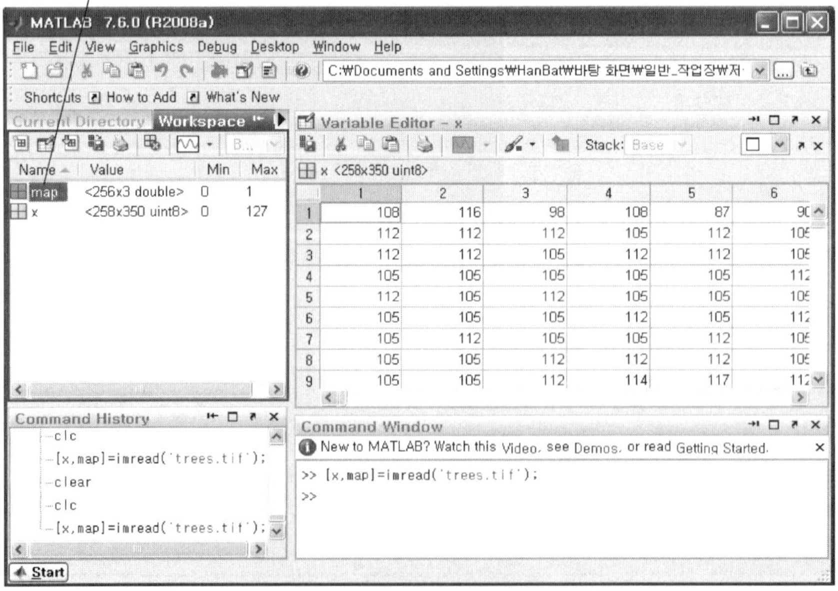

[그림 B5]

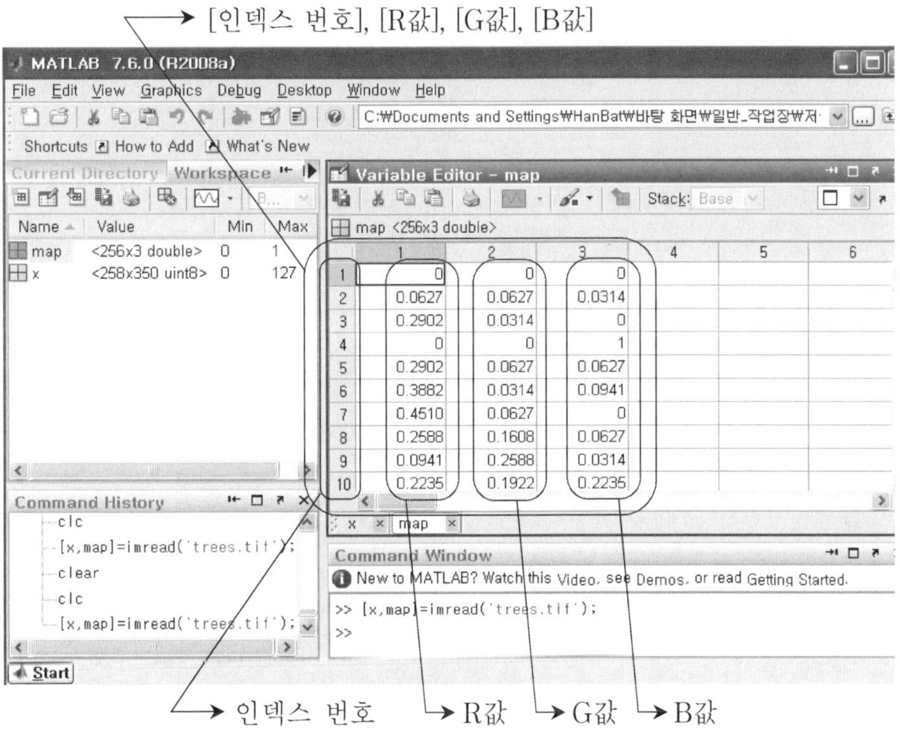


[그림 B6]

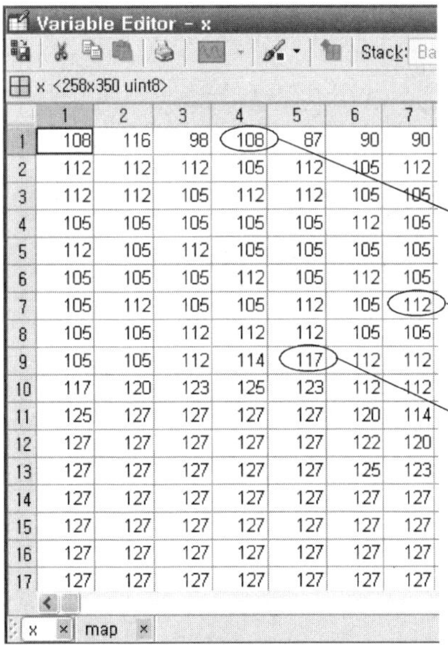

(a) 인덱스영상

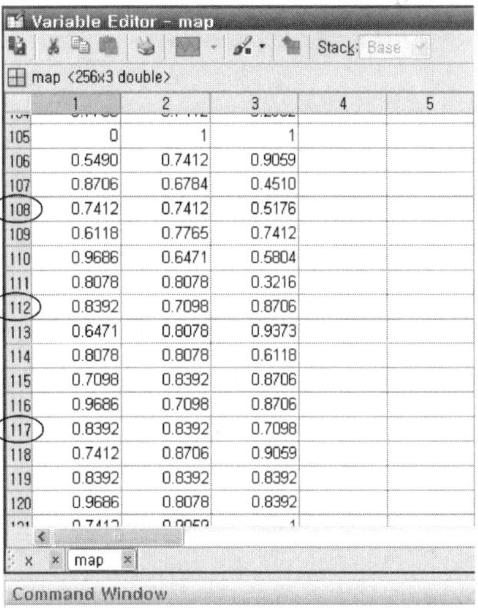

(b) 컬러 map

[그림B7]

그림 B5의 일부와 그림 B6를 밑으로 내려 본 것이 그림 B7의 (a)와 (b)이다.
그림 B7(a)의 숫자들은 모두 인덱스 번호이다. 즉 앞의 그림 B1에서

```
[x, map] = imread('trees.tif') ; enter
```

로 영상을 읽으면 불러들인 영상은 인덱스 숫자 형태로 영상 x를 만들고 동시에 그 해당 인덱스의 RGB 색 정보를 map에 수록해 놓는다. 그림 B7에서 알 수 있듯이 가령

인덱스 영상 화소의 위치 (1, 4)에 108이라는 숫자를 그림 (b)의 인덱스번호 108에서 찾으면

0.7412 , 0.7412 , 0.5176

이 나온다. 이 각각의 숫자는 double로 나타낸 것으로 Red 값 0.7412, Green값 0.7412, Blue 값 0.5176이다. 이들 값을 0과 1 사이의 소수로 나타낸 것은 컬러 데이터 가로-세로-높이가 모두 1인 컬러 정사면체에서 RGB의 값을 표기하고자 함이다. 이를 실제 0에서 255사이의 RGB값으로 바꾸려면 255를 곱한 후 정수처리하면 된다. 즉 0.7412는 0.7412 × 255 = 189.006인데, 정수처리하면 189이다.

$$(0.7412,\ 0.7412,\ 0.5176) \times 255 \xrightarrow{\text{정수처리}} (189,\ 189,\ 132)$$

마찬가지로 화소의 위치 (7, 7)의 인덱스 번호 112를 오른쪽 컬러 map에서 찾으면 RGB 컬러값 (0.8372, 0.7098, 0.8706)이다.
이것이 인덱스 영상이다. 인덱스 번호의 경우 여기서는 그림 B2의 좌상측 [Workspace]의 x값 최대 127로서 인덱스 번호가 최대 127까지 되어 있으나 영상에 따라 그 값은 다르다. 따라서 인덱스 영상으로 영상을 보는 것은 의미가 없다. 인덱스 영상을 RGB 컬러 영상으로 보기 위해서는 인덱스 영상과 컬러 map을 함께 사용해야 한다. 인덱스 영상이 x, 컬러 map 변수가 map인 경우

```
figure, imshow(x, map) enter
```

하면 컬러 영상이 나타난다. 그림 B8은 인덱스 영상을 그대로 본 것과 map을 사용하여 본

예를 보이고 있다. 그림 B8(a)는 imshow(x) enter 한 결과이다.

(a) 인덱스영상을 그대로 본 것 (b) 인덱스영상과 컬러 map으로 본 것

[그림 B8]

인덱스 영상을 컬러 영상으로 보는 다른 방법은

figure, image(x), colormap(map) enter

이 있다. 앞의 앞의 인덱스 영상을 이 방법으로 한 프로그램과 결과가 PR_2_5이다.

Program

```
% ===========================================================
% 파일명: PR_2_5.m
% 용도: 영상을 인덱스영상과 map으로 불러들인후
%       image함수와 colormap으로 보는 방법
% 영상을 보는 다른 방법은 figure, imshow(x,map)  이다.
% ===========================================================
[x,map]=imread('trees.tif');
figure,image(x),colormap(map)
```

Result

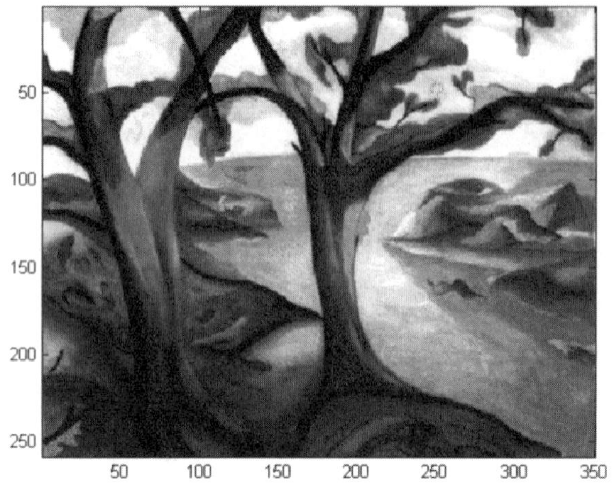

PR_2_5

인덱스 영상이 갖고 있는 컬러 인덱스의 수를 줄이려면 imapprox 명령어를 사용한다. 예를 들어 앞에서 [x, map]으로 불러들인 trees.tif 파일의 인덱스 최대값이 127인데(이 말은 이 영상은 127개 컬러로 되어 있다는 의미이다) 이것을 24개의 컬러로 나타내고자 한다면 다음의 프로그램 PR_2_6과 같이 실행하면 된다. 이 때 프로그램은

[Y, newmap] = imapprox(x, map, n)

| | |
|---|---|
| Y | : 새로 만들어진 인덱스 영상 |
| newmap | : 새로 만들어진 컬러 map |
| x | : 본래 불러들였던 인덱스 영상 |
| map | : 본래 불러들였던 인덱스 영상의 컬러 map |
| n | : 줄이려는 컬러의 수 |

Program

```
% ===================================================
% 파일명: PR_2_6.m
% 용도: 영상을 인덱스영상과 map으로 불러들인 후
%       컬러의 수를 줄여서 영상을 생성
% ===================================================
% 영상을 인덱스영상과 컬러map으로 불러들인다.
[x,map]=imread('trees.tif');
% 인덱스의 수를 줄인다.
[y,newmap]=imapprox(x,map,45);
% 본래영상과 인덱스의 수를 줄인 영상을 비교제시
figure,subplot(122),imshow(x,map)  % 본래영상 보기
    subplot(121),imshow(y,newmap) % 컬러를 줄인 영상 보기
```

Result

본래영상(인덱스: 127)

인덱스를 줄인 영상(인덱스: 45)

PR_2_6

일반적으로 컬러 영상을 인덱스 영상과 컬러 map으로 불러들일 때

[x, map] = imread('파일명. 확장자') ;

하면 컬러 map에 어떤 정보도 나타나지 않고 빈공간이 되는 경우가 흔하다. 이때는 일단 컬러 영상을 불러들인 후 rgb2ind 명령어를 사용하여 영상 속에 있는 컬러 map을 구할 수 있다.

다음 프로그램은 그러한 예를 보여주고 있다.

Program

```
% ============================================================
% 파일명: PR_2_7.m
% 용도: RGB 컬러 영상을 [x,map]=imread('파일명.확장자');
%    로 불러드렸다고 map이 항상 만들어지는 것은 아니다.
%    map이 만들어지지 않는 경우 rgb2ind를 다음과 같이
%    사용하여 map을 만들 수 있다.
% ============================================================
% 영상을 인덱스영상과 map으로 불러 들인다.
[x,map]=imread('a3.jpg'); % 그 결과를 화면 좌상측의
% Workspace의 map에서 확인하면 []로서 비어 있다.
% 다음과 같이 rgb2ind를 사용하여 map을 만들수 있다.
x1=imread('a3.jpg');
% 불러들인 x1을 인덱스영상과 map으로 구한다.
[x2,map2]=rgb2ind(x1,0.1); % 뒤의 0.1 은 컬러수로서 비례값이다.
% 영상보기
figure,imshow(x2,map2)
```

Result

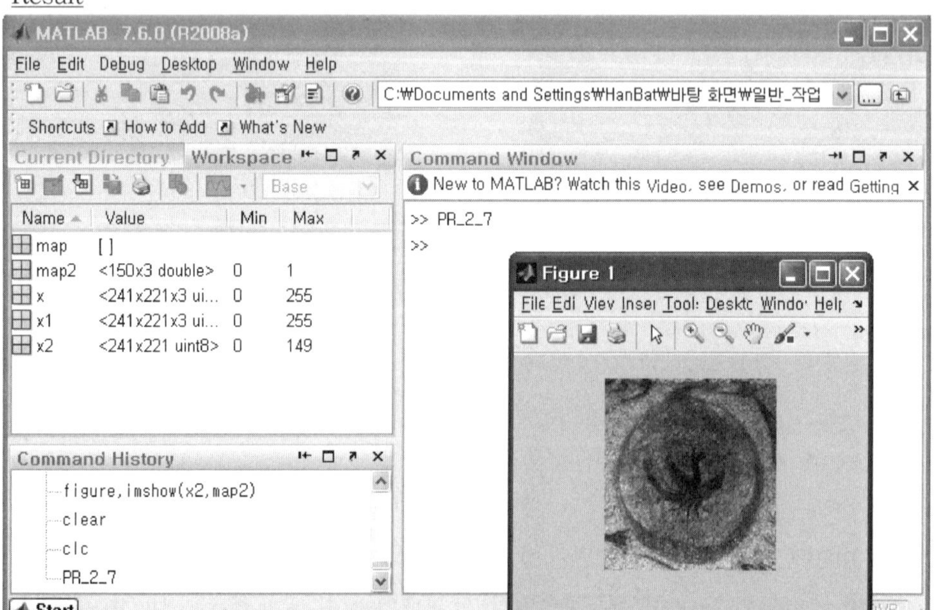


PR_2_7

### C. Matlab에서의 컬러 표현

Matlab에서 사용하는 기본 컬러는 표 C1에서와 같이 문자로 나타낸다.

| | | | |
|---|---|---|---|
| k : 검정 | b : 파랑 | r : 빨강 | g : 녹색 |
| c : 청록색 | m : 자홍색 | y : 황색 | w : 백색 |

[표 C1]

표 C2는 Matlab에 미리 내장되어 있는 컬러 map이다.

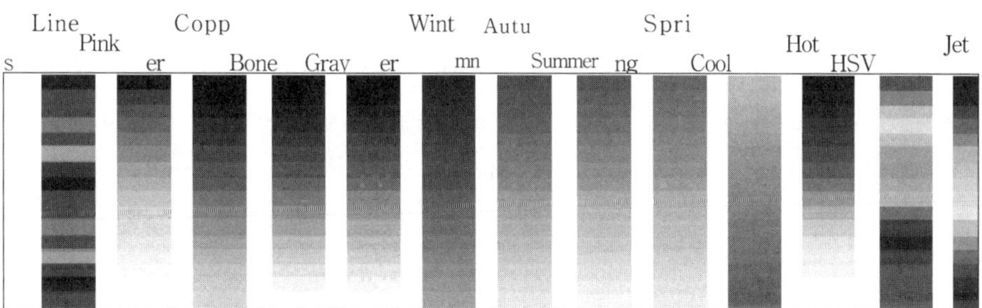


| | |
|---|---|
| Jet | 청색에서노랑 주황을 거쳐 빨강과 고동색 |
| HSV | Hue-saturation-value |
| Hot | 검정색에서 빨강,노랑, 백색까지 |
| Cool | 하늘색에서 자홍, 보라 |
| Spring | 자홍, 노랑 |
| Summer | 녹색, 노랑 |
| Autumn | 주황색, 노랑 |
| Winter | 파랑, 녹색 |
| Gray | 회색조 |
| Copper | 검정, 구리빛 |
| Pink | 핑크색 파스텔 농도 |
| Lines | 색띠 |

[표 C2]

colormap은 보이고자 하는 영상의 컬러 패턴을 결정한다. 다음 프로그램은 colormap을 사용하여 불러온 영상을 다양한 컬러로 나타낸 예이다.

Program

```
% ====================================================
% 파일명: PR_2_8.m
% 용도: 불러온 영상을 다양한 컬러로 표현
% ====================================================
%
[x,map1]=imread('trees.tif');  % 영상을 불러온다.
figure,imshow(x,map)           % 본래영상의 컬러로 표현
figure,imshow(x,copper)        % copper로 색전환
figure,image(x),colormap(bone)
figure,imshow(x,autumn(128))   % autumn 색으로 바꾸되 128색으로
%
a=imread('a9.jpg');    % map이 구성 안되는 영상을 불러온다.
[a1,map2]=rgb2ind(a,0.1); % map을 만든다.
figure,imshow(a)          % 본래영상을 본다.
figure,imshow(a1,bone)    % bone로 색변환
```

PR_2_8

### CMY 혹은 CMYK mode

RGB 컬러는 빨강, 초록 및 파랑을 사용하며 TV나 컴퓨터 모니터 등에 빛을 색으로 처리한 것이다. 이에 비해 종이나 헝겊에 컬러 인쇄를 하는 경우, 빛과는 달리 염료를 사용한다. 전자가 빛을 발산하는 것이라면, 후자는 빛을 흡수하고 나머지 주파수 성분만을 반사한다. 따라서 이러한 잉크나 염료의 색특성을 고려하여 고안된 것이 CMY 컬러유형이다. 여기서 C는 Cyan(청록색), M은 Magenta(자홍색) 그리고 Y는 Yellow(노랑색)이다. 이 세 가지 색에 더하여 K는 흑색(검정색)이다. CMY와 RGB는 상호 보색 관계이다. 명암도 레벨을 0~255로 하였을 때 보색관계는 다음과 같다.

빨강(R)과 청록색(C)이 보색 : C + R = 255
녹색(G)과 자홍색(M)이 보색 : G + M = 255
파랑(B)과 노랑색(Y)이 보색 : B + Y = 255

상호 보색관계는 서로 더한 결과가 255이다. 따라서 어떤 색의 보색을 찾으려면 255에서 빼주면 된다. 그림 2-10에 CMY의 색상을 0~255에 대하여 보이고 있다. 청록, 자홍, 노랑색에 흰색이 점진적으로 퍼진 형태이다.

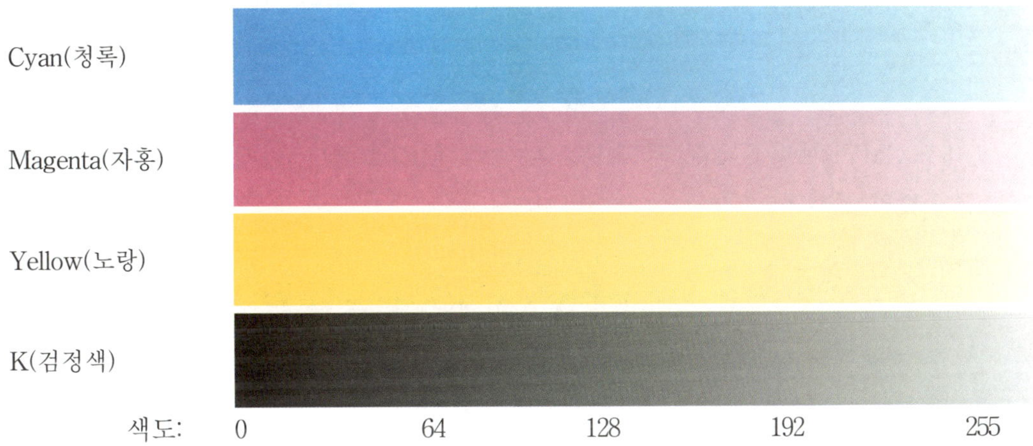


[그림 2-10] CMY 색상도

RGB 컬러유형과 CMY 컬러유형의 상호 변환은 앞에서 설명한 보색의 원리를 가지고 다음과 같이 쉽게 쓸 수 있다.

$$\begin{aligned} C &= 255 - R = (R + G + B) - R = G + B \\ M &= 255 - G = (R + G + B) - G = R + B \\ Y &= 255 - B = (R + G + B) - B = R + G \end{aligned} \quad (2.5)$$

역으로 CMY에서 RGB를 얻는 방법은 위 공식에서 얻는다.

$$R = 255 - C, \quad G = 255 - M, \quad B = 255 - Y \quad (2.6)$$

여기서 K(검정색)을 CMY에 추가한 것은 CMY 잉크를 섞어서 검정색(K)를 얻지 않고

곧장 검정색을 얻고자함이다. 실제 인쇄에서 CMY를 섞어서 순수한 검정색이 잘 나오지 않기 때문이다. 결국 컬러 인쇄 목적으로 CMK에 K를 추가하여 CMYK 컬러유형을 만들었다. CMYK 컬러유형과 CMY의 컬러유형과의 관계는 다음과 같다. 편의상 CMYK과 CMY를 구분하기 위해 CMYK의 CMY에 $C_0M_0Y_0$라고 놓자.

K = min(C, M, Y), 설명 : C, M, Y 값 가운데 최소값을 택한다.

$$\begin{aligned} C_0 &= C-K \\ M_0 &= M-K \\ Y_0 &= Y-K \end{aligned} \tag{2.7}$$

반대로 CMYK에서 CMY로의 변환은 다음 식 (2.8)과 같다. 이때도 CMYK의 CMY를 $C_0$, $M_0$, $Y_0$라 둔다.

$$C = C_0+K\ , \quad M = M_0+K\ , \quad Y = Y_0+K \tag{2.8}$$

### 예 제 2-6

RGB 컬러영상 (R = 20, G = 180, B = 250)을 CMY 컬러영상으로 변환하고자 한다. C, M, Y 값을 구하여라.

#### 풀이와 해설

식 (2.5)을 사용하여 C, M, Y 값을 구한다.

$$C = 255 - 20 = 235, \quad M = 255 - 180 = 75, \quad Y = 255 - 250 = 5$$

답 : C = 235, M = 75, Y = 5

### HSI mode

색상(Hue), 채도(Saturation), 명도(Intensity)의 세 성분으로 컬러를 표현하는 형태이다. 일단 삼원색인 RGB(빨강, 녹색, 파랑)을 기본으로 보조색인 CMY(청록, 자홍, 노랑)을 중간에 배치시킨 색상분포에 채도를 결합시킨 색상과 채도 평명을 구성한다. 이 색평면은 밝기(Intensity)를 어둡게 할 때와 밝게 할 때 각각 나타내는 색상의 변화를 갖는다. 이와 같이 색상에 색의 칙칙한 정도를 더하고, 그렇게 만들어진 색에 밝기를 조정케 하여 컬러를 표현코자 한 것이 HSI 유형이다. 구체적으로 그림 2-11를 통해 HSI 컬러유형의 실체를 접근해 보자.

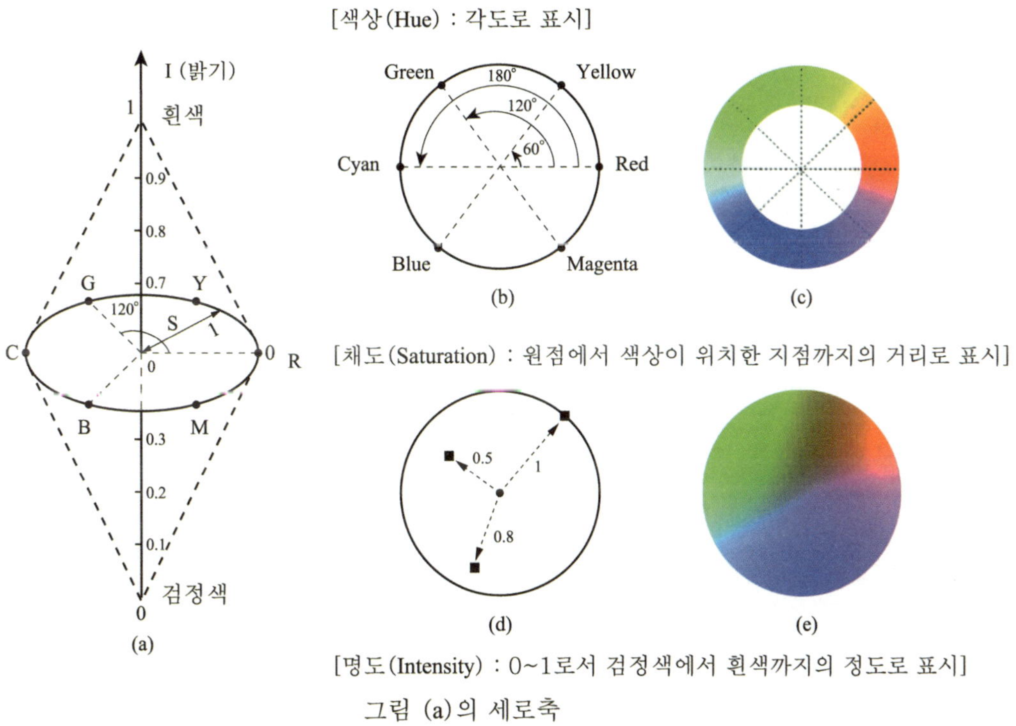


[그림 2-11] HSI 컬러 표현

H(Hue, 색상) : 색상은 그림 2-11(b)와 같이 배치되어 있다. 0~360°의 원을 형성하고 0일 때 순수한 빨강(R), 120°일 때 순수한 녹색(G), 그리고 각각 노랑(60°), 청록(180°), 파랑(240°), 자홍(300°)이다. R과 C, G와 M 및 B와 Y는 서로 보색이므로 원점을 중심으로 상호 마주보는 대칭에 위치한다. 각도 0°인 빨강에서부터 색이 서서히 변하면서 60°가 되면 순수한 노랑이 되고 또 60°에서 각도가 증가하면서 노랑에서 서서히 녹색으로 색이 변한다. 이러한 과정을 360° 제자리에 올 때까지 지속한다. 각도에 따라 색이 변하는 모습이 그림 (c)이다. 따라서 색상정도는 각도로 표시한다.

S(Saturation, 채도) : 채도는 그림 2-11(d)에서와 같이 색상이 원의 바깥쪽으로 나갈수록 색이 선명해져서 채도가 1에 가깝다. 원점으로 가까울수록 색이 칙칙해져서 채도는 0에 가깝다. 즉 채도는 색이 위치한 지점과 원점과의 거리로 표시한다. 최외각에 도달했을 때를 1, 원점에 있으면 0이다. 채도는 0~1로서 표기한다.

I(Intensity, 명도) : 명도는 색의 밝기이다. 아주 어두운 지점을 0(검정), 매우 밝은 지점을 1(흰색)으로 놓고 그 사이를 256등분한다. 따라서 동일한 색상과 채도를 가진 색도라 하더라도 그림 2-11(a)의 세로축으로 상하이동하면서 밝기에 따라 색이 달라진다. 명도의 범위는 0~1이다.

RGB와 HSI를 상호 변환할 수 있다. RGB로부터 HSI를 구한다.

$$\mathrm{H} = \begin{cases} \text{각도 } \theta : & \mathrm{B} \le \mathrm{G} \text{ 일 때} \\ 360 - \theta : & \mathrm{B} \ge \mathrm{G} \text{ 일 때} \end{cases}$$

$$\theta = \cos^{-1} \frac{\frac{1}{2}[(R-G)+(R-B)]}{\sqrt{(R-G)^2+(R-B)(G-B)}} \tag{2.9}$$

$$S = 1 - \frac{3}{R+G+B}\{\min(R, G, B)\}$$

$$\mathrm{I} = \frac{R+G+B}{3}$$

역으로 HSI로부터 RGB를 구하는 것은 $0° \le H \le 120°$ (R-G구간)와 $120° \le H \le 240°$ (G-B구간) 및 $240° \le H \le 360°$ (B-R구간)의 세 구간으로 나누어서 계산한다.

i ) $0° \le H \le 120°$ 인 경우 (빨강과 녹색 구간)

$$R = I\left[1 + \frac{S\cos H}{\cos(60° - H)}\right]$$

$$B = I(1 - S) \tag{2.10}$$

$$G = 1 - (R + B)$$

ii ) $120° \le H \le 240°$ 인 경우 (녹색과 파랑 구간)

먼저 $H_0 = H - 120°$ 로 하고 RGB를 계산한다.

$$R = I(1 - S)$$

$$G = I\left[1 + \frac{S\cos(H_0)}{\cos(60° - H_0)}\right] \tag{2.11}$$

$$B = 1 - (R + G)$$

iii ) $240° \le H \le 360°$인 경우 (파랑과 빨강 구간)

먼저 $H_0 = H - 240°$ 로 하고 RGB를 계산한다.

$$G = I(1 - S)$$

$$B = I\left[1 + \frac{S\cos(H_0)}{\cos(60° - H_0)}\right] \tag{2.12}$$

$$R = 1 - (G + B)$$

**$YC_bC_r$ mode** (또는 YCC)

휘도(Y, Luminance), 붉은 정도($C_r$), 푸른 정도($C_b$)로 컬러공간을 나타낸다. 사람의 눈이 색상보다는 밝기에 더 민감하므로 색상정보보다 밝기 정보에 치중하여 보다 좋은 컬러텔레비전 화면을 얻기 위해 고안되었다.

RGB 신호로부터 $YC_bC_r$ 구하기 (ITU-R BT.601 규정)

$$Y = 0.299\,R + 0.587\,G + 0.114\,B$$

$$C_r = 0.5\,R - 0.418688\,G - 0.08131\,B \tag{2.13}$$

$$C_b = -0.168736\,R - 0.331264\,G + 0.5\,B$$

여기서 R, G, B의 범위는 [0, 1] (즉 0~255를 0~1로 환산)이고 Y는 [0, 1], $C_b$와 $C_r$은 [-0.5, 0.5]이다.

$YC_bC_r$로부터 RGB 산출

$$
\begin{aligned}
R &= Y + 1.402\ C_r \\
G &= Y - 0.714\ C_r - 0.344\ C_b \\
B &= Y + 1.772\ C_b
\end{aligned}
\qquad (2.14)
$$

그림 2-12는 RGB 영상을 $YC_bC_r$ 영상으로 변환한 것이다.

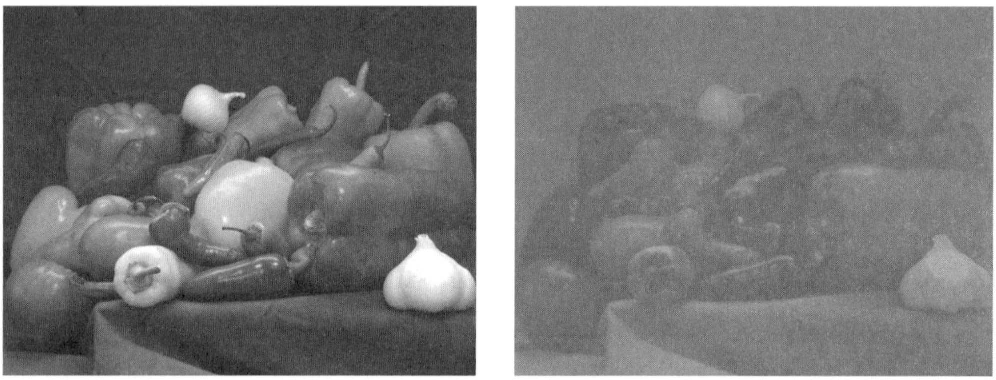

(a) RGB 영상　　(b) YCbCr 영상

[그림 2-12]

Matlab

### A. 컬러 형태 변환

앞에서 살펴 본 gray, RGB, 인덱스 영상(ind), hsv, hsi, ycbcr, 또는 ntsc 컬러 공간등 여러 형태의 컬러 표현 방식들을 서로서로 변환할 수 있다. Matlab 기본 toolbox에서 함수가 제공되기도 하고 제공되지 않는 것은 공식을 사용하여 함수(function)를 만든다.

Matlab에서 제공되는 변환 함수를 표 A1에 정리하였다.

| | |
|---|---|
| rgb2gray | RGB 영상을 Gray 영상으로 변환 |
| rgb2hsv | RGB 영상 또는 map을 HSV 영상이나 map으로 변환 H(hue, 색도), S(saturation,채도), V(value, 명암) |
| hsv2rgb | hsv 영상 또는 map을 rgb 영상이나 map으로 변환 |
| rgb2ycbcr | RGB 영상을 $yc_bc_r$ 영상으로 변환 |
| ycbcr2rgb | $yc_bc_r$ 영상을 RGB 영상으로 변환 |
| rgb2ntsc | RGB 영상을 NTSC 방식 영상으로 NTSC에서는 휘도(Y, luminance), 색상(I, hue), 채도(Q, saturation)으로 색을 표현한다. $\begin{bmatrix} Y \\ I \\ Q \end{bmatrix} = \begin{bmatrix} 0.299 & 0.587 & 0.114 \\ 0.596 & -0.274 & -0.322 \\ 0.211 & -0.523 & -0.312 \end{bmatrix} \begin{bmatrix} R \\ G \\ B \end{bmatrix}$ |
| ntsc2rgb | NTSC 방식 영상을 RGB 영상으로 변환 |
| <인덱스 영상으로 변환> | |
| rgb2ind | RGB 영상을 인덱스 영상으로 변환 |
| ind2rgb | 인덱스 영상을  RGB 영상으로 변환 |
| gray2ind | Gray 영상을 인덱스 영상으로 변환 |
| ind2gray | 인덱스 영상을 Gray 영상으로 변환 |

[표 A1]

표 A1의 함수 사용은 매우 간단하다.

새로운 변수 = 명령어(영상을 나타내는 변수) ;

예를 들어 RGB 영상 x를 gray 영상 y로 변환하려면

y=rgb2gray(x) ; enter

하면 된다. NTSC 영상 x를 RGB 영상 y로 변환하려면

y=ntsc2rgb(x) ; enter

이다. 다른 경우도 모두 마찬가지이다. 보다 자세한 것은 이 명령어를 사용하면서 “help”를 참조한다.

다음의 Matlab 프로그램과 같이 영상을 불러들인 후 여러 유형의 변환 영상을 눈으로 확인하기 바란다.

```
Program
% ====================================================
% 파일명: PR_2_9.m
% 용도: 영상 컬러 유형 변경
% ====================================================
x=imread('football.jpg');  % 영상을 불러온다.
figure,imshow(x)           % 본래영상 컬러로 보기
y=rgb2gray(x);     figure,imshow(y)
y1=rgb2hsv(x);     figure,imshow(y1)
y2=rgb2ntsc(x);    figure,imshow(y2)
y3=hsv2rgb(y1);    figure,imshow(y3)
y4=ntsc2rgb(y2);   figure,imshow(y4)
```

PR_2_9

## 2.4 화소의 수와 해상도

아날로그 카메라에서 만들어진 영상과는 달리 디지털 영상의 해상도는 영상을 형성하고 있는 화소의 수에 영향을 받는다. 화소의 수가 많을수록 해상도가 높다는 것은 일반적으로 잘 알려진 사실이다. 공간상에서 배열하는 화소들은 일정크기일 때 화소의 수가 많을수록 해상도가 좋다. 그림 2-13은 영상의 크기에 따라 화소의 수를 증감한 경우이다. 크기가 커질수록 화소의 수를 증가하여 크기와 무관하게 거의 일정한 해상도를 유지케 한다.

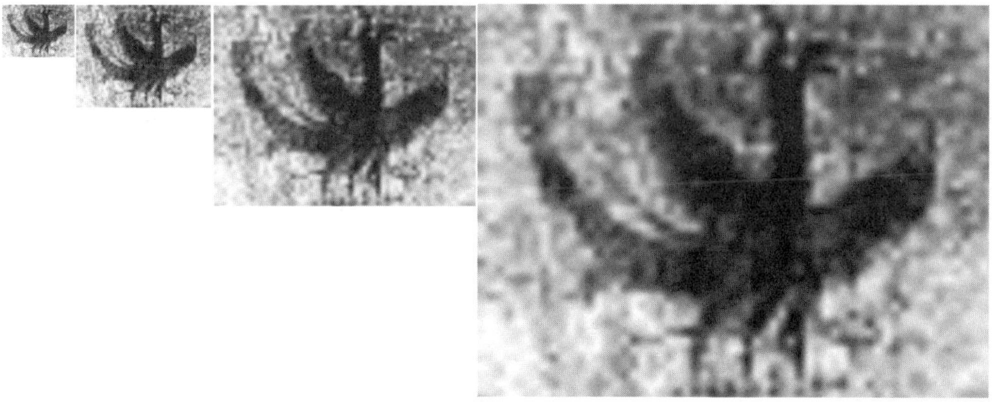

[그림 2-13]

반면에 그림 2-14는 화소의 수를 일정하게 한 상태에서 영상의 크기만을 조절하여 표현하였다. 화소의 수가 적음으로 영상의 형태를 상세히 표현하지 못함을 알 수 있다.

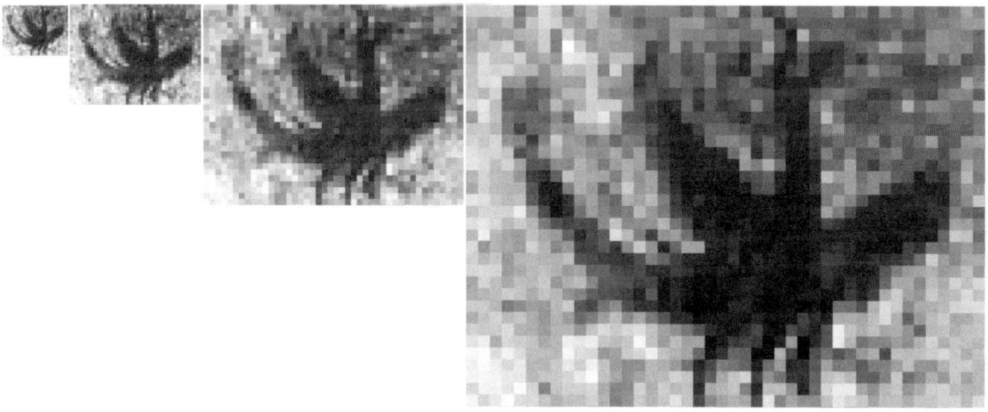

화소의 수: 35×45

[그림 2-14]

**Matlab**

Matlab 함수 imresize를 사용하여 영상의 크기를 조절할 수 있다.

y = imresize(x, scale)
x : 대상영상
scale : 스케일이다. 값을 넣는데 0.5이면 반으로 줄고 2이면 두 배로 큰 영상이다.

다음 프로그램은 영상 스케일 변경과 grayscale 함수를 사용하여 다단계 명암도를 조절하는 예를 보이고 있다.

Program

```
% ==========================================================
% 파일명: PR_2_10.m
% 용도: 영상 크기 변경과 명암도 다단계조절
% ==========================================================
% 영상 크기 변경
x=imread('rice.png');  figure,imshow(x) % 영상을 불러와서 본다.
x_half=imresize(x, 0.5);  figure,imshow(x_half)
x1=imresize(x, 1.5);  figure,imshow(x1)
% 명암도 다단계조절
xa=rgb2gray(imread('football.jpg'));  figure,imshow(xa) % 영상을
불러와서 본다.
figure,imshow(grayslice(xa,32),gray(32))
figure,imshow(grayslice(xa,8),gray(8))
figure,imshow(grayslice(xa,4),gray(4))
figure,imshow(grayslice(xa,2),gray(2))
```

PR_2_10

## 연 습 문 제

1. 다음 그림과 같은 디지털 영상이 있다. 물음에 답하시오.

| 100 | 200 | 27 | 153 | 100 | 70 | 25 | 150 | 75 | 96 |
|---|---|---|---|---|---|---|---|---|---|
| 92 | 94 | 150 | 200 | 90 | 24 | 201 | 198 | 34 | 75 |
| 90 | 34 | 50 | 50 | 50 | 50 | 50 | 50 | 247 | 90 |
| 98 | 26 | 76 | 255 | 245 | 249 | 212 | 50 | 250 | 106 |
| 187 | 83 | 100 | 200 | 210 | 101 | 207 | 50 | 210 | 75 |
| 96 | 27 | 150 | 154 | 21 | 197 | 198 | 50 | 160 | 77 |
| 95 | 201 | 156 | 104 | 155 | 183 | 50 | 157 | 80 | 240 |
| 210 | 94 | 200 | 180 | 182 | 31 | 210 | 103 | 245 | 120 |

[그림 2-15]

(1) 전체 화소의 수를 $p = a \times b$라 할 때 $p$, $a$, $b$를 구하여라.

(2) 영상데이터를 $x(i, j)$라 할 때 $x(5, 3)$, $x(3, 8)$, $x(4, 9)$, $x(7, 2)$의 색도값을 구하여라.

(3) $x(2, :)$에 해당하는 데이터 집합을 구하고 그래프로 나타내어라. 여기서 :는 $x(i, j)$가운데 $j$에 해당하는 모든 원소를 가리킨다.

(4) $x(:, 7)$에 대하여 문제 (3)을 반복하라.

(5) 색도값이 76인 원소의 배열 $x(i, j)$를 모두 고르시오.

(6) 색도값이 50인 원소의 배열을 빗금(▨)으로 칠하여 나타내어라.

2. 회색조(gray level)영상과 RGB 영상의 차이점을 기술 하시오.

3. 회색조 범위가 서로 다른 다음의 세 영상이 있다.
A : 0~50, B = 45~120, C = 115~250
영상이 전체적으로 밝은 순으로 배열하시오.

4. 회색조 영상의 전체범위가 0~255에서 120인 화소가 있다. 이를 전체범위가 0~1로 환산하였을 때 값은 얼마인가?

5. 영상 입력과정에서 반도체 소자인 CCD에 대하여 조사하시오.

6. 앞의 문제 1의 그림 2-15의 콘트라스트를 산출하시오.

7. 콘트라스트와 영상의 선명도에 관하

여 설명하시오.

8. R=40, G=120, B=100 인 RGB 컬러영상을 회색조의 흑백영상으로 변환하였다. 명암도(gray level)을 구하시오. 소수점이하는 반올림한다.

9. 문제 8의 RGB 영상을 CMY 모드로 변환하였다. C, M, Y 값을 산출하시오.

10. 화소의 수와 해상도와의 관계를 실제 영상의 예를 들어 설명하시오.

## 해 답

1. (1) $8 \times 10 = 80$, $p = 80$, $a = 8$, $b = 10$

   (2) $x(5, 3) = 100$, $x(3, 8) = 50$, $x(4, 9) = 250$, $x(7, 2) = 201$

   (3) $x(2, :) = \{92, 94, 150, 200, 90, 24, 201, 198, 34, 75\}$

   (4) $x(:, 7) = \{25, 201, 50, 212, 207, 198, 50, 210\}$

   (5) $x(4, 3)$

3. C, B, A

4. 0.47

6. 0.84

8. G=94 또는 87

9. C=215 , M=135 , Y=155

# 제 3 장 영상향상 (Image Enhancement)

## 들어가는 말

영상향상은 영상을 잘 보이게 하려는 기법이다. 영상을 잘 보이게 하려면 잘 안 보이는 원인을 찾아서 개선하면 된다. 사람들은 어둠 속이나 새벽녘에 물건을 잘 보지 못하고 구분하지 못한다. 고양이나 너구리, 올빼미 같은 짐승들은 밤에도 물체를 잘 보아서 길도 잘 다니고 먹잇감도 잘 찾는데 사람은 손전등이나 전기조명 또는 적외선 카메라나 안경을 사용한다. 물체 식별이 잘 안 되는 이유는 간단하다. 화소들의 색도들이 좁은 범위에 밀집해 있던가 어느 특정 색도나 색도 범위에 몰려있기 때문이다. 이를 분석하려면 통계적 방법을 사용한다. 영상향상의 첫걸음 데이터 분석 일단계인 히스토그램 분석이다. 히스토그램 분석으로 영상데이터의 색도분포특성을 파악하여 원인을 찾는다. 그 후 이 색도분포를 고르게 하는 히스토그램균등화(Histogram Equalization) 작업이나 전범위에 고루 펼치는 스트레칭(Stretching) 작업을 수행하여 영상을 잘 보이게 한다.

## 내 용

## 3.1 영상향상의 첫걸음, 히스토그램 분석과 처리

### 개 요

영상향상은 영상을 보다 잘 보이게 하려는 작업이다. 흐리고 잘 보이지 않고 뚜렷하지 않은 이미지를 사람의 눈에 잘 보이도록 하려는 노력이다. 인간은 본래 시력이 좋지 않아 색 구분을 잘하지 못한다. 실세계에서 양호한 밝기의 조명 환경하에 색상을 구분하는 범위가 10,000이나 되지만 색도 차이를 구분하는 능력이 뛰어난 사람도 근접해 있는 색도차 100 정도에 그친다. 앞에서 살펴본바와 같이 현재 가장 많이 쓰이는 색도구분이 0~255로 256가지인데, 그 가운데 색도 차이를 구분할 수 있는 것이 100 이하라는 말이다. 그나마 시력이 좋은 사람이 그렇고 나이든 사람이나 시력이 좋지 않은 사람은 그보다 훨씬 떨어질 것이다. 사람들이 영상을 선명하게 인식하지 못하는데는 시력이 우둔한 점도 있지만 한편으로는 영상의 색도분포가 한쪽으로 몰려 있든지 치우쳐 있든지에 그 원인이 있기도 하다. 0에서 255까지 골고루 색도 분포를 갖고 있다면 보다 선명하게 영상을 인식할 수 있다.

영상향상의 초기 기법들은 이러한 두 가지 면을 고려하여 개발되었다. 영상이 갖고 있는 색의 분포를 인간의 둔한 색도차이 식별에 맞추려 하였다. 색도차이가 넓은 범위에 퍼져 있을 때 영상을 잘 분간함에 착안하여 원래 영상의 색도 분포를 가능한 한 0에서 255 전 구간에 넓게 그리고 골고루 펼치고자 하였다. 이하에 설명하는 히스토그램 평활화나 스트레칭 기법은 바로 그러한 관점에서 착안한 것이다.

정리하면 영상신호처리 초기에 제시되었던 영상향상기법은 다음과 같다.

- 영상의 색도 분포를 0~255 전 구간으로 펼친다 : 스트레칭기법
- 영상의 색도 분포를 0~255의 전 구간으로 펼치는 동시에 일부의 색도들이나 색도 범위가 화소들 대부분을 차지하는 것을 방지하고 각각의 색도에 화소들을 균형있게 골고루 배분한다 : 히스토그램 균등화
- 원하는 색도나 색도범위 및 전체 색도분포를 설계자가 원하는 형태를 갖도록 재조정한다 : 히스토그램 임의조정

이상의 작업을 통해 본래영상을 보다 잘 보이도록 한다. 이를 가능케 하는 기초기법이 영상데이터의 히스토그램분석이다. 히스토그램은 영상처리의 시작이다.

## 3.1.1 영상처리의 시작, 히스토그램(Histogram)

히스토그램은 통계학 용어이다. 전체 데이터 가운데 어떤 데이터가 몇 번이나 발생하였는가를 세어서 차례대로 그래프로 나타낸 것이다. 히스토그램은 영상분석에 있어서 매우 중요한 분석기법이다. 영상의 색도 분포특성을 보여주는 기초적이면서도 가장 많이 사용하는 수단이다. 이하 영상에서 어떻게 히스토그램을 구하는가의 요령을 먼저 살펴보고 그 특성에 대하여 설명하고자 한다.

**보기1**

| | | | |
|---|---|---|---|
| 3 | 2 | 3 | 1 |
| 2 | 3 | 2 | 2 |
| 3 | 0 | 3 | 4 |
| 2 | 3 | 4 | 1 |

[그림 3-1]

그림 3-1 은 영상데이터이다. 16(개)의 화소로 이루어져 있으며 숫자는 색도값이다. 원래 영상의 색도분포는 0~255이나 여기서는 이해를 돕기위해 색도범위가 0에서 9까지 10단계라고 가정한다. 즉 0은 흑색이고 9는 백색이며, 흑색에서 백색까지 0, 1, 2, 3, 4, 5, 6, 7, 8, 9 라는 색도를 갖는다. 히스토그램을 구한다.

**풀 이**

그림 3-1의 히스토그램을 구하기 위해 각 색도값이 몇 개씩 있는지 세어본다. 0은 1(개) 있다. 1은 몇 개 있는가? 두개이다. 2는 5(개)있다. 이런식으로 0~9 각각의 색도값에 해당하는 화소의 수를 세어서 표 3-1과 같은 표를 만든다. 개수를 셀 때 화소의 위치는 아무 상관없다. 화소가 어디에 있든지 그 개수만 세면 그만이다. 색도값 5에 해당하는 화소는 하나도 없으므로 0 이다. 색도값 6, 7, 8, 9 모두 화소가 없으므로 0 으로 놓는다.

| 색도값 | 0 | 1 | 2 | 3 | 4 | 5 | 6 | 7 | 8 | 9 |
|---|---|---|---|---|---|---|---|---|---|---|
| 화소의 수 | 1 | 2 | 5 | 6 | 2 | 0 | 0 | 0 | 0 | 0 |

[표 3-1]

통계처리에서 색도값은 변량에 해당하고 화소의 수는 빈도수(frequency)이다. 색도값 0~9를 가로축으로 화소의 수를 세로축으로 그림 3-2와 같은 그래프를 그린다. 이 그래프가 히스토그램이다.

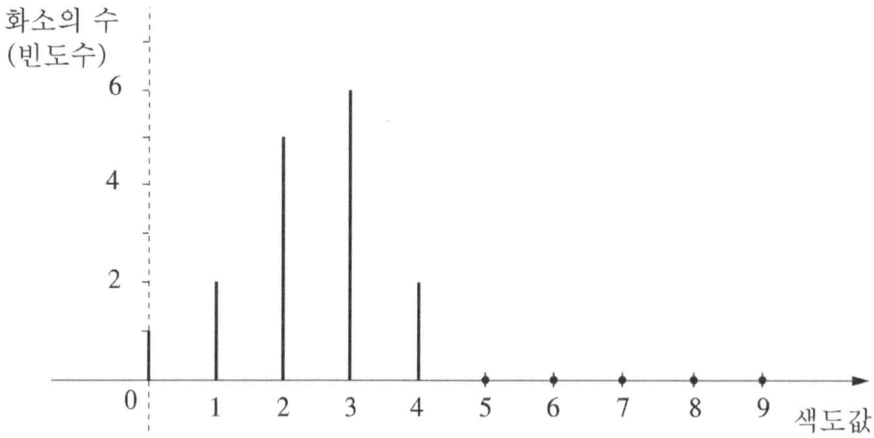


[그림 3-2] 히스토그램

통계처리에서는 그림 3-2에서와 같이 세로축을 빈도수로 하지 않고 통상 확률로 나타낸다. 현재의 보기 1에서는 데이터의 개수가 16(개)이므로 화소의 수를 16으로 나누어 확률 $p_i$를 구하고 표 3-1에 추가한다. 이때 확률값 $p_i$의 합 $\frac{1}{16}+\frac{2}{16}+\frac{5}{16}+\frac{6}{16}+\frac{2}{16}=1$ 이다.

| 색도값, $x_i$ | 0 | 1 | 2 | 3 | 4 | 5 | 6 | 7 | 8 | 9 |
|---|---|---|---|---|---|---|---|---|---|---|
| 화소의 수, $f_i$ | 1 | 2 | 5 | 6 | 2 | 0 | 0 | 0 | 0 | 0 |
| 확률, $p_i$ | $\frac{1}{16}$ | $\frac{2}{16}$ | $\frac{5}{16}$ | $\frac{6}{16}$ | $\frac{2}{16}$ | 0 | 0 | 0 | 0 | 0 |

[표 3-2]

표 3-2의 $x_i$와 $p_i$로 그래프 그림 3-3을 그린다.

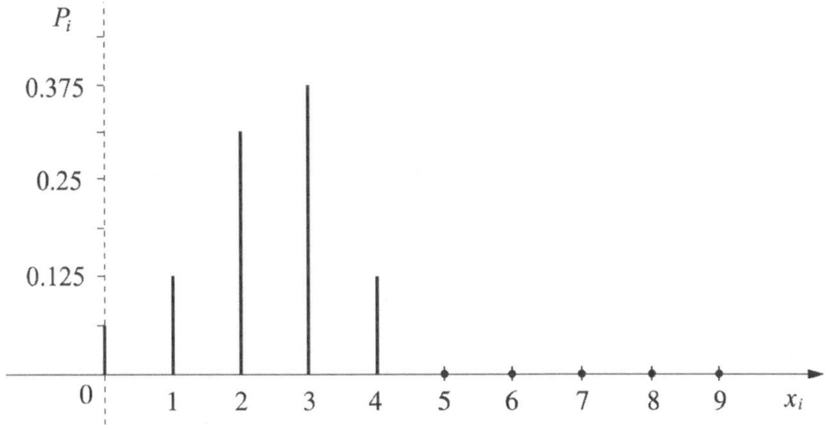


[그림 3-3]

수학적으로는 그림 3-3의 확률분포그래프가 일반적이지만 영상처리에서는 그림 3-2의 히스토그램을 많이 사용한다. 수많은 영상들이 각자 화소개수가 다르기 때문에 색도값에 따른 화소의 수 분포가 단순한 확률표시보다 쓸모가 있다. 학생들도 확률적 분포그래프보다 화소수로 나타낸 히스토그램에 보다 친숙하기 바란다.

영상에서 히스토그램을 그리는 작업은 매우 간단하지만 매우 중요하다. 각 색도값이 몇 번 발생하느냐의 횟수를 세어서 막대그래프로 그리면 그만이다. 그러나 실제로 이백오십만 개의 화소수에 0에서 255까지를 모두 세어서 그래프로 그리는 것은 거의 불가능하다. 컴퓨터에 의해 자동으로 계산해서 그래프로 나타낸다.

### 예 제 3-1

다음 그림과 같은 영상의 히스토그램을 그려라. 색도분포는 0~9의 10등급이다.

| | | | | | |
|---|---|---|---|---|---|
| 4 | 1 | 2 | 2 | 4 | 7 |
| 3 | 4 | 4 | 1 | 7 | 3 |
| 7 | 1 | 2 | 3 | 2 | 7 |
| 4 | 2 | 4 | 1 | 7 | 9 |
| 4 | 2 | 9 | 2 | 9 | 9 |

[그림 3-4]

### 풀이와 해설

그림의 영상 데이터를 보면서 직접 히스토그램을 그릴수도 있으나 일단은 도수분포표를 만들어 보도록 하자. 0에서 9까지 나타난 횟수를 하나씩 헤아려간다. 0은 한개도 없으므로 0, 1은 네 번 나타나므로 4, 2는 일곱 번 나타나므로 7, 3은 세 번 나타나므로 3, … 이런 순서로 표를 채운다. 다 채운 다음 표를 보면서 막대그래프의 히스토그램을 그리면 완성이다.

| 색도값 | 빈도수 |
|---|---|
| 0 | 0 |
| 1 | 4 |
| 2 | 7 |
| 3 | 3 |
| 4 | 7 |
| 5 | 0 |
| 6 | 0 |
| 7 | 5 |
| 8 | 0 |
| 9 | 4 |

(a)도수분포표

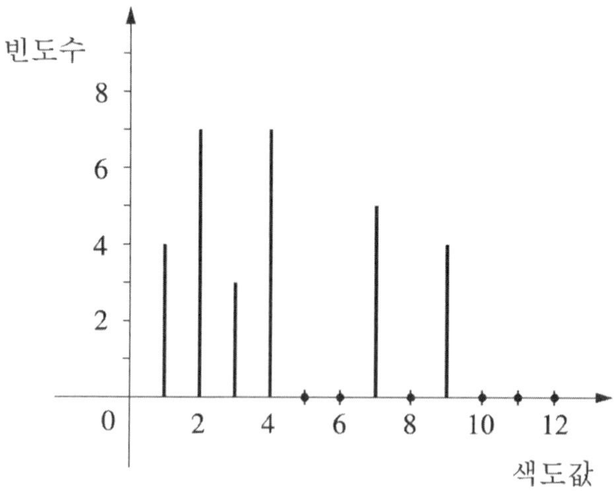


(b)히스토그램

[그림 3-5]

## Matlab

Matlab에서 사용하는 영상의 히스토그램 함수는 imhist이다.

x = imread('파일명. 확장자') ;
figure, imhist(x)

영상을 불러들여 변수에 지정한 후 그 변수를 imhist(변수)한다. 이 때 주의할 점은 불러들인 영상이 gray 영상이어야 한다. rgb 컬러 영상이면 rgb2gray 함수를 사용해서 gray 영상으로 바꾼 다음 히스토그램을 본다.

[프로그램 및 결과]

Program

```
% ==============================================================
% PR_3_1.m
% 용도: 영상의 히스토그램 그리기
%       rgb컬러인 경우는 rgb2gray함수를 사용하여 gray로
%       바꾼 다음 히스토그램을 본다.
% ==============================================================
% 영상 불러오기
x=imread('a2.jpg');  % 이 영상은 gray이다.
figure,subplot(121),imshow(x)
      subplot(122),imhist(x)  % 히스토그램 보기
% --------------
rgb_image=imread('a9.jpg');
gray_image=rgb2gray(rgb_image);
figure,subplot(121),imshow(rgb_image)
      subplot(122),imhist(gray_image)  % 히스토그램 보기
```

Result

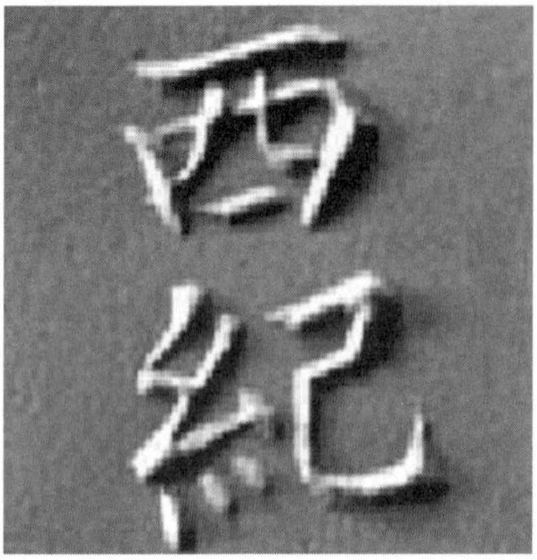

컬러영상

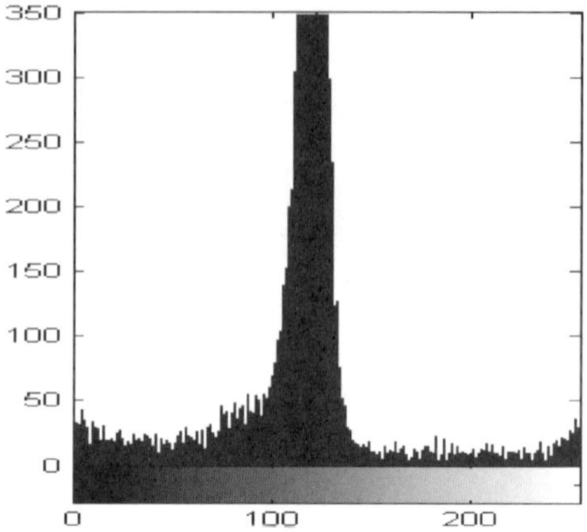


히스토그램

컬러영상

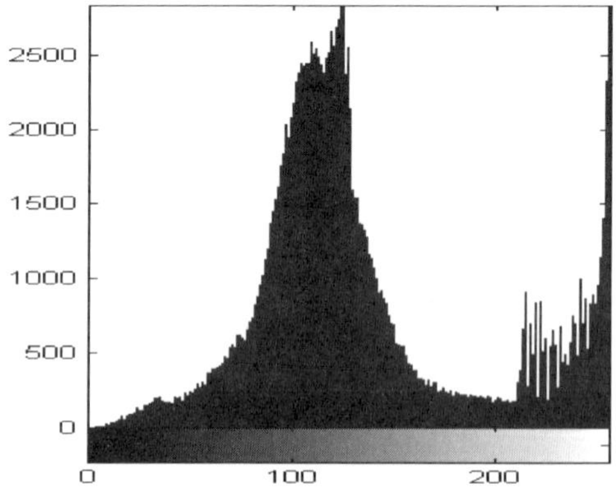


히스토그램

PR_3_1

## 3.1.2 히스토그램을 보면 영상의 명암 상태를 알 수 있다.

히스토그램은 영상데이터가 어떤 색도값을 얼마나 사용하였는가를 보여주기 때문에 히스토그램을 보면 영상의 밝고 어두운 정도나 선명하고 희미한 정도를 어느 정도 가늠할 수 있다. 다음의 영상과 히스토그램을 보면서 설명하도록 한다. 그림의 좌측은 대상영상이고 우측은 그 영상의 히스토그램이다.

영상 1

[설명] 흑백영상으로서 흔히 이진영상(binary image)라고 부른다. 색도값이 0과 255뿐이다. 히스토그램은 양극단에 위치하며 흑색과 백색으로 나누어져 글씨가 선명하다.

영상 2

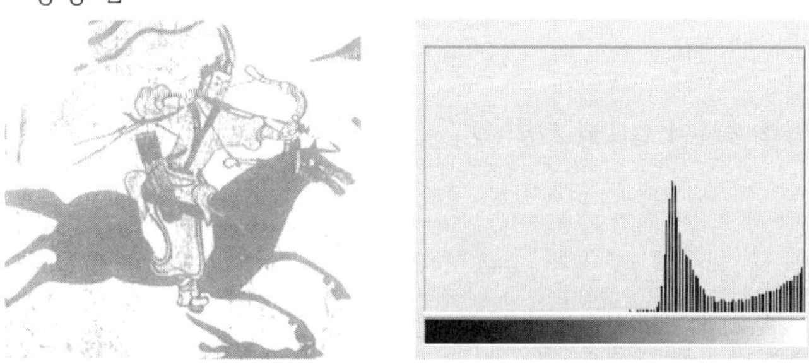

[설명] 흰색부분으로 치우친 영상이다. 히스토그램 분포가 주로 오른쪽으로 쏠려있으며 전체적으로 흰색이 많다. 영상이 그리 선명하지 않다.

영상 3

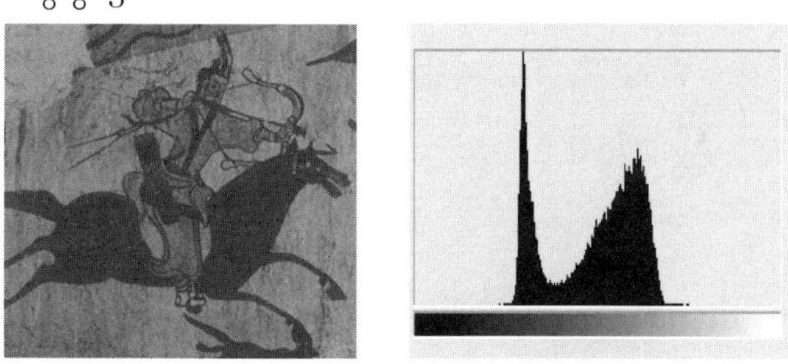

[설명] 히스토그램이 중간부분으로 몰려있다. 아주 흰색과 아주 검정색이 없고 회색을 중심으로 분포되어 있다.

영상 4

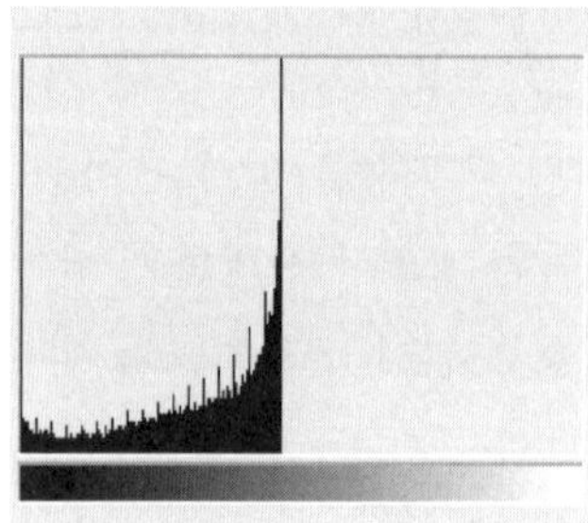

[설명] 검정색부분으로 쏠린 영상이다. 전체적으로 어둡다. 아마도 해뜨기전 어두운 새벽에 보이는 모습일게다. 히스토그램이 전체적으로 왼쪽으로 치우쳐 있다.

영상 5

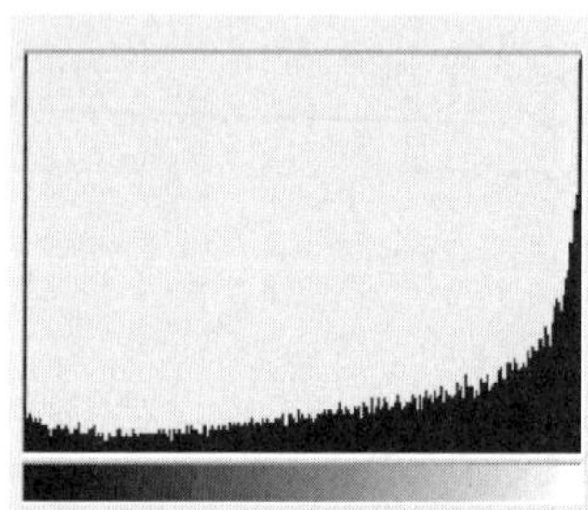

[설명] 어두운 곳과 밝은 곳이 히스토그램 전체에 나타난다. 선명하고 보기 좋은 영상이다.

[그림 3-6]

## 3.2 히스토그램 균등화(Histogram Equalization)

**균등화 기법** : 앞의 히스토그램의 예들에서 히스토그램상에 색도분포가 전 색도범위에 펼쳐 있으면 영상이 향상된다는 사실을 알게 되었을 것이다. 또한 넓게 펼쳐 있을 뿐만 아니라 전체적으로 빈도수가 골고루 분포되어 있다면 보다 잘 보이는 영상을 얻을 수 있다. 이러 한 기법이 히스토그램 균등화이다.

**수 식** : $$y_k = g(x_k) = \sum_{j=0}^{k} \frac{n_j}{n} = \sum_{j=0}^{k} p(x_j) \qquad (3.1)$$

여기서 $x_k$: 원영상 화소 색도값 , $y_k$: 히스토그램 균등화 결과 색도값

$k$ : 0~255 색도값 , $n$: 영상 전체 화소 개수

$n_j$: $j$번째 화소값이 발생하는 빈도수, $p(x_j)$: $j$화소값이 발생할 확률

**[수식 설명]**

$x_k$는 균등화 처리하기 전 영상의 화소 색도값이다. $y_k = g(x_k)$는 $x_k$의 색도값이 $y_k$로 변화함을 의미한다. 즉 균등화 처리 결과로 원영상의 색도값이 새로운 색도값으로 바뀐다. $k=0,\ 1,\ 2,\cdots,255$로서 변화과정은 $j$번째 화소값이 발생한 빈도수 $n_j$에 대하여

$k=1$이면 $(n_0+n_1)\div n$
$k=2$이면 $(n_0+n_1+n_2)\div n$
$k=3$이면 $(n_0+n_1+n_2+n_3)\div n$
............
............
$k=255$이면 $(n_0+n_1+n_2+\cdots+n_{255})\div n$

으로서 누적된 값에 의해 계산한다. 계산 결과가 확률이므로 1보다 작다. 실제 색도값으로 나타내려면 그 결과에 화소값 범위 255를 곱한다. 수식만을 설명하면 이해하기가 쉽지 않으리라 본다. 다음의 보기를 통해 그 처리과정을 자세히 살펴보도록 하자.

**보기1**

그림 3-7(a)는 균등화 처리하고자 하는 대상 영상데이터이다. 화소의 수가 모두 16(개)이다. 그림 안의 숫자는 색도값으로 편의상 전체 색도범위를 0~9로서 10단계로 한다. 본래는 0~255로서 최대값이 255이나 해설을 간단히 하기 위해 최대값을 9로 한다. S=9로서 계산 시 사용하도록 한다. 그림 3-7(b)는 대상영상데이터의 히스토그램이다.

| | | | |
|---|---|---|---|
| 3 | 2 | 3 | 1 |
| 2 | 3 | 2 | 2 |
| 3 | 0 | 3 | 4 |
| 2 | 3 | 4 | 1 |

(a) 원래영상데이터, $x$

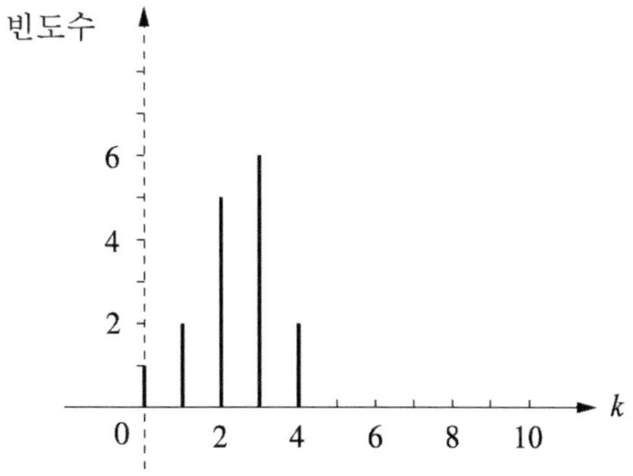


(b) 원래영상데이터의 히스토그램

[그림 3-7]

균등화처리 계산순서는 표 3-3을 하나씩 완성해감에 의한다. 먼저 좌측에 색도값을 기록하고 히스토그램 계산에서 하였듯이 색도값을 갖는 화소의 개수를 세어 색도값 옆에 그 개수를 채워 넣는다. 다음은 빈도수 칸을 보면서 위에서부터 순차적으로 누적한 값을 기록한다. 표 아래 계산방법이 적혀있다.

| 색도값, $x_k$ | 빈도수 $n_j$ | 누적합 $\sum_{j=0}^{9} n_j$ | $\frac{1}{n}\sum_{j=0}^{9} n_j,\ n=16$ | $S\times\sum_{j=0}^{9}\frac{n_j}{n}$ | $S\times\sum_{j=0}^{9}\frac{n_j}{n}$ 를 반올림 |
|---|---|---|---|---|---|
| 0 | 1 | 1 | 1÷16=0.0625 | 0.5625 | 1 |
| 1 | 2 | 3 | 3÷16=0.1875 | 1.6875 | 2 |
| 2 | 5 | 8 | 8÷16=0.5 | 4.5 | 5 |
| 3 | 6 | 14 | 14÷16=0.875 | 7.875 | 8 |
| 4 | 2 | 16 | 16÷16=1 | 9 | 9 |
| 5 | 0 | 16 | 1 | 9 | 9 |
| 6 | 0 | 16 | 1 | 9 | 9 |
| 7 | 0 | 16 | 1 | 9 | 9 |
| 8 | 0 | 16 | 1 | 9 | 9 |
| 9 | 0 | 16 | 1 | 9 | 9 |

[표 3-3]

* 빈도수를 순차적으로 더한다.
  1+2 = 3
  1+2+5 = 8
  1+2+5+6 = 14
  1+2+5+6+2 = 16

* 좌측난의 값에 색도 최대값인 9를 곱한다.

* 좌측난을 반올림하여 정수로 만든다. 이 값이 새로 만든 $y_k$ 이다.

누적합이 구해졌으면 그 값들을 전체 화소수 16으로 나누어 다음 오른쪽 칸을 기록한다. 그 값은 모두 1 이하의 소수로 나온다. 확률값이다. 색도값 5~9는 모두 1이다. 여기까지가 균등화처리 식(3.1)에 해당한다. 만약 전체 색도범위가 0~1로 표현되는 알고리즘이라면 이 값을 그대로 사용해도 무관하나 대부분이 0~255의 범위를 가지므로 최대 색도값을 곱하여 조정한다.

현재 보기에서는 최대 색도값 $S=9$로 하였으므로 이 값을 각각 곱하여 오른쪽 칸을 완성한다. 계산결과를 보면 0.5625, 1.6875 와 같은 소수와 최대값 9라는 정수임을 알 수 있다. 색도값은 0과 자연수만으로 표현되므로 계산결과를 모두 반올림하여 마지막 오른쪽 칸을 완성한다. 표의 맨 오른쪽 칸이 우리가 구하고자 했던 결과이다. 즉 식 (3.1)의 $y_k$이다. 표 맨 좌측의 $x_k$가 맨 오른쪽 $y_k$로 변하는 것이다. 이 $x_k$와 $y_k$로 그림 3-8(a)의 변환표를 만든다.

이 변환표에 근거하여 그림 3-7(a) 원래영상의 색도값을 하나씩 하나씩 바꿔나간다. 숫자 0은 1로, 1은 2로, 2로 표현된 숫자는 모두 5로 바꾼다. 여기저기 흩어져 있는 숫자 3은 모두 8로 바꾸고 두 개 밖에 없는 숫자 4는 모두 9로 바꾼다. 5, 6, 7, 8은 숫자가 없으므로 아쉽지만 여기서 멈춘다. 이렇게 하나씩 대응하면서 숫자로 바꾼 결과가 그림 3-8(b)이다.

| $x_k \rightarrow y_k$ |
|---|
| 0 → 1 |
| 1 → 2 |
| 2 → 5 |
| 3 → 8 |
| 4 → 9 |
| 5, 6, 7, 8, → 9 |

(a) 변환표

⇨ 변환표에 의해 원래 영상의 값을 바꾼다.

| | | | |
|---|---|---|---|
| 8 | 5 | 8 | 2 |
| 5 | 8 | 5 | 5 |
| 8 | 1 | 8 | 9 |
| 5 | 8 | 9 | 2 |

(b) 변환된 영상, $y$

[그림 3-8]

변환된 영상데이터 그림 3-8(b)는 원래영상 그림 3-7(a)보다 넓은 색도 범위를 갖고 있다. 변환된 영상의 히스토그램이 그림 3-9이다. 원래 영상의 히스토그램 그림 3-7(b)와 비교하면 색도분포가 전체 범위로 고루 펼쳐졌음을 볼 수 있다.

| 색도값 $y_k$ | 빈도수 |
|---|---|
| 0 | 0 |
| 1 | 1 |
| 2 | 2 |
| 3 | 0 |
| 4 | 0 |
| 5 | 5 |
| 6 | 0 |
| 7 | 0 |
| 8 | 6 |
| 9 | 2 |

(a)

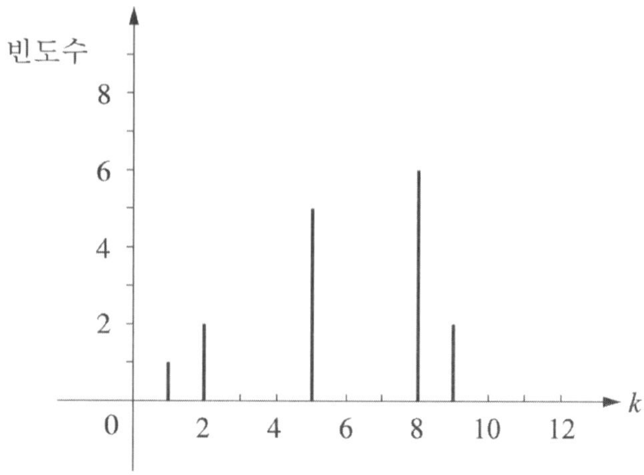


(b) $y$의 히스토그램

[그림 3-9]

보기에서는 화소의 수가 얼마 되지 않아 균등화 효과가 뚜렷하지 않으나 일반적인 영상은 화소수가 커서 균등화 현상이 확연히 나타난다. 그림 3-10은 디지털 카메라로 찍은 영상을 히스토그램 균등화 처리한 결과와 각각의 히스토그램이다. 새벽에 사진을 찍은 것인데, 전체적으로 어두워서 잘 보이지 않는 것이 균등화처리에 의해 영상이 향상되어 잘 보이는 것을 알 수 있다.

(a) 히스토그램 균등화처리 전 영상

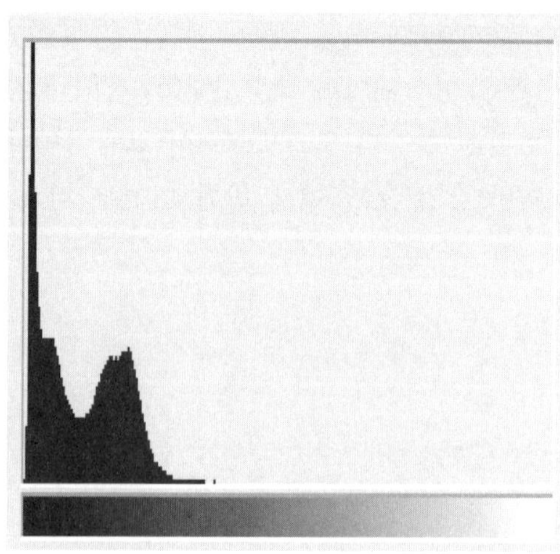

(b) (a)의 히스토그램

(c) 히스토그램 균등화처리 후 영상

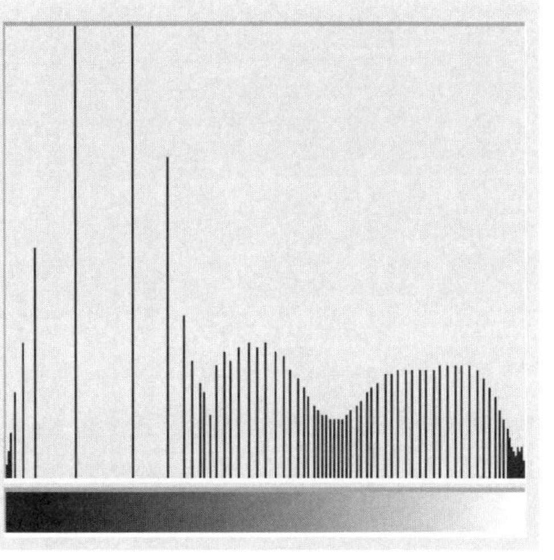

(d) (c)의 히스토그램

[그림 3-10]

그림 3 11은 전체적으로 밝은 영상과 어두운 영상을 히스토그램 균등화 처리한 예를 보이고 있다. 정보가 있는 글씨 부분뿐만 아니라 배경부분도 색도 변화를 일으켜 두 영역 사이의 구분이 오히려 부자연스럽다.

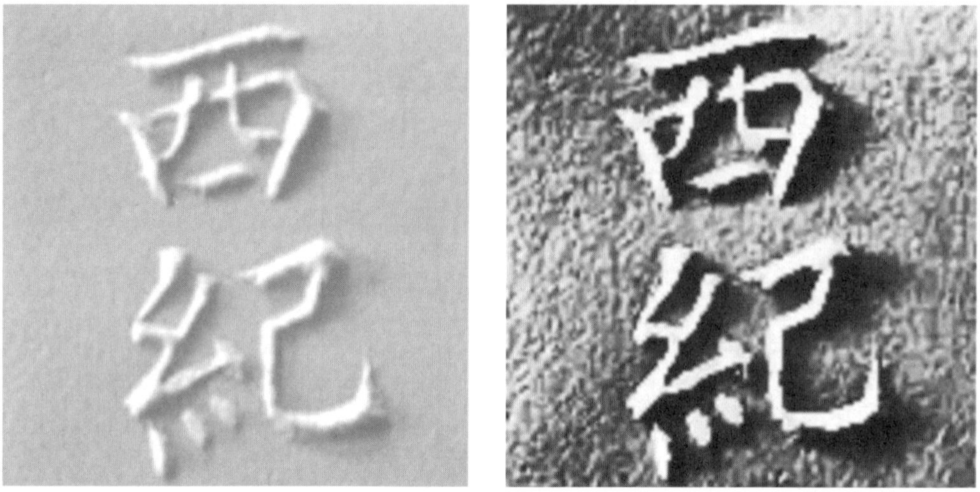

(a) 히스토그램 균등화처리 전후 영상

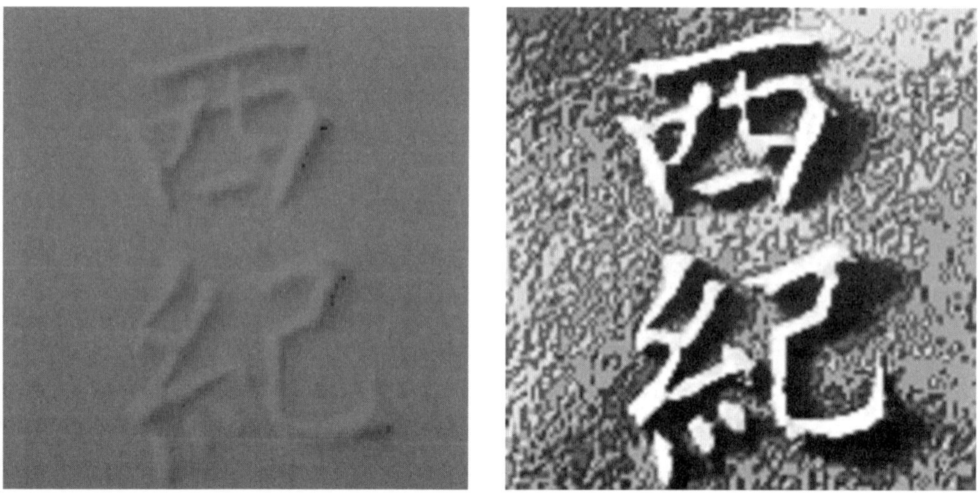

(b) 히스토그램 균등화처리 전후 영상

[그림 3-11]

그림 3-12는 히스토그램 균등화 처리전 영상이 전체 색도 범위를 갖는 경우에 히스토그램 균등화 시킨 결과이다. 균등화 처리에 의해 화소를 비교적 균등하게 배분함으로 어느 한 좁은 범위에 화소들이 몰려 있는 것을 방지하여 영상을 향상하고 있다.

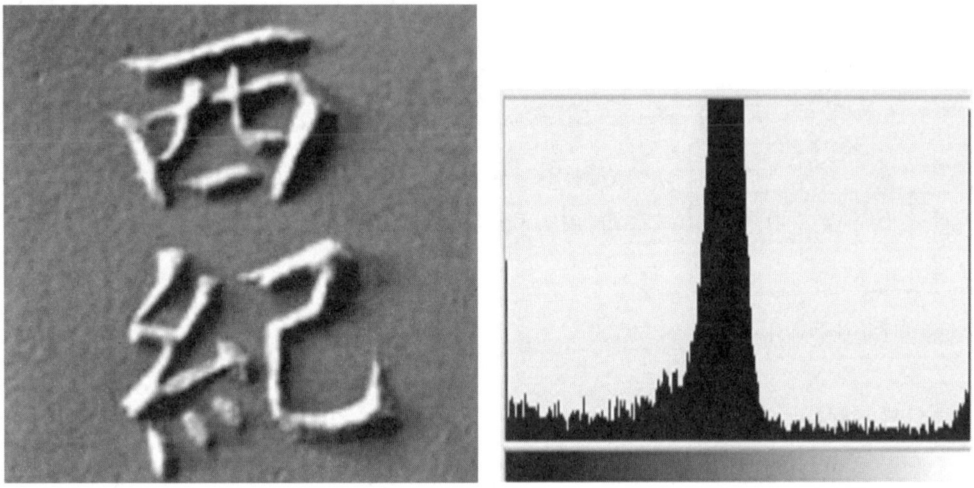

(a) 히스토그램 균등화처리 전 영상과 히스토그램

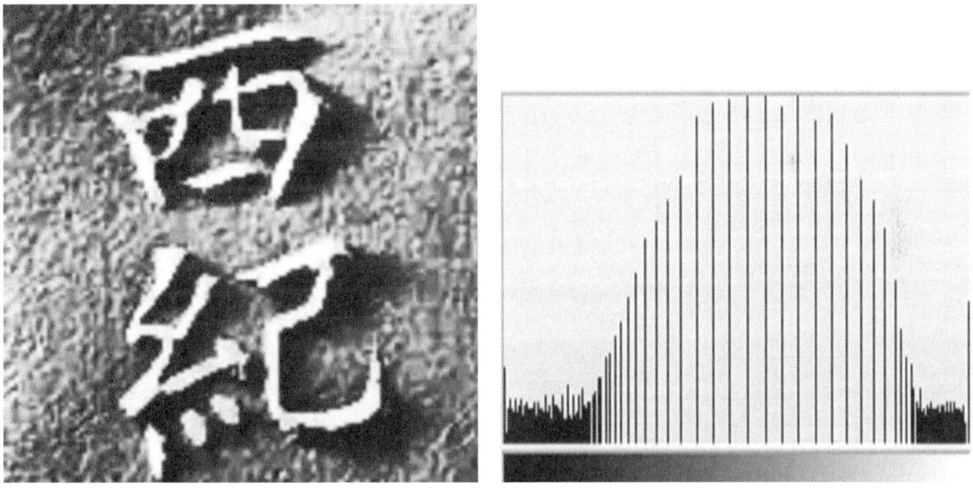

(b) 히스토그램 균등화처리 후 영상과 히스토그램

[그림 3-12]

다음의 예제를 풀면서 히스토그램 균등화 처리 기법을 숙달한다.

### 예 제 3-2

| 6 | 4 | 6 | 4 | 5 |
|---|---|---|---|---|
| 4 | 6 | 2 | 6 | 5 |
| 4 | 2 | 5 | 2 | 6 |

[그림 3-13]

그림의 영상데이터 색도 범위가 0~10이다. 히스토그램 균등화 처리 결과를 영상과 히스토그램으로 보여라.

#### 풀이와 해설

아래의 표를 완성한다. 화소개수는 15(개)이다. $n=15$, $s=10$

| 색도값 | 빈도수 | 누적합 | $\frac{누적합}{n}$ | $\frac{누적합}{n}\times 10$ | 반올림 | $x_k \rightarrow y_k$ |
|---|---|---|---|---|---|---|
| 0 | 0 | 0 | 0 | 0 | 0 | 0 → 0 |
| 1 | 0 | 0 | 0 | 0 | 0 | 1 → 0 |
| 2 | 3 | 3 | 0.2 | 2 | 2 | 2 → 2 |
| 3 | 0 | 0 | 0 | 0 | 0 | 3 → 0 |
| 4 | 4 | 7 | 0.47 | 4.7 | 5 | 4 → 5 |
| 5 | 3 | 10 | 0.67 | 6.7 | 7 | 5 → 7 |
| 6 | 5 | 15 | 1 | 10 | 10 | 6 → 10 |
| 7 | 0 | 0 | 0 | 10 | 10 | 7,8,9,10 → 10 |
| 8 | 0 | 0 | 0 | 10 | 10 | |
| 9 | 0 | 0 | 0 | 10 | 10 | |
| 10 | 0 | 0 | 0 | 10 | 10 | |

[표 1]

| 6 | 4 | 6 | 4 | 5 |
|---|---|---|---|---|
| 4 | 6 | 2 | 6 | 5 |
| 4 | 2 | 5 | 2 | 6 |

(a) 원래영상

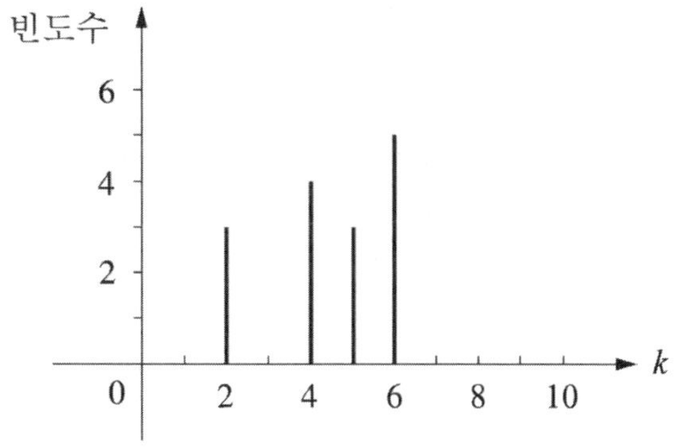


(b) 원래 영상의 히스토그램

| 10 | 5 | 10 | 5 | 7 |
|---|---|---|---|---|
| 5 | 10 | 2 | 10 | 7 |
| 5 | 2 | 7 | 2 | 10 |

(c) 히스토그램 균등화시킨 영상

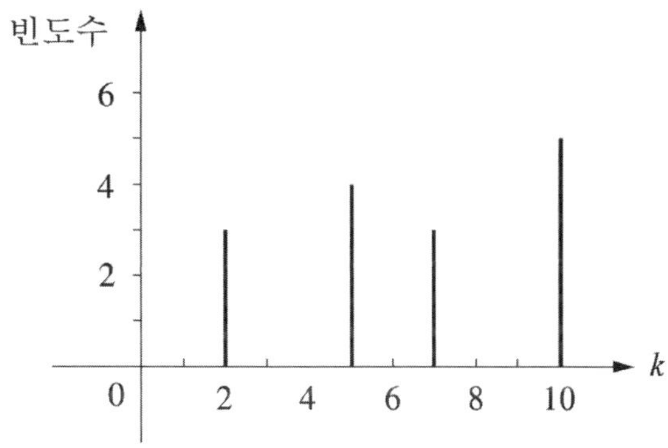


(d) 균등화시킨 영상의 히스토그램

[그림 3-14]

## Matlab

히스토그램 균등화에 사용하는 Matlab 함수는 histeq이다.

x = imread('파일명. 확장자') ;

y = histeq(x) ;

[프로그램 및 결과]

Program

```
% ==========================================================
% PR_3_2.m
% 용도: 영상의 히스토그램 균등화
% ==========================================================
% 영상 불러오기
x=imread('a2.jpg');
y=histeq(x);
figure,subplot(221),imshow(x), subplot(222),imhist(x)
      subplot(223),imshow(y), subplot(224),imhist(y)
```

Result

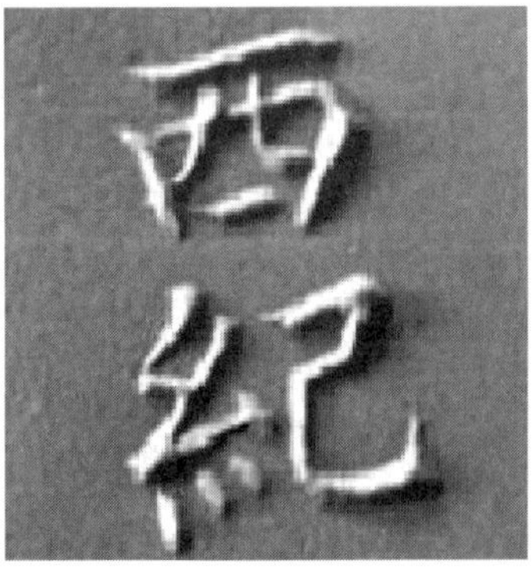

본래영상

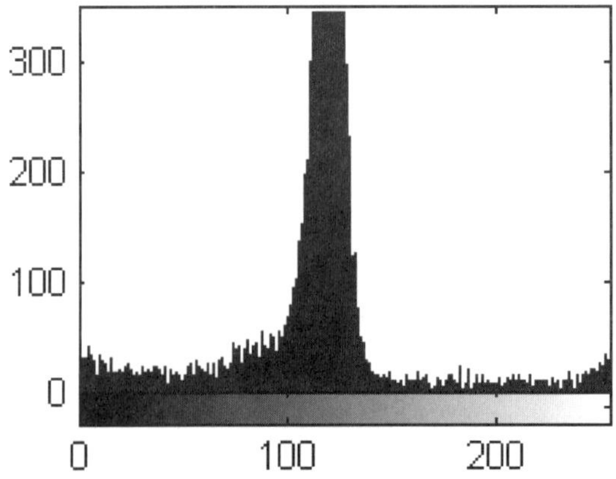


히스토그램

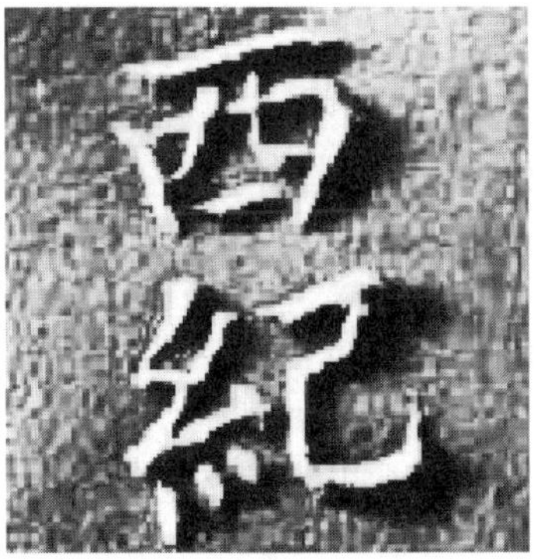

균등화시킨영상

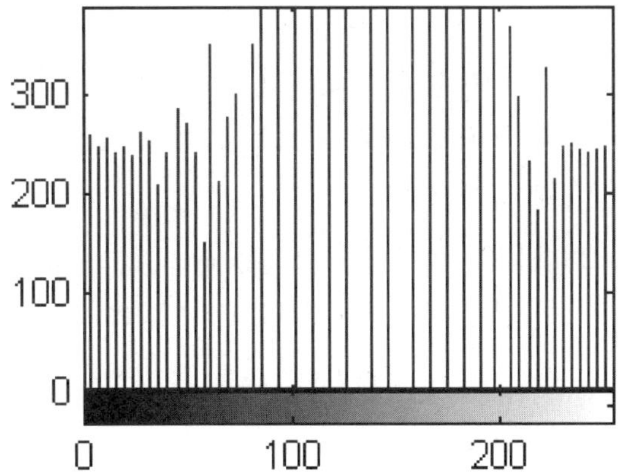


히스토그램

PR_3_2

## 3.3 히스토그램 임의조정 (Histogram Specification)

### 개 요

히스토그램 균등화는 원래 영상의 히스토그램을 전체 색도값에 골고루 분포되도록 재배치함으로 영상을 향상하는 기법이다. 히스토그램 임의 조정기법은 히스토그램 정합(Histogram matching)으로 불리기도 하는데 국내에 시판되는 여러 책에서는 히스토그램 명세화, 명시화, 사상, …등 다양한 용어로 사용된다. 기본 아이디어는 대상 영상의 히스토그램을 설계자가 원하는 미리 설계한 히스토그램이 되도록 만드는 것이다. 대상영상의 히스토그램을 보았더니 만족스럽지가 않아 히스토그램을 변형 시키고자 할 때 만들고자 하는 히스토그램을 미리 정해놓고 그것에 대상영상의 히스토그램이 맞추어 가도록 임의 조정한다. 히스토그램 균등화처럼 무작위로 눌러서 펼칠 것이 아니라 색도분포를 설계자가 원하는 방향으로 조절함으로 원하는 영상의 색도특성을 얻고자 할 때 사용한다.

### 기 법

수식적으로 설명하기 전에 접근 방법을 설명하면 다음과 같다.

① 먼저, 대상영상 $x$를 히스토그램 균등화시켜 $y$를 얻는다. 이때 색도값 $k$에 대하여 앞의 식 (3.1)과 같이 $y_k = g(x_k)$라는 함수 그래프가 구해진다. 각각의 $x_k$는 변환에 의해 $y_k$가 된다.

② 다음은, 설계자가 원하는 히스토그램을 설계하고, 그 히스토그램을 균등화한다. 그러면 설계자가 원했던 히스토그램의 색도값 $z_k$에 대해 균등화 결과로 변화되는 새로운 색도 $u_k$가 구해진다. $z_k$를 독립변수, $u_k$를 종속변수로 하는 $u_k = h(z_k)$라는 함수를 얻는다.

③ 이상의 두 과정에서 $y_k$는 대상영상을 히스토그램 균등화 시켜 조정된 결과이고, $u_k$는 미리 설계된 히스토그램을 균등화하여 조정된 결과이다. 두 결과 모두 균등화 과정으로 얻었다. 문제는 $y_k$를 $u_k$에 맞추는 일이다. 이를 위해 $u_k$의 세로축에서 $y_k$에 해당하는 값을 지정하고 그 값으로부터 $z_k$값을 역추적 하여 $z_k$축 상의 값을 구한다. 이 값이 우리가 구하려는 최종값이다. 즉 대상영상의 색도 $x_k$가 여행을 떠난다. 자체 히스토그램 균등화를 통해 $y_k$로 변신하고 $u_k = h(z_k)$라는 함수그래프의 세로축에 내려앉아 역함수 값을 타고 $z_k$축으로 내려와 여행을 마친다. 그림 3-15에 이 과정의 개념을 보였다. 설명과 함께 자세히 살펴보기 바란다.

(시작점) → <경유지> → (종착점)

① → ② → ③ → ④ → ⑤ → ⑥

ⓘ → ⓘⓘ → ⓘⓘⓘ → ⓘⓥ → ⓥ → ⓥⓘ

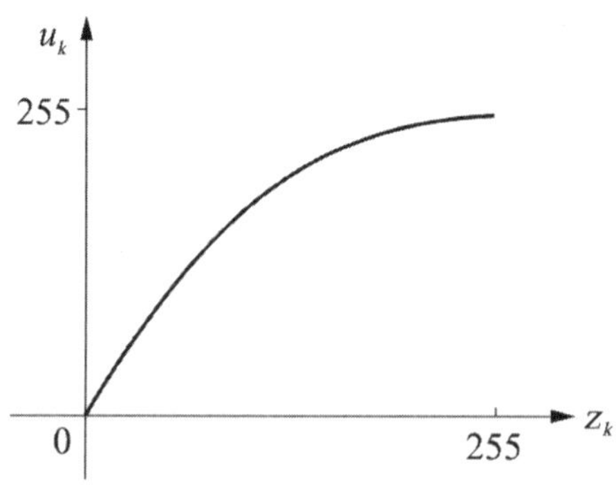


(b) 설계된 히스토그램의 균등화 함수
$u_k = h(z_k)$

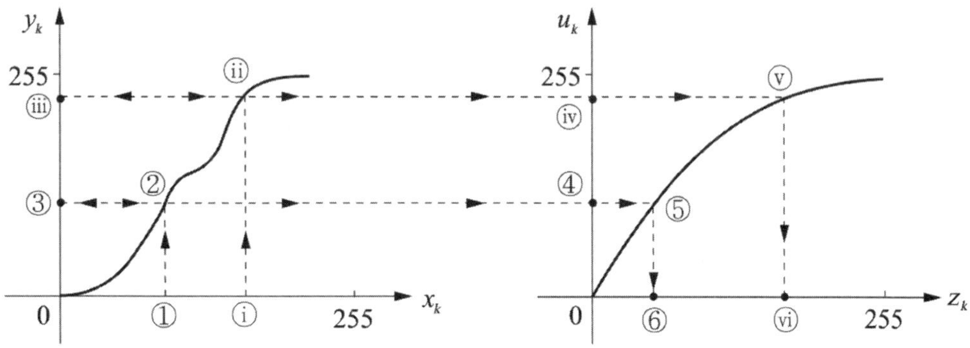


(a) 대상영상의 히스토그램 균등화 함수 $y_k = g(x_k)$

(c) 설계된 히스토그램의 균등화 함수 $u_k = h(z_k)$

[그림 3-15]

### 수 식

시작짐 쭝착섬 일단계 : $y_k = g(x_k) = \sum_{j=0}^{k} \frac{n_j}{n}$

이단계 : $u_k = h(z_k) = \sum_{i=0}^{k} \frac{n_i}{n}$ (3.2)

삼단계 : $z_k = h^{-1}[g(x_k)] = h^{-1}(y_k)$

위의 수식만 보고 알고리즘을 이해하는 학생은 매우 우수한 학생일 것이다. 앞의 설명과 그림 3-15를 보면서 이해하기 바란다. 이해를 돕기 위해 다음의 보기를 들었다.

**보기1**

색도범위가 0~1인 대상영상 데이터가 그림 3-16(a)와 같다. 이 영상의 히스토그램을 임의 조정하고자 설계한 히스토그램이 그림 3-16(b)이다. 히스토그램 임의 조정과정을 그림 3-15와 식 (3.2)를 중심으로 설명하고자 한다.

| 0.3 | 0.4 | 0.1 | 0 |
|---|---|---|---|
| 0.3 | 0.4 | 0.4 | 0.1 |
| 0.3 | 0.2 | 0.4 | 0.1 |
| 0.3 | 0.3 | 0.2 | 0.4 |

(a) 대상 영상 데이터

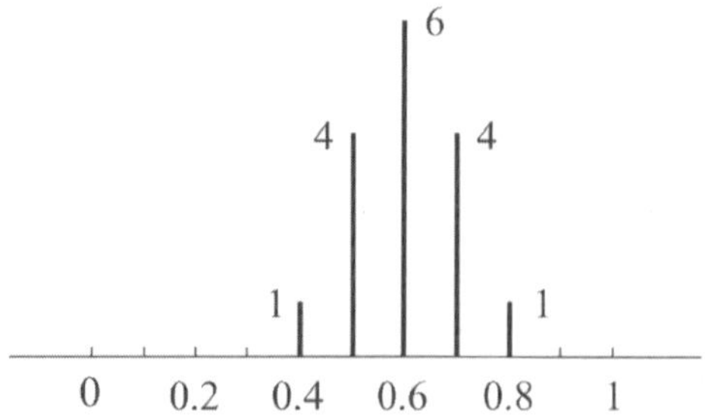


(b) 설계자가 원하는 히스토그램

[그림 3-16]

## 풀 이

(i) 일단계 : 대상영상을 히스토그램 균등화처리하고 $y_k = g(x_k)$를 산출한다. 화소수 n=16 이다.

| $x_k$ | 빈도수 | 누적합 | $\frac{누적합}{n}$ | $y_k$ |
|---|---|---|---|---|
| 0 | 1 | 1 | 0.0652 | 0.1 |
| 0.1 | 3 | 4 | 0.25 | 0.3 |
| 0.2 | 2 | 6 | 0.375 | 0.4 |
| 0.3 | 5 | 11 | 0.6875 | 0.7 |
| 0.4 | 5 | 16 | 1 | 1 |

| $x_k \rightarrow y_k$ | |
|---|---|
| 0 | 0.1 |
| 0.1 | 0.3 |
| 0.2 | 0.4 |
| 0.3 | 0.7 |
| 0.4 | 1 |

[표 1]

표 1에 근거하여 대상영상과 균등화 처리 이후의 영상과 히스토그램을 그리면 그림 3-17과 같다.

| 0.7 | 1 | 0.3 | 0.1 |
|---|---|---|---|
| 0.7 | 1 | 1 | 0.3 |
| 0.7 | 0.4 | 1 | 0.3 |
| 0.7 | 0.7 | 0.4 | 1 |

(a) 균등화한 결과영상

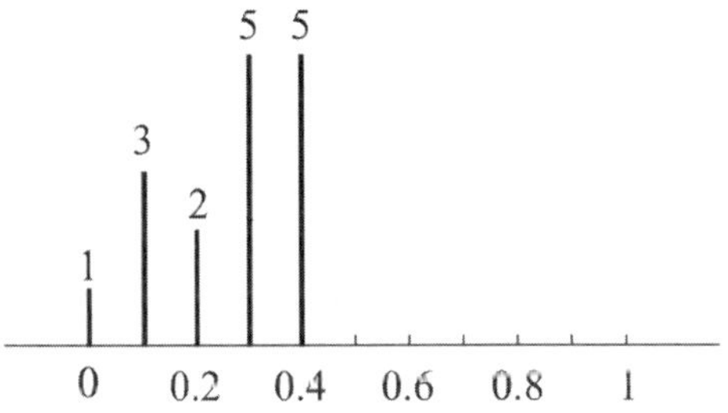


(b) 처리 전 히스토그램

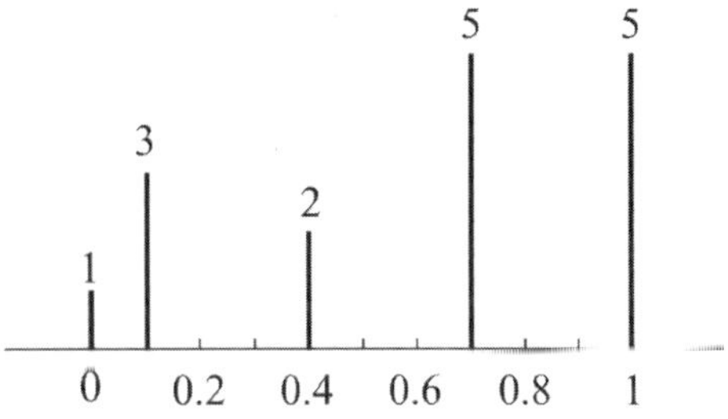


(c) 처리 후 히스토그램

[그림 3-17]

(ii) 이단계 : 설계자가 지정한 히스토그램(그림 3-16(b))을 균등화 한다.

| $z_k$ | 빈도수 | 누적합 | $\frac{누적합}{n}$ | $u_k$ |
|---|---|---|---|---|
| 0.4 | 1 | 1 | 0.0625 | 0.1 |
| 0.5 | 4 | 5 | 0.3125 | 0.3 |
| 0.6 | 6 | 11 | 0.6875 | 0.7 |
| 0.7 | 4 | 15 | 0.9375 | 0.9 |
| 0.8 | 1 | 16 | 1 | 1 |

| $z_k \rightarrow u_k$ | |
|---|---|
| 0.4 | 0.1 |
| 0.5 | 0.3 |
| 0.6 | 0.7 |
| 0.7 | 0.9 |
| 0.8 | 1 |

[표 2]

표 2에 근거하여 $u_k = h(z_k)$의 함수 그래프를 그린다.

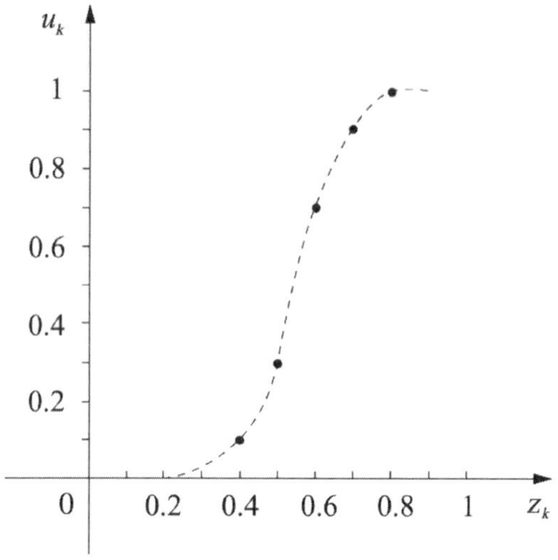


[그림 3-18]

(iii) 삼단계 : 표 1에서 $y_k$ 점 0.1, 0.3, 0.4, 0.7, 1을 그림 3-18의 세로축에서 찾아 그에 대응하는 $z_k$ 점을 구한다. $x_k$로부터 $y_k$를 거쳐 $z_k$로 가는 여행경로가 표시되어 있다.

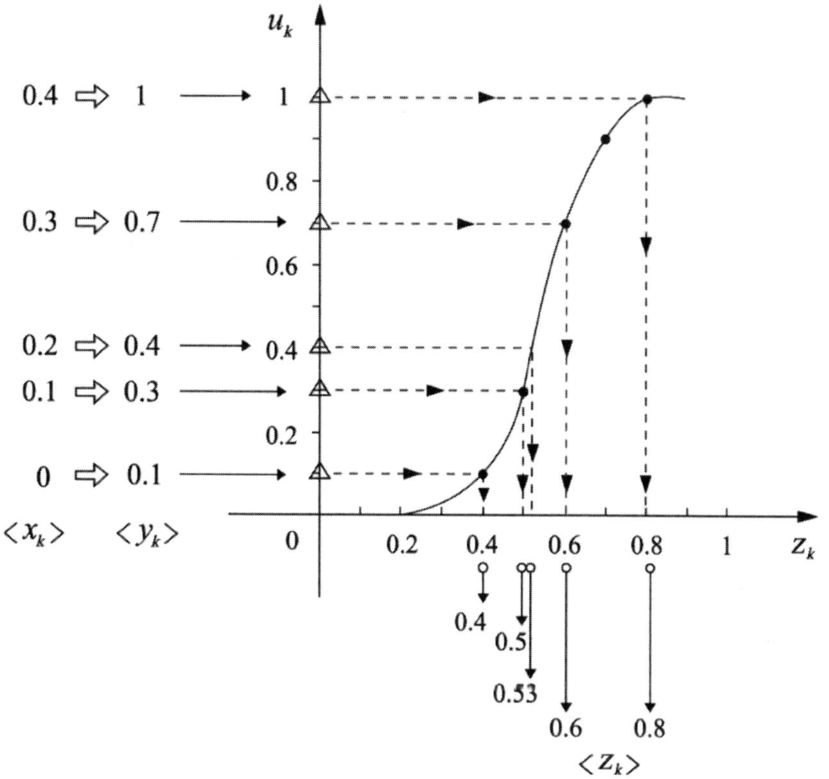


[그림 3-19]

그림 3-19에 나타나있는 여행경로를 표 3에 정리한다.

| $x_k \rightarrow y_k \rightarrow z_k$ | | | $x_k \rightarrow z_k$ | |
|---|---|---|---|---|
| 0 | 0.1 | 0.4 | 0 | 0.4 |
| 0.1 | 0.3 | 0.5 | 0.1 | 0.5 |
| 0.2 | 0.4 | 0.53 | 0.2 | 0.5 (반올림) |
| 0.3 | 0.7 | 0.6 | 0.3 | 0.6 |
| 0.4 | 1 | 0.8 | 0.4 | 0.8 |

[표 3]

표 3에 근거하여 최종 처리된 영상과 히스토그램을 그림 3-20에 보였다.

| 0.6 | 0.8 | 0.5 | 0.4 |
|---|---|---|---|
| 0.6 | 0.8 | 0.8 | 0.5 |
| 0.6 | 0.5 | 0.8 | 0.5 |
| 0.6 | 0.6 | 0.5 | 0.8 |

(a) 최종 처리된 영상

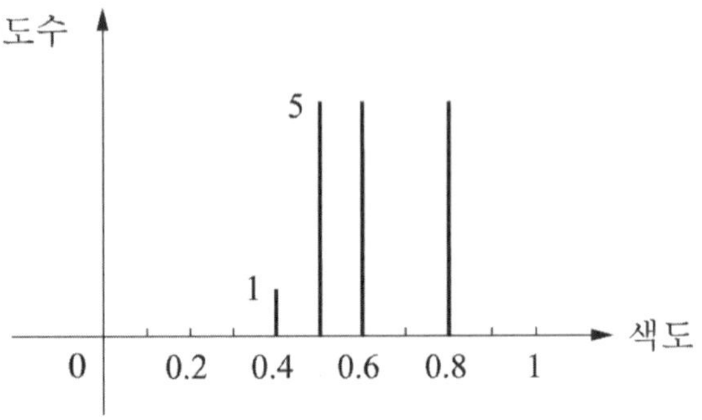


(b) 히스토그램

[그림 3-20]

결과 히스토그램 3-20(b)와 설계했던 히스토그램 그림 3-16(b)를 비교하면 차이가 있는 것이 발견된다. 화소의 수가 16(개)로서 워낙 적기 때문에 그러하다. 화소개수가 클수록 설계사양에 근접해가므로 크게 염려할 필요는 없다.

## 3.4 스트레칭(Stretching)

### 개 요

영상의 히스토그램을 부채 펼치듯이 색도의 전범위 0~255로 펼치는 작업이다. 원래 영상의 색도범위가 0~255로 확대되면서 영상은 보다 잘 보이게 된다.

### 기 법

대상영상의 히스토그램을 색도범위 0~255로 균등하게 펼친다. 대상영상의 색도 최소값과 색도 최대값은 펼치는 과정에서 각각 0과 255로 귀결된다. 따라서 스트레칭 작업을 위해서는 대상영상 화소들 가운데 색도 최소값 $x_{min}$과 색도 최대값 $x_{max}$를 찾아 아래의 식 (3.3)에 대입하여 화소색도 $x_k$ 하나 하나에 대해 계산한다. 대상영상의 색도 범위가 어디에 위치하든지 0~255의 전체 범위로 펼쳐지면서 색도 사이의 구분이 뚜렷해져 영상향상효과를 노릴 수 있다. 그러나 그 수많은 화소들 가운데 어느 하나라도 0이나 255가 동시에 있으면 스트레칭 효과는 기대하기 어렵다. 색도 범위가 한쪽으로 몰려있는 영상에 효과가 있다. 따라서 흑색이나 백색의 잡음이 섞여있는 영상의 화질 개선을 위해 스트레칭은 별로 도움이 되지 않는다.

**수 식** : $y_k = (x_k - x_{min})\dfrac{255}{x_{max} - x_{min}}$ (3.3)

여기서 $x_{min}$ : 원래 영상 데이터 색도값 가운데 가장 낮은 값
$x_{max}$ : 원래 영상 데이터 색도값 가운데 가장 큰 값
$x_k$ : 원래 영상의 현재 색도값
$y_k$ : 스트레칭 처리 된 색도값

**[수식 설명]**

대상 영상 화소들의 색도값 $x_k$는 여러 개가 있을 것이다. 만약 100(개)의 색도값을 사용하였다면 그 각각이 $x_k$가 된다. 즉 $x_k$의 $k= 1, 2, \cdots, 100$ 이다. 그 $x_k$ 가운데 가장 낮은 색도값을 찾아 $x_{min}$이라 하고, 가장 큰 값을 찾아 $x_{max}$라 한다. 수식으로 나타내면 $x_{min} = \min(x_k)$, $x_{max} = \max(x_k)$ 이다. $x_{min}$와 $x_{max}$은 고정값으로 변하지 않는다. 이 값들을 식 (3.3)에 대입하고 $x_k$를 변화시켜가면서 그 때의 $y_k$를 하나씩 계산한다. 이때

i) $x_k = x_{min}$ 이면 $x_k - x_{min} = 0$이 되어 $y_k = 0$ 이다.

ii) $x_k = x_{max}$ 이면 $(x_{max} - x_{min})\dfrac{255}{x_{max} - x_{min}} = 255$, 즉 $y_k = 255$ 이다.

계산에 의해 $x_{min}$은 스트레칭된 색도값 0으로 가고 $x_{max}$은 255에 위치한다. 그 사이의 값들은 0과 255 사이에 비례적으로 배치된다.

**보기1**

이해를 돕기 위해 그림 3-21과 같이 스트레칭 과정을 보인다. 그림 3-21(a)는 대상 영상 데이터이다. 그 영상의 히스토그램이 오른편에 그려져 있다. 색도 범위가 매우 좁은 것을 알 수 있다. 이를 스트레칭 기법으로 0~255의 전체 범위로 펼치는 모습이 아래 그림에 그

려져 있다. 점선으로 펼쳐지는 모습을 그렸다. 풀이 과정을 살펴본다.

## 풀 이

먼저 대상영상 그림 3-21(a)의 숫자 가운데 제일 큰 수와 가장 작은 수를 찾는다. 찾아보니 제일 큰수 $x_{max} = 151$이고 가장 작은 수 $x_{min} = 100$ 이었다.

| 151 | 120 | 151 | 130 | 140 |
|---|---|---|---|---|
| 130 | 100 | 140 | 130 | 140 |
| 100 | 130 | 130 | 151 | 140 |

(a) 대상 영상, $x_k$

| 255 | 100 | 255 | 150 | 200 |
|---|---|---|---|---|
| 150 | 0 | 200 | 150 | 200 |
| 0 | 150 | 150 | 255 | 200 |

(b) 스트레칭 이후 영상, $y_k$

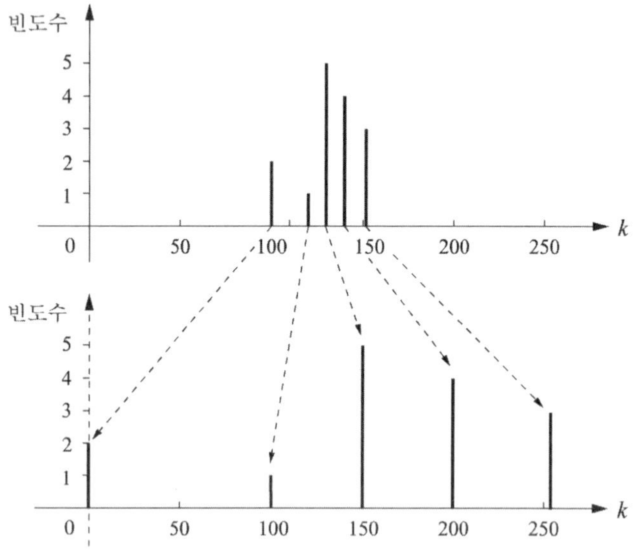


[그림 3-21]

$x_{max} = 151$, $x_{min} = 100$ 으로 식 (3.3)을 구성한다.

$$y_k = (x_k - 100)\frac{255}{151-100} \quad ①$$

대상 영상에서 $x_k$를 찾아보니 $x_k$={100, 120, 130, 140, 151} 이다. 이 각각을 식 ①에 대입하여 $y_k$를 계산한다.

$$y_1 = (100-100)\frac{255}{151-100} = 0$$

$$y_2 = (120-100)\frac{255}{151-100} = 100$$

$$y_3 = (130-100)\frac{255}{151-100} = 150$$

$$y_4 = (140-100)\frac{255}{151-100} = 200$$

$$y_5 = (151-100)\frac{255}{151-100} = 255$$

따라서 $y_k$= {0, 100, 150, 200, 255} 가 되었다.

원래 영상 $x_k$에 대하여

| $x_k$ | 100 | 120 | 130 | 140 | 151 |
|---|---|---|---|---|---|
| | ↓ | ↓ | ↓ | ↓ | ↓ |
| $y_k$ | 0 | 100 | 150 | 200 | 255 |

와 같이 바뀌었음을 의미한다. $y_k$의 히스토그램은 그림 3-21(b)에서 보는 바와 같이 0~255의 전색도 범위에 펼쳐져 있다.

스트레칭 처리를 하면 밀집되어 있던 색도분포가 전색도범위로 고루 펼쳐지기 때문에 색도 사이의 간격이 벌어져 색도차이를 구분하는데 보다 용이하다. 그림 3-22와 그림 3-23은 스트레칭 처리 효과를 보여주는 영상들이다. 그림 3-22는 회색조(gray mode)영상이고 그림 3-33은 RGB영상이다. 스트레칭 처리에 의해 RGB는 R, G, B 각각에서 스트레칭이 진행하였음을 알 수 있다.

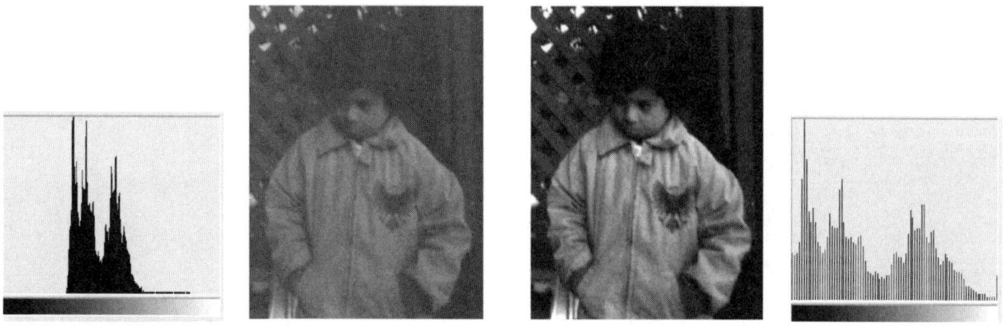

(a) 원래영상과 히스토그램　　(b) 스트레칭 처리후 영상과 히스토그램

[그림 3-22]

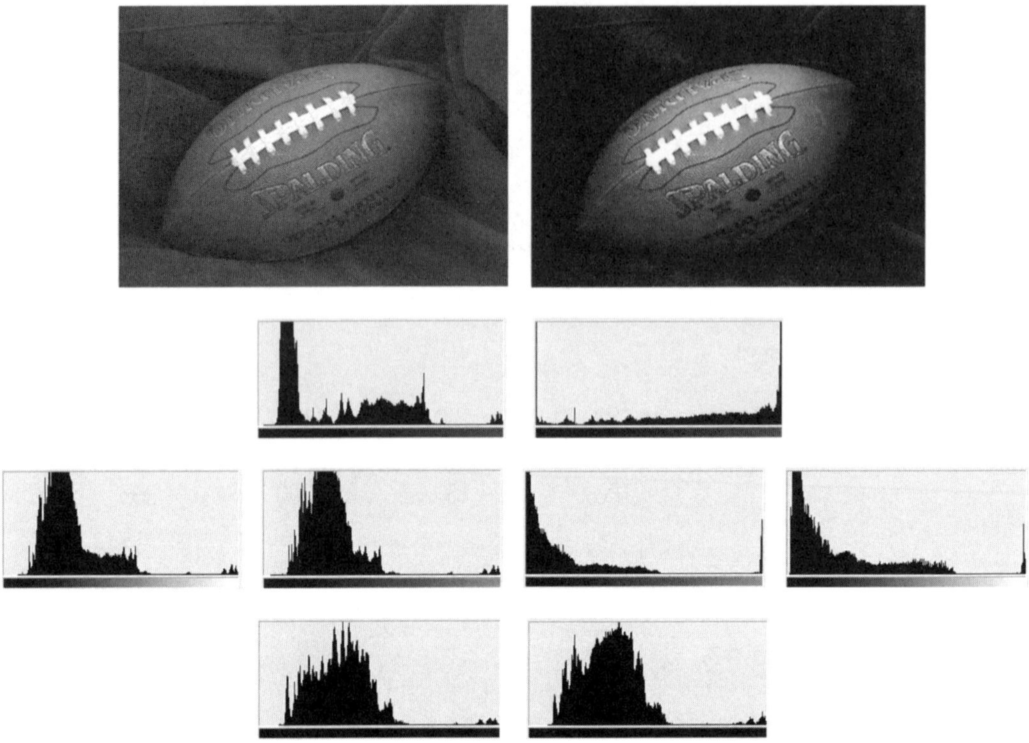

(a) 원래영상(RGB)과 히스토그램 (b) 스트레칭 처리후 영상과 히스토그램

[그림 3-23]

### 예제 3-3

| 50 | 72 | 165 |
|---|---|---|
| 83 | 50 | 94 |
| 110 | 131 | 154 |

[그림 3-24]

그림 3-24의 원래 영상을 스트레칭 처리 하였다. 결과 영상을 그림으로 나타내어라.

### 풀이와 해설

| 0 | 49 | 255 |
|---|---|---|
| 73 | 0 | 98 |
| 133 | 180 | 231 |

[그림 3-25]

원래 영상의 색도 최대값 $x_{max} = 165$, 최소값 $x_{min} = 50$ 스트레칭수식에 의해 현재 색도값 $x_k$={50, 72, 83, 94, 110, 131, 154, 165} 에 대하여 스트레칭 처리한다.

$$y_1 = (50-50)\frac{255}{165-50} = 0 \qquad y_5 = (110-50)\frac{255}{165-50} \doteq 133$$

$$y_2 = (72-50)\frac{255}{165-50} \doteq 49 \qquad y_6 = (131-50)\frac{255}{165-50} \doteq 180$$

$$y_3 = (83-50)\frac{255}{165-50} \doteq 73 \qquad y_7 = (154-50)\frac{255}{165-50} \doteq 231$$

$$y_4 = (94-50)\frac{255}{165-50} \doteq 98 \qquad y_8 = (165-50)\frac{255}{165-50} = 255$$

스트레칭 처리에 의해

| $x_k$ | 50 | 72 | 83 | 94 | 110 | 131 | 154 | 165 |
|---|---|---|---|---|---|---|---|---|
| | ↓ | ↓ | ↓ | ↓ | ↓ | ↓ | ↓ | ↓ |
| $y_k$ | 0 | 49 | 73 | 98 | 133 | 180 | 231 | 255 |

로 변환되었다. 그림 3-25는 처리 결과 영상이다.

## Matlab

스트레칭에 사용하는 Matlab 함수는 imadjust 이다.

x = imread('파일명. 확장자') ;

y = imadjust(x) ;

[프로그램 및 결과]

```
Program
% ============================================================
% 파일명: PR_3_3.m
% 용도: 영상의 스트레칭
% ============================================================
% gray 영상의 스트레칭
I = imread('pout.tif');
J = imadjust(I);
figure,subplot(221),imshow(I),subplot(222),imhist(I)
       subplot(223),imshow(J),subplot(224),imhist(J)
% -------------------
% gray level 구간을 정하여 부분스트레칭
K = imadjust(I,[0.4 0.6],[]);
figure,subplot(221),imshow(I),subplot(222),imhist(I)
       subplot(223),imshow(K),subplot(224),imhist(K)
% -------------------
% 컬러영상의 스트레칭
RGB1 = imread('a9.jpg');
RGB2 = imadjust(RGB1,[0.2  0.3  0;0.5 0.8  1],[]);
figure,subplot(121),imshow(RGB1),subplot(122),imshow(RGB2)
```

Result

본래영상

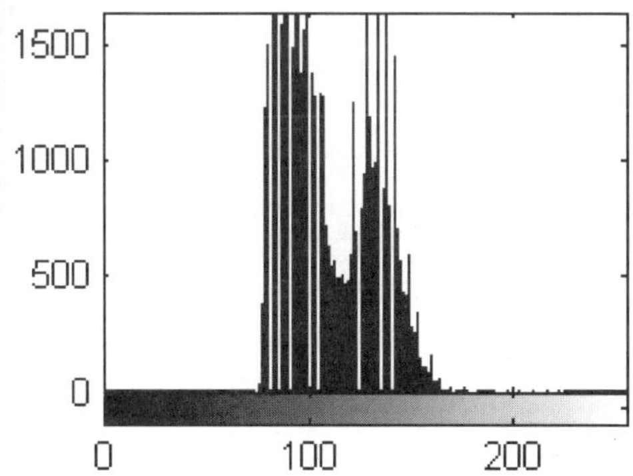


히스토그램

스트레칭영상

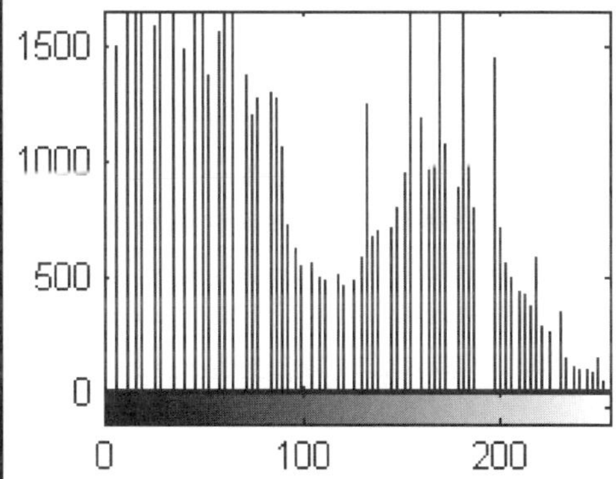


히스토그램

부분스트레칭영상

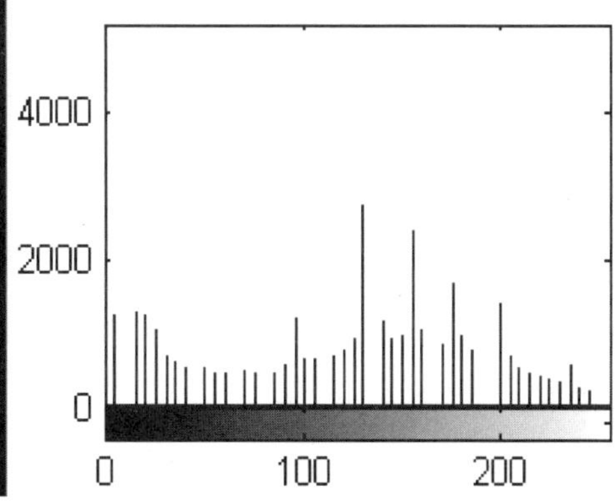


히스토그램

PR_3_3

## 연습문제

1. 다음 영상 데이터의 히스토그램을 그리시오. 전체 색도범위는 0~10이다.

| 7 | 4 | 7 | 7 | 7 |
|---|---|---|---|---|
| 7 | 6 | 4 | 7 | 7 |
| 7 | 4 | 6 | 4 | 8 |
| 4 | 6 | 7 | 4 | 8 |
| 7 | 7 | 4 | 7 | 8 |

[그림 3-26]

2. 문제 1의 그림 3-26 영상데이터를 히스토그램 균등화 처리하고 결과 영상과 히스토그램을 그려라.

3. 문제 1의 그림 3-26 영상데이터를 스트레칭처리하고 결과 영상과 히스토그램을 그려라.

4. 그림 3-27(a) 영상을 히스토그램 임의 조정하고자 그림 3-27(b)와 같은 히스토그램을 설계하였다. 임의 조정처리된 결과영상과 히스토그램을 그리시오. 전체 색도범위는 0~5 이다.

| 0 | 2 | 3 |
|---|---|---|
| 2 | 0 | 2 |
| 2 | 2 | 3 |

(a)

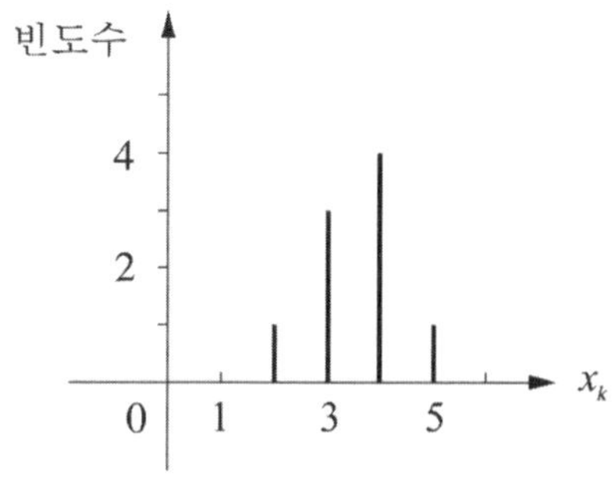


(b)

[그림 3-27]

5. 대상 영상 데이터의 화소 색도 범위가 0~255이다. 히스토그램 균등화 처리와 스트레칭처리를 할 경우 그 차이점을 비교 설명하시오.

# 해 답

1.

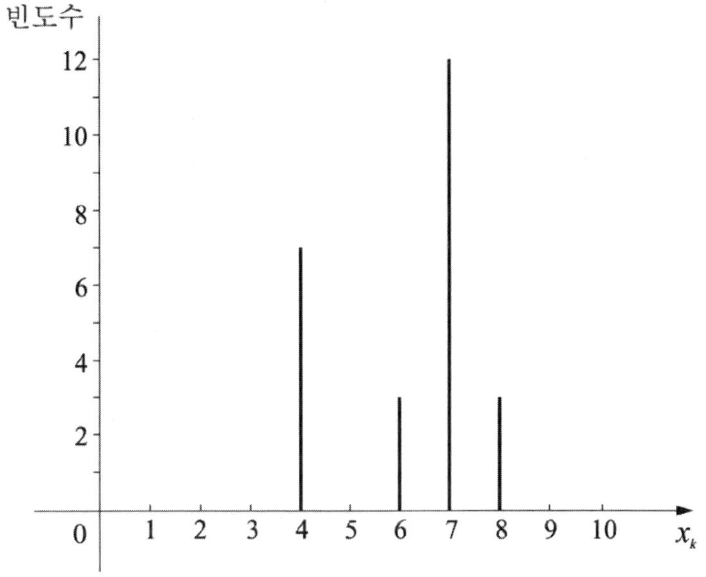


[그림 3-28]

2. $n - 25$, $s = 10$

| $x_k$ | $n_j$ | $\sum_{j=0}^{k} n_j$ | $\frac{1}{n}\sum_{j=0}^{k} n_j$ | $s \times \frac{1}{n}\sum_{j=0}^{k} n_j$ | $y_k$ | $x_k \to y_k$ | |
|---|---|---|---|---|---|---|---|
| 4 | 7 | 7 | 0.28 | 2.8 | 3 | 4 | 3 |
| 6 | 3 | 10 | 0.4 | 4 | 4 | 6 | 4 |
| 7 | 12 | 22 | 0.88 | 8.8 | 9 | 7 | 9 |
| 8 | 3 | 25 | 1 | 10 | 10 | 8 | 10 |

| 9 | 3 | 9 | 9 | 9 |
|---|---|---|---|---|
| 9 | 4 | 3 | 9 | 9 |
| 9 | 3 | 4 | 3 | 10 |
| 3 | 4 | 9 | 3 | 10 |
| 9 | 9 | 3 | 9 | 10 |

(a) 결과 영상

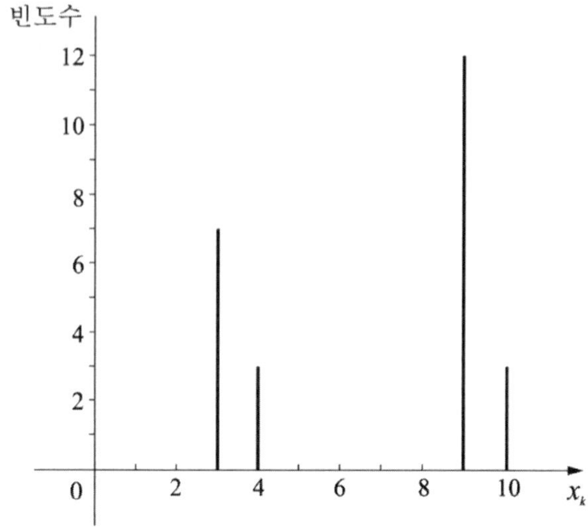


(b) 히스토그램

[그림 3-29]

3.

| 8 | 0 | 8 | 8 | 8 |
|---|---|---|---|---|
| 8 | 5 | 0 | 8 | 8 |
| 8 | 0 | 5 | 0 | 10 |
| 0 | 5 | 8 | 0 | 10 |
| 8 | 8 | 0 | 8 | 10 |

(a) 결과 영상

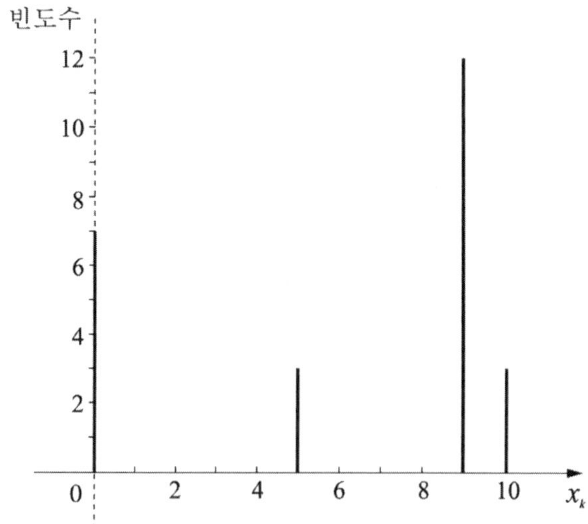


(b) 히스토그램

[그림 3-30]

4.

| 2 | 4 | 5 |
|---|---|---|
| 4 | 2 | 4 |
| 4 | 4 | 5 |

(a) 결과 영상

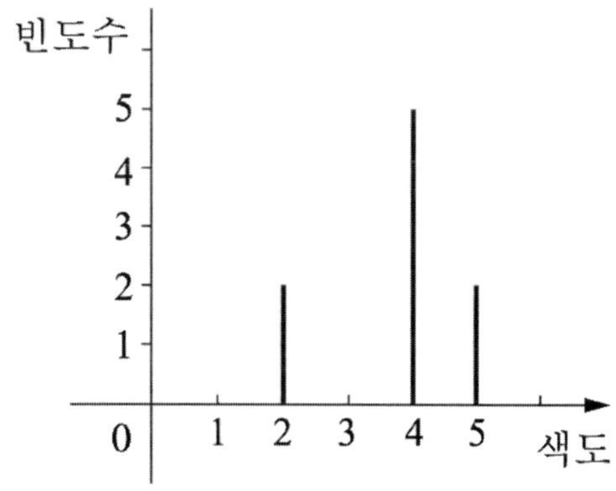


(b) 히스토그램

[그림 3-31]

# 제 4 장 점처리(Point Process)

## 들어가는 말

여기서 점(point)이란 화소를 말한다. 화소가 갖고 있는 색도값이다. 점처리는 화소의 색도값을 어떤 근거에 의해 바꾸는 기법이다. 화소의 색도값을 모두 0으로 바꾸면 영상은 온통 검정색이 될 것이다. 모두 255로 변환하면 새하얀 백색이 된다. 색도범위 100~120을 모두 0으로 바꾸면 그 값을 갖는 화소들은 모두 검정색으로 변한다. 어떤 기준 색도값(이를 문턱치, threshold 라고 한다)을 기준으로 그보다 작으면 모두 0, 그보다 큰 수들은 모두 255로 바꾸면 영상은 본래 영상 데이터 색도값을 잃고 0과 255의 극단적인 흑백영상(이를 이진영상, binary image 라고 한다)이 된다. 색도변화에 일종의 함수를 발생시켜 변화시킬 수도 있다. 매우 초보적이고 영상처리 초기에 제시되었던 기법으로서 매우 재미있는 처리 결과를 보인다.

**내 용**

## 4.1 화소의 색도값을 바꾸면 영상이 변한다.

### 개 요

영상 데이터의 각 화소는 색도값을 갖는 숫자로 표기되어있다. 이들 숫자는 0~255로서 적당한 함수작업이나 개별처리로 숫자를 바꿀 수 있다. 가령 0인 화소값을 모두 255로 바꾸면 검정색이 모두 흰색으로 변한다. 화소값이 30인 것을 250으로 바꿀 수도 있다. 숫자가 바뀌면 색도 변하기 때문에 영상을 구성하는 색 뿐만 아니라 형태 변형도 가능하다.

**수 식** : 입력영상 $x_k$ , 출력영상 $y_k$에서 일종의 함수 $T$ 를 발생한다.

$$y_k = T(x_k) \tag{4.1}$$

이 수식의 의미는 화소색도를 개별적으로 바꿀 수 있고, 어떤 함수를 발생시켜 전체적으로도 바꿀 수 있음을 뜻한다.

### 개별변환과 함수 변환

**개별변환** : 변환하고자 하는 색도값을 지정하여 다른 값으로 교체한다. 표 4-1과 같은 변화표를 설계자가 작성하여 프로그램 작업에 의해 조건문을 발생시켜 색도값을 교체한다. 그림 4-1은 표 4-1에 의해 영상데이터의 색도값이 변하는 것을 보이고 있다.

| $x_k \rightarrow y_k$ |
|---|
| 7 → 20 |
| 35 → 120 |
| 64 → 181 |
| 79 → 241 |

[표 4-1]

| 0 | 255 | 64 | 64 | 64 | 0 |
|---|---|---|---|---|---|
| 10 | 64 | 7 | 255 | 35 | 120 |
| 212 | 35 | 35 | 120 | 35 | 255 |
| 10 | 7 | 45 | 7 | 7 | 211 |
| 79 | 232 | 35 | 64 | 7 | 47 |
| 79 | 220 | 15 | 15 | 35 | 36 |

(a) 처리 전 영상데이터

| 0 | 255 | 181 | 181 | 181 | 0 |
|---|---|---|---|---|---|
| 10 | 181 | 20 | 255 | 120 | 120 |
| 212 | 120 | 120 | 120 | 120 | 255 |
| 10 | 20 | 45 | 20 | 20 | 211 |
| 241 | 232 | 120 | 181 | 20 | 47 |
| 241 | 220 | 15 | 15 | 120 | 36 |

(b) 처리 후 영상데이터

[그림 4-1]

다음 그림 4-2는 변환표에 근거하여 영상의 색도 일부를 변환한 결과를 보이고 있다. 해당 색도가 변환표에 의해 변하였음을 알 수 있다. 그림 아래는 사용한 프로그램이다. 조건문을 사용하여 간단히 변환한다.

| $x_k$ | → $y_k$ |
|---|---|
| 112 | 240 |
| 122 | 0 |
| 127 | 20 |

(a) 변환표

(b) 변환전 영상

(c) 변환후 영상

[그림 4-2]

Program

```
% =======================================================
% 파일명: PR_3_4.m
% 용도: 교과서 그림 4-2 프로그램
% =======================================================
clear,clc
x=imread('a2.jpg');  % 영상 불러오기
% 영상의 행(r)과 열(c)을 구한다.
x_size=size(x);  r=x_size(1,1); c=x_size(1,2);
% for함수를 사용하여 변환표대로 변환한다.
% 변환표: 112를 240, 122를 0, 127을 20 으로 변환
x1=x;  % 새로운 변수 설정
for i=1:r
    for j=1:c
```

```
        if x1(i,j)==112
           x1(i,j)=240;
        elseif x1(i,j)==122
           x1(i,j)=0;
        elseif x1(i,j)==127
           x1(i,j)=20;
        end
    end
end
% 영상을 본다.
figure,subplot(121),imshow(x),subplot(122),imshow(x1)
```

Result

처리전

처리후

PR_3_4

**함수변환** : 식 (4.1)에 주어진 바와 같이 입력영상 $x_k$에 대한 출력 영상 $y_k$의 수학적 상관 관계 함수를 설정하여 변환한다. 그림 4-3은 기울기가 1일 때와 -1 인 경우의 영상변환을 보여주고 있다.

기울기가 1이면 $y_k = x_k$로서 입력영상이 그대로 출력영상이고

기울기가 -1이면 $y_k = -x_k$로서 입력영상의 흑백이 서로 뒤바뀐다.

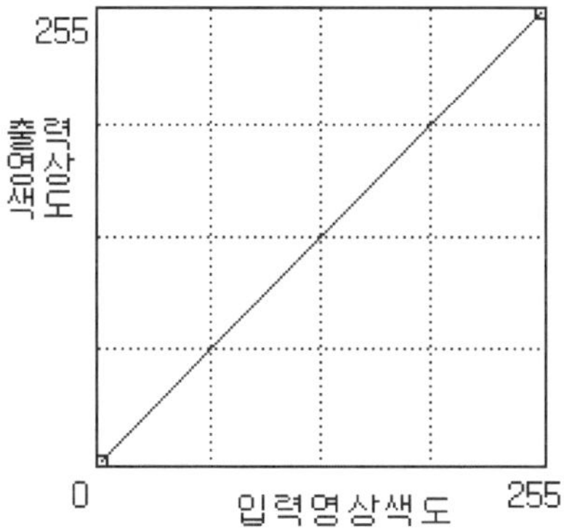


(a) $y_k = x_k$

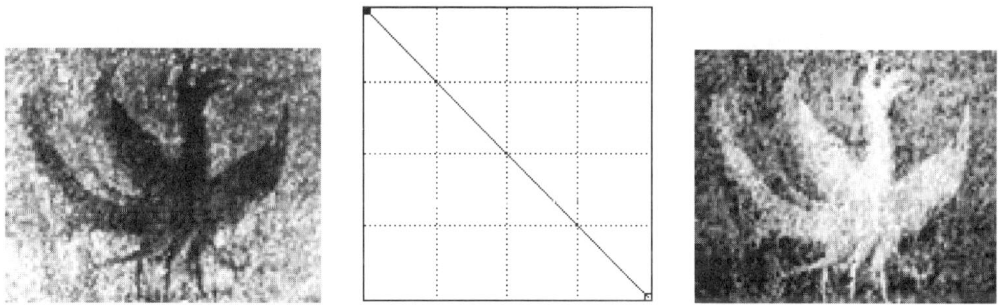

(b) $y_k = -x_k$ 인 전달함수의 입력영상과 출력영상

[그림 4-3]

```
Program
% ==========================================================
% 파일명:  PR_3_5.m
% 용도: 교과서 그림 4-3 프로그램
% ==========================================================
clear,clc
x=imread('a4.jpg');  % 영상 불러오기
% 컬러영상 그대로 반전시키기
xc=imcomplement(x);
% gray로 변환후 반전시키기
```

```
xg=rgb2gray(x);
xgc=imcomplement(xg);
%
figure,subplot(221),imshow(x),subplot(222),imshow(xc)
      subplot(223),imshow(xg),subplot(224),imshow(xgc)
```

Result

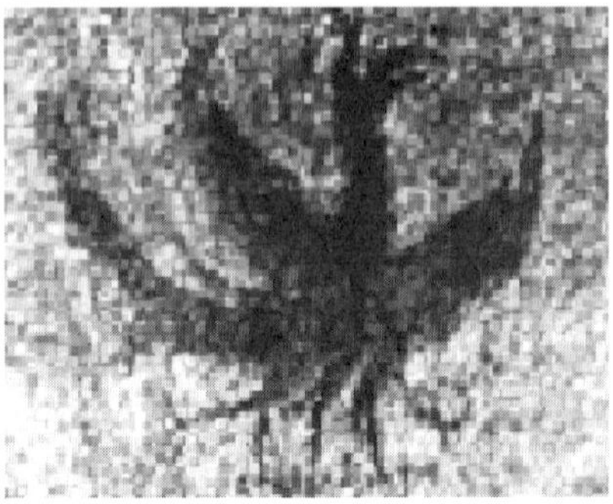

처리 전

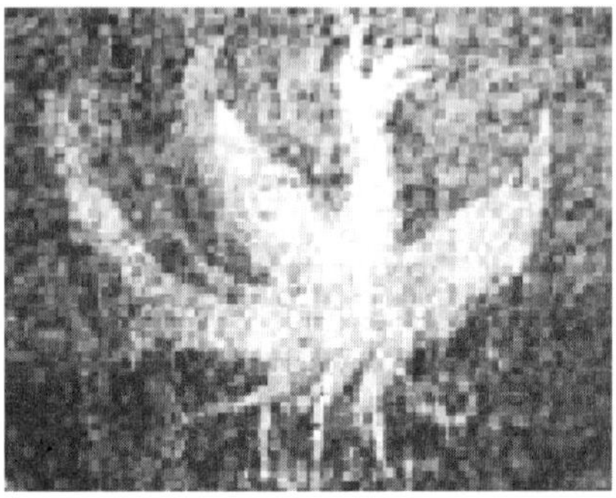

처리 후

PR_3_5

## 4.2 변환곡선에 의한 영상처리

변환곡선을 다양하게 발생시켜 영상을 처리 할 수 있다.

**이진영상(binary image)처리** : 그림 4-4와 같이 어떤 색도값을 기준으로 입력영상을 양분 처리하여 극단적인 흑백영상으로 변환한다. 출력영상 색도는 0또는 255로서 양분된다. 입력영상을 양분시키는 색도값을 문턱치(threshold value)라고도 부른다.

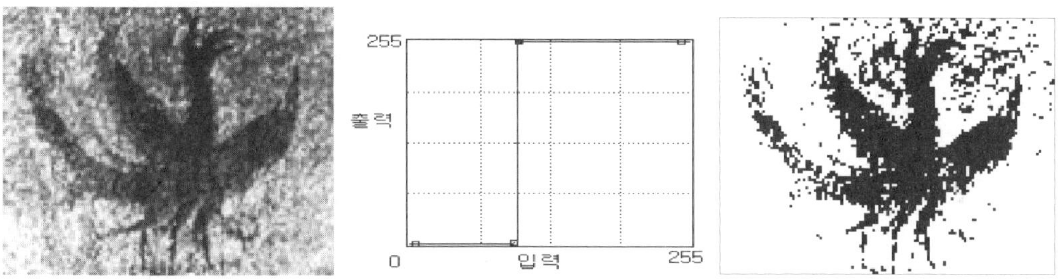


(a) 입력영상 (b) 전달함수 (c) 출력영상

[그림 4-4]

**전달함수와 영상변환** : 그림 4-5는 다양한 전달특성에 의해 영상을 변환하는 예들을 보이고 있다.

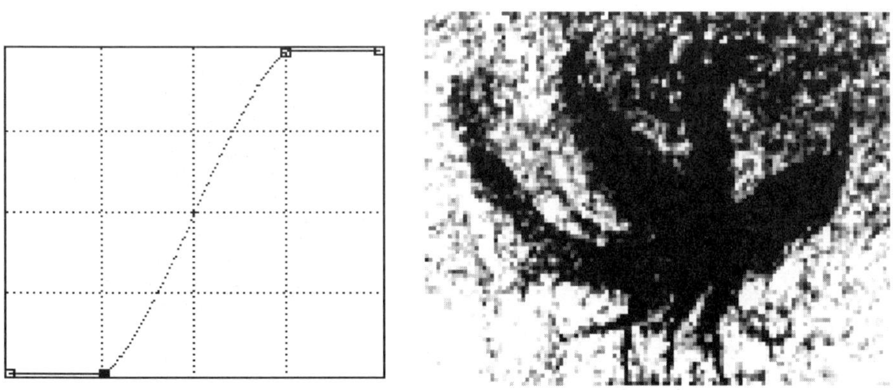

(a) 전달함수와 출력영상

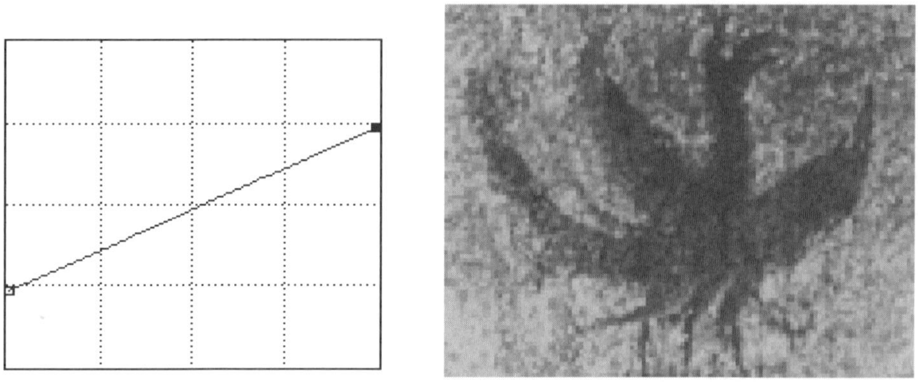

(b) 전달함수와 출력영상

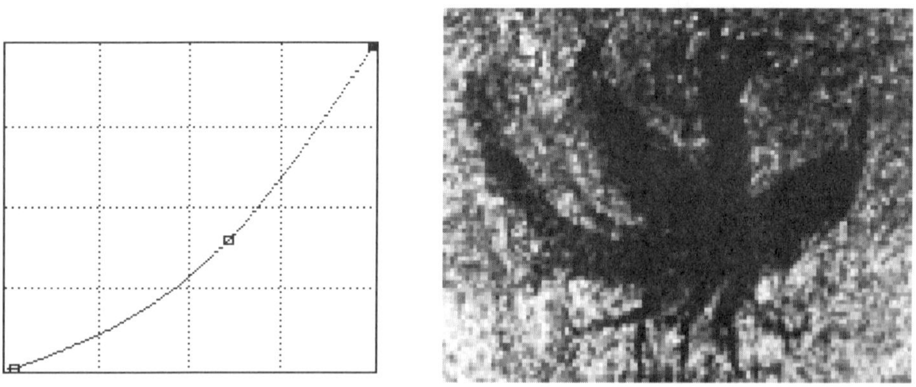

(c) 전달함수와 출력영상

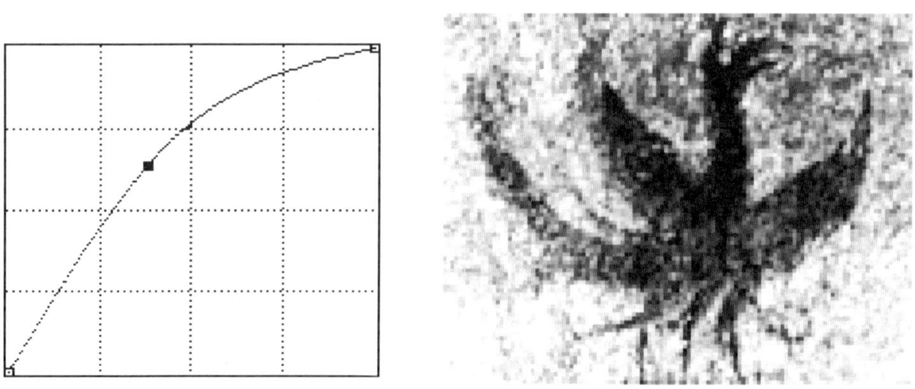

(d) 전달함수와 출력영상

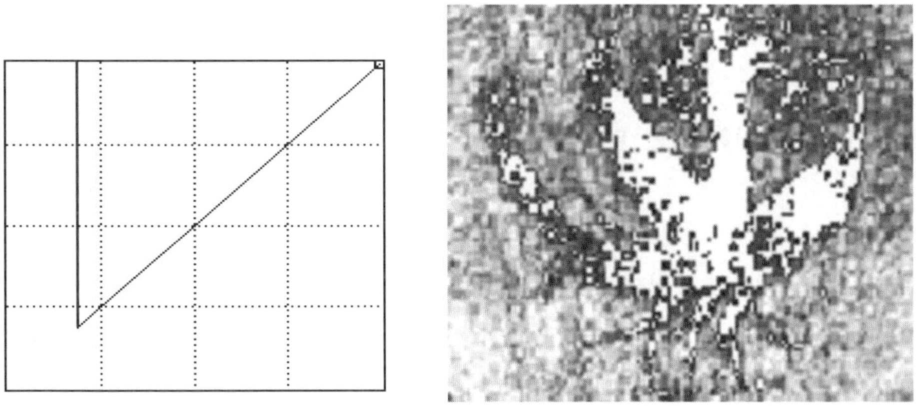

(e) 전달함수와 출력영상

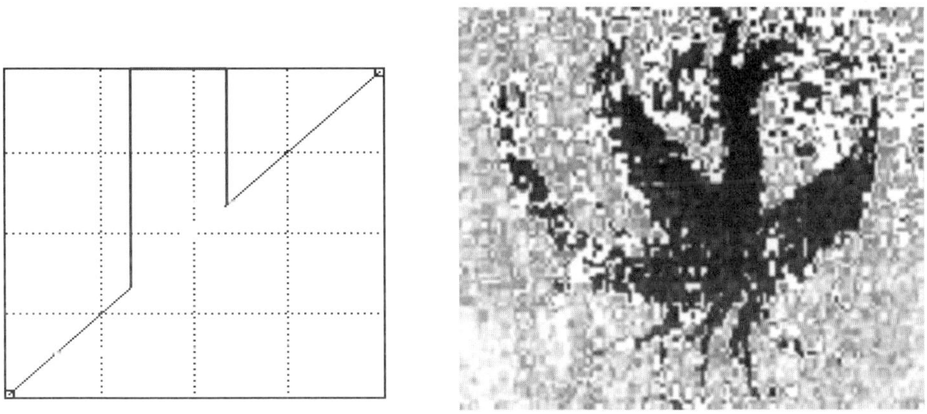

(f) 전달함수와 출력영상

[그림 4-5]

## Matlab

**[변환곡선 $\gamma$ (감마)에 의한 밝기 조정]**

입출력 영상의 밝기를 조정할 때 이미 살펴본 바와 같이 전달함수를 사용한다. 여러 전달함수 가운데 $y=x^{\gamma}$ 형태를 감마에 의한 밝기 조정이라 부른다. 입력영상 $x$의 밝기 범위를 0 에서 1, 즉 [0 1]이고 출력영상 $y$의 밝기 범위도 0에서 1 사이 즉 [0 1]이라 할 때 지수인 $\gamma$의 값에 따라 입출력 전달함수 곡선이 달라진다. 다음 프로그램은 입력의 밝기 [0 1] 범위와 출력 밝기의 범위 [0 1]에서 $\gamma$에 따른 전달함수 곡선을 그려보는 Matlab 프로그램과 그 결과 곡선을 보였다.

```
Program
% ==========================================================
% 파일명:  PR_3_6.m
% 용도: 감마에 따른 입출력 전달함수 그래프를 그리는프로그램
%        y=x^(gamma)
% ==========================================================
clear,clc
% 입력 x
x=0:0.01:1;
% 감마 gamma를 g로 설정한다.
g1=0.25;  g2=0.4;  g3=0.8;  g4=1;  g5=1.5;  g6=3.5;  g7=5;
% 출력곡선 y를 구한다.
y1=x.^g1;y2=x.^g2;y3=x.^g3;y4=x.^g4;y5=x.^g5;y6=x.^g6;y7=x.^g7;
% 그래프 그리기
figure,plot(x,y1,x,y2,x,y3,x,y4,x,y5,x,y6,x,y7),axis([0 1 0 1])
```

PR_3_6

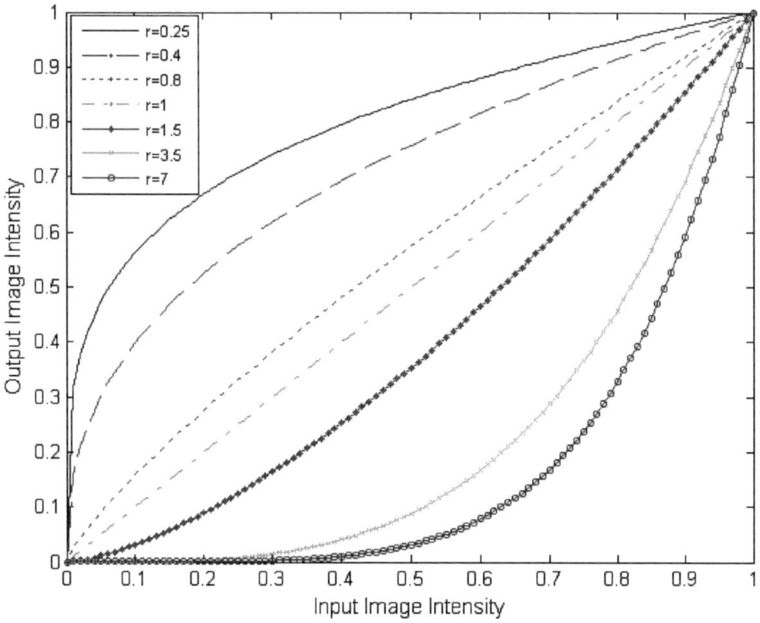


[그림 A1]

감마 ($\gamma$) 값에  따라 영상 전체의 밝기가 조정된다.

$\gamma < 1$ : $\gamma$ 가 1보다 작을수록 영상 전체의 밝기가 밝아진다.

$\gamma = 1$ : 그대로이다. 밝기가 변하지 않는다.

$\gamma > 1$ : $\gamma$ 가 1보다 클수록 영상전체의 밝기가 어두워진다.

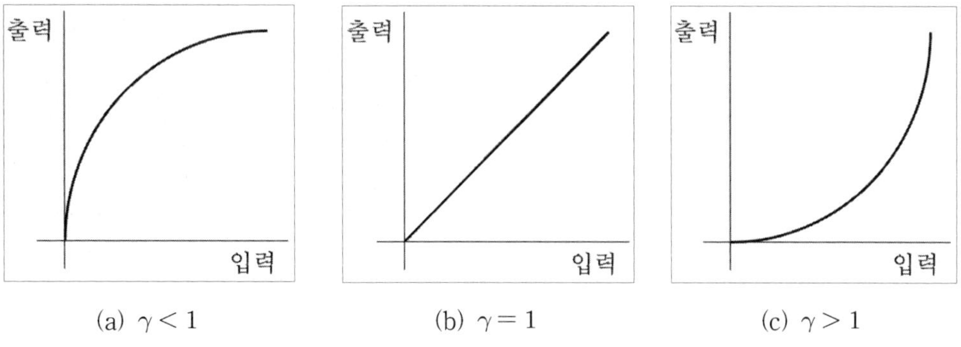


(a) $\gamma < 1$ (b) $\gamma = 1$ (c) $\gamma > 1$

[그림 A2]

감마 ($\gamma$)를 앞의 스트레칭함수 imadjust에 파라미터로 넣어 밝기를 조정하는 Matlab 프로그램을 다음에 보였다.

Program

```
% ============================================================
% 파일명:  PR_3_7.m
% 용도: 감마에 따른 밝기 조정
% 출력영상=imadjust(입력영상,[입력범위],[출력범위],감마);
% ============================================================
clear,clc
x = imread('pout.tif');  % 영상불러오기
y1 = imadjust(x,[0.3  0.7],[0.1 0.9],0.3);  % r < 1
y2 = imadjust(x,[0.3  0.7],[0.1 0.9],1);    % r=1
y3 = imadjust(x,[0.3  0.7],[0.1 0.9],2.5);  % r > 1
% 영상으로  보기
figure,subplot(131),imshow(y1),subplot(132),imshow(y2)
      subplot(133),imshow(y3)
```

Result

$\gamma = 0.3$

$\gamma = 1$

$\gamma = 2.5$

PR_3_7

## 4.3 점처리에 의한 영역분할

### 개 요

점처리 기법의 또 다른 쓸모 있는 예가 영역분할이다. 영상이 영역들로 구성되어 있을 때 영역들을 효과적으로 분할하는 기법들은 여러 가지가 있으나 그 대부분의 접근방법은 각 영역에 고유의 색도값을 부여함으로 다른 영역과 차별화시키는 것이다. 점처리적 접근은 영역과 영역을 구분하는 색도값을 찾아, 이 값을 전후로 영역들에 새로운 색도값을 부여한다. 이때 영역들 사이의 경계에 있는 색도값을 문턱치(threshold)라고 부른다. 다음 그림 4-6은 영역구분이 되는 영상과 그 히스토그램을 보이고 있다. 글씨부분이 하나의 영역을 이루고 있고 글씨가 쓰여 있는 바탕부분이 또 다른 영역이다. 즉 이 영상은 두 개의 영역으로 구성되어 있으며 검정색 부분은 문자정보가 있는 글씨 영역, 흰색 부분은 그 배경영역이다. 이러한 영역구분은 영상의 히스토그램 상에서 분석해 보면 색도분포면에서 파악이 가능하다. 그림의 화살표는 문턱치이다.

(a) 영역이 있는 영상

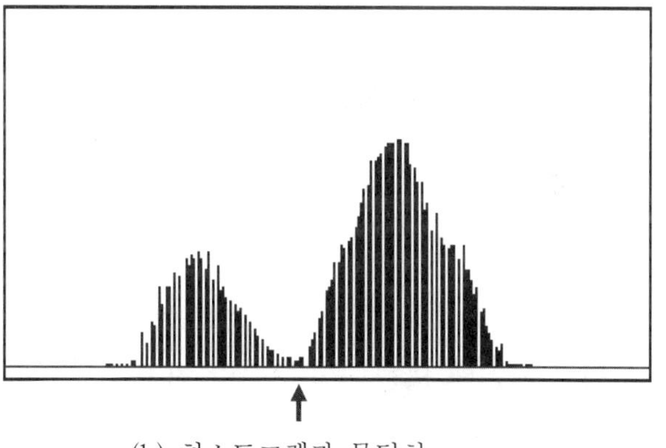

(b) 히스토그램과 문턱치

[그림 4-6]

### 수 식

만약 문턱치를 알고 있다면 문턱치 T를 기준으로 영상 내 모든 화소의 색도값을 양극단으로 조정가능하다. 처리 전 영상을 $x(i,j)$, 처리 후 영상을 $y(i,j)$라 할 때, 모든 위치 $(i,j)$의 화소

$$y(i,j) = \begin{cases} 0 \quad , \quad 만약\ x(i,j) \le T \\ 255 \ , \quad 만약\ x(i,j) > T \end{cases} \tag{4.2}$$

의 관계가 된다. 즉 화소 색도값이 T보다 작은 것은 모두 0으로 처리하고, T보다 큰 것은 모두 255로 바꾼다. 0은 검정색이고 255는 흰색이므로 영상은 흑과 백의 극단적인 영상이 된다. 이렇게 처리된 영상을 이진영상(binary image)이라고 부른다. 그림 4-7은 T=123을 기준으로 그림 4-6 영상을 이진 처리한 결과이다. 영역사이에 극단적인 흑백대비가 일어난다. 그림 4-6의 히스토그램과는 달리 색도값이 0과 255 양 끝에 모여 있다. 식 (4.2)에서 0은 논리적으로 "0"이고 255는 논리적으로 "1"임은 물론이다. 논리적 양극화이다.

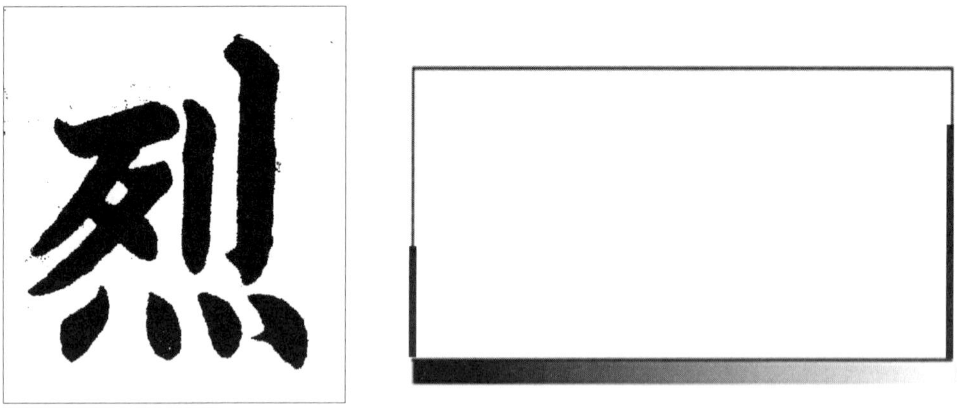

[그림 4-7]

### 문턱치 처리에 의한 영역분할의 한계

그림 4-7의 결과만 보면 문턱치에 의해 영역분할이 쉽게 처리되는 듯 이해될지 모르나 문턱치 처리는 여러 문제점과 한계를 갖고 있다. 문턱치 처리가 효과가 있으려면 다음과 같은 조건이 있어야 한다.

i ) 영역사이의 색도 혼재가 적어야 한다.

그림 4-8(a)는 어떤 영상의 히스토그램이다. 두 영역 A, B 사이의 색도 혼재 부분이 존재한다.

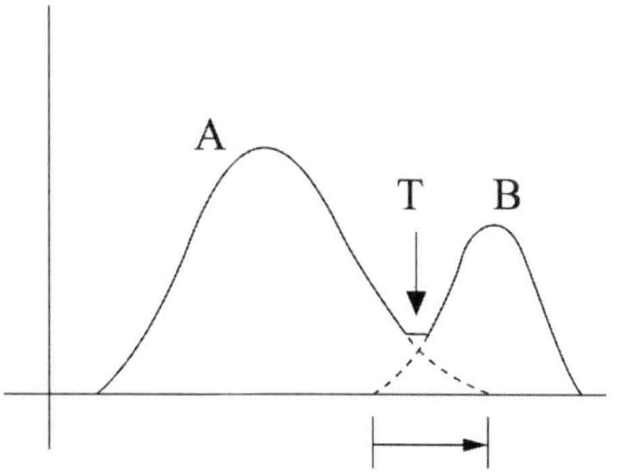


(a) 히스토그램

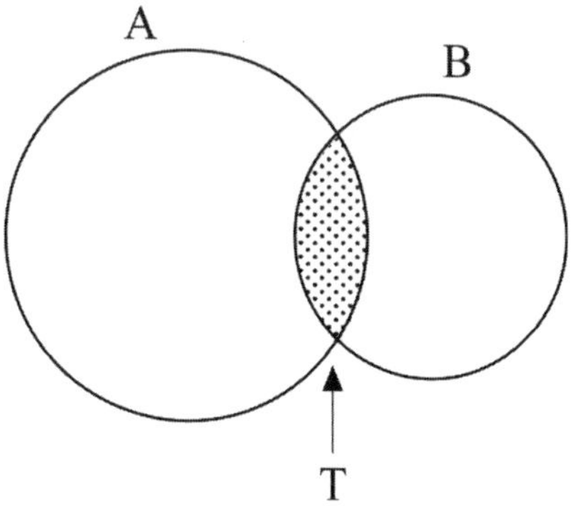


(b) 색도 공유 개념도

[그림 4-8]

이 경우 무작정 T값에 의해 식 (4.2)와 같이 색도 분할을 하면 모두 검정색이 되어야 할 A영역에 백색부뷴이 나타나고, 모두 벡색이 되어야할 B영역에 검정색 점들이 나타난다. 영역분할은 되었으나 영역이 깨끗이 처리되지 않고 얼룩점이나 잡음들이 지저분하게 남아있다. 이러한 현상은 문턱치 처리 시 흔히 발생한다. 아래 그림 4-9는 그러한 예를 보여주고 있다.

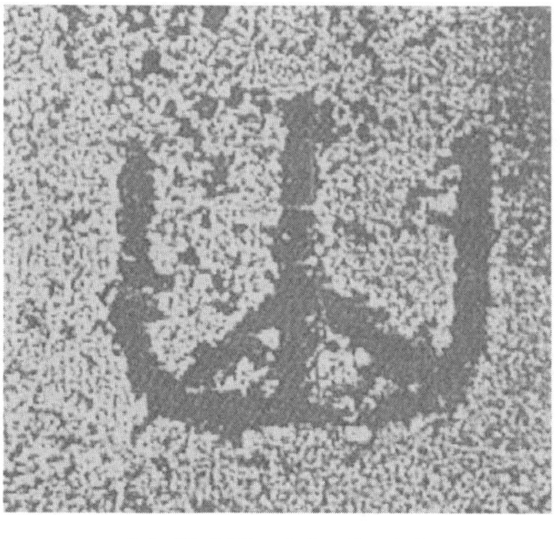

(a) 문턱치 처리 전 영상

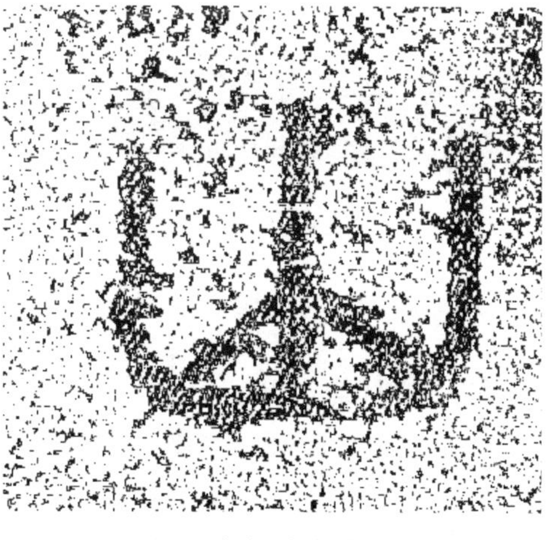

(b) 문턱치 처리 후 영상

[그림 4-9]

수학적으로 표현하면 영역 A의 색도 집합 $C_A$와 영역 B의 색도 집합 $C_B$사이에

$$C_A \cap C_B \neq \varnothing \tag{4.3}$$

이 성립하는 경우이다.

ii) 영역들 사이의 경계부분이 존재해야 한다.

그림 4-8(a)와 같이 그래도 어느 정도 경계부분이 존재해야 한다. 비록 시각적으로는 영역이 나타나지만 실제 히스토그램 상에서 영역들 사이의 경계부가 불분명하면 문턱치 산출이 어렵고, 설혹 찾았다 하더라도 영역 간 경계부가 아닌 경우가 대부분이다. 그림 4-10은 육안으로는 영역 간 구분이 나타나나 실제 히스토그램 상에서는 문턱치를 찾기 곤란한 경우이다. 문턱치 산출은 히스토그램상에서 진행하는 것이 대부분이므로 그곳에서 찾지 못하면 영역 분할에 어려움이 있다.

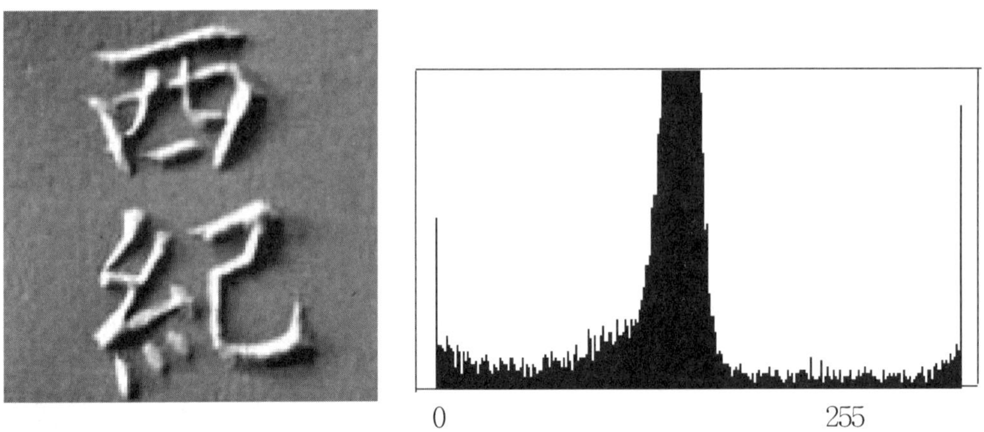


(a) 영역이 있는 영상 (b) 히스토그램

[그림 4-10]

**문턱치 산출기법** : Ostu 기법

현재까지 개발된 문턱치 산출기법 가운데 몇 가지를 살펴보도록 한다. 그 가운데 오스투기법은 초기에 고안된(1979) 방법으로서 간단하면서도 널리 사용된다. 모든 문턱치 산출기법이 결국은 문턱치에 해당하는 색도값을 찾아내는 것으로 접근 방법에는 여러 아이디어가 있는데 오스투 방식은 확률계산을 기본으로 하였다. Ostu가 제시한

확률적 알고리즘을 그대로 쓰면 이해하는 사람이 많지 않으리라 본다. 대부분의 논문이 그렇듯이 Ostu가 쓴 논문도 수학에 능통하고 공부를 많이 해온 대학원생 수준 정도에서나 접근 가능하므로 여기서는 기초 확률에 관한 것과 실제 예제를 통해 설명하도록 하겠다. 먼저 확률에 관해 공부한다.

이 기법은 영상데이터의 히스토그램에서 시작한다. 히스토그램에 관해서는 이미 앞에서 여러 차례 공부하였으므로 어렵지 않게 이해하고 있을 것이다. 대상 영상은 두 개의 영역으로 나누어져 있으며 한 영역은 흰색 쪽, 다른 한 영역은 검정색 쪽으로 양분되어있고 히스토그램적으로도 어느 정도 양분이 가능하다. 영상의 히스토그램을 구하기 위해 먼저 색도값에 따른 화소의 수를 표 4-2와 같이 얻은 경우에 표를 기준으로 그림 4-11과 같은 히스토그램을 그릴 수 있다.

| 색도값 | 1 | 2 | 3 | 4 | 5 | 6 | 7 | 8 | 9 | 10 | 11 | 12 |
|---|---|---|---|---|---|---|---|---|---|---|---|---|
| 화소의 수 | 2 | 5 | 7 | 9 | 8 | 3 | 1 | 2 | 4 | 3 | 5 | 1 |

[표 4-2]

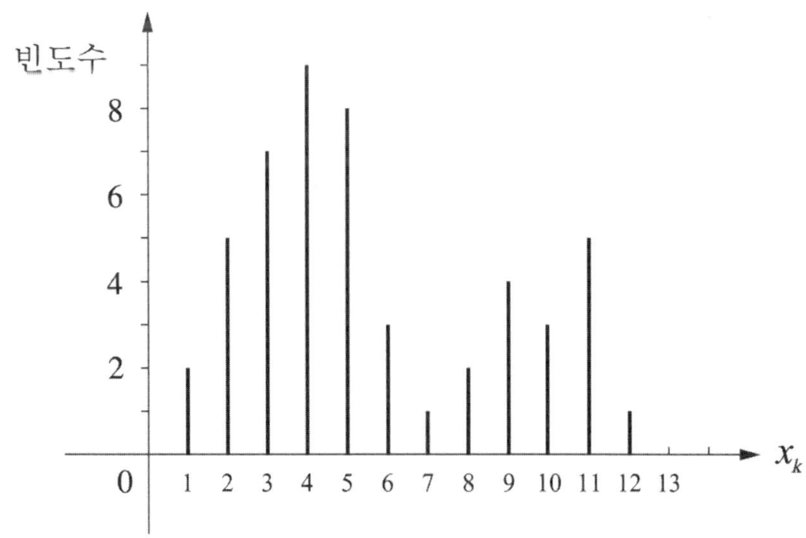


[그림 4-11] 표 4-2의 히스토그램

표 4-2에서 모든 화소의 수는 50(개)이다. N=50이다. N으로 화소의 수를 나누면 확률이 된다. 표 4-3에 확률을 보이고 있다.

| 색도값, $x_k$ | 1 | 2 | 3 | 4 | 5 | 6 | 7 | 8 | 9 | 10 | 11 | 12 | 계 |
|---|---|---|---|---|---|---|---|---|---|---|---|---|---|
| 화소의 수, $n_k$ | 2 | 5 | 7 | 9 | 8 | 3 | 1 | 2 | 4 | 3 | 5 | 1 | 50 |
| 확률 $p(x_k)$ | 0.04 | 0.1 | 0.14 | 0.18 | 0.16 | 0.06 | 0.02 | 0.04 | 0.08 | 0.06 | 0.1 | 0.02 | 1 |

[표 4-3]

표 4-3의 확률로 그래프를 다시 그리면 그림 4-12가 된다. 오스투기법은 이 그래프에서 시작한다. 영상의 히스토그램을 구하고 전체 화소수로 히스토그램값을 나누어 확률형태의 확률밀도함수(probability density function, pdf)를 구한다.

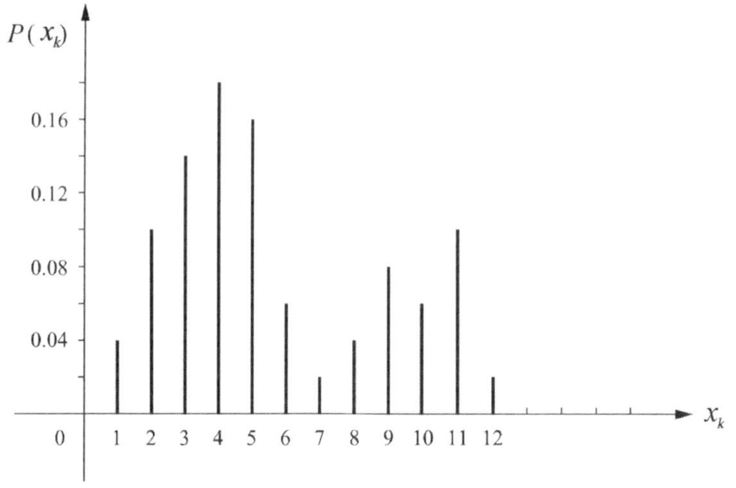


[그림 4-12]

문턱치 산출 요령은 다음과 같다.

i) 확률 $p$의 누적 확률 $p_{ac}$를 계산한다.

ii) 확률 $p$와 변량의 곱 $p(x_k)x_k$에 대한 누적합을 계산한다. 누적합 $\mu_{ac}$

iii) 전체 평균을 구한다. 이때 전체평균 $\mu$는 누적합 $\mu_{ac}$의 최대치이다.

iv) 다음의 통합분산식을 세운다. $\sigma_B^2$은 행렬 형태로 계산된다.

$$\sigma_B^2 = \frac{(\mu p_{ac} - \mu_{ac})^2}{p_{ac}(1-p_{ac})}$$

v) $\sigma_B^2$의 최대치를 찾고 그 최대치에 해당하는 색도값을 산출하면 그 값이 문턱치이다.

이상의 요령을 표 4-2 , 표 4-3의 영상 데이터에 적용하여 문턱치를 산출한다. 다음의 표 4-4는 계산순서에 따라 하나씩 표를 완성한 것이다.

| 색도값, $x_k$ | 1 | 2 | 3 | 4 | 5 | 6 | 7 | 8 | 9 | 10 | 11 | 12 | |
|---|---|---|---|---|---|---|---|---|---|---|---|---|---|
| 화소의 수, $n_k$ | 2 | 5 | 7 | 9 | 8 | 3 | 1 | 2 | 4 | 3 | 5 | 1 | |
| 확률, $p(x_k)$ | 0.04 | 0.1 | 0.14 | 0.18 | 0.16 | 0.06 | 0.02 | 0.04 | 0.08 | 0.06 | 0.1 | 0.02 | |
| 누적확률, $p_{ac}$ | 0.04 | 0.14 | 0.28 | 0.46 | 0.62 | 0.68 | 0.7 | 0.74 | 0.82 | 0.88 | 0.98 | 1 | |
| 누적합, $\mu_{ac}$ | 0.04 | 0.24 | 0.66 | 1.38 | 2.18 | 2.54 | 2.68 | 3 | 3.72 | 4.32 | 5.42 | 5.66 | $\mu = 5.66$ |
| 통합분산, ${\sigma_B}^2$ | 0.90 | 2.53 | 4.24 | 6.03 | 7.50 | 7.87 | 7.83 | 7.34 | 5.75 | 4.14 | 0.82 | 0 | |

[표 4-4]

표 4-4의 ${\sigma_B}^2$ 데이터 가운데 최대치가 7.87이고 그에 해당하는 색도값은 6이다. 따라서 색도값 6을 기준으로 색도 1~6까지 하나의 영역, 색도 7~12까지 하나의 영역으로 분할된다.

### 예 제 4-1

다음 그림 4-13 영상의 문턱치를 Ostu방식으로 구하고 문턱치를 기준으로 영상분할 하시오.

| | | | | | | | |
|---|---|---|---|---|---|---|---|
| 3 | 9 | 8 | 9 | 8 | 9 | 8 | 10 |
| 10 | 7 | 2 | 2 | 1 | 1 | 3 | 8 |
| 7 | 2 | 1 | 1 | 1 | 1 | 2 | 9 |
| 8 | 1 | 1 | 2 | 2 | 2 | 5 | 8 |
| 4 | 9 | 6 | 7 | 7 | 7 | 6 | 10 |

(a)

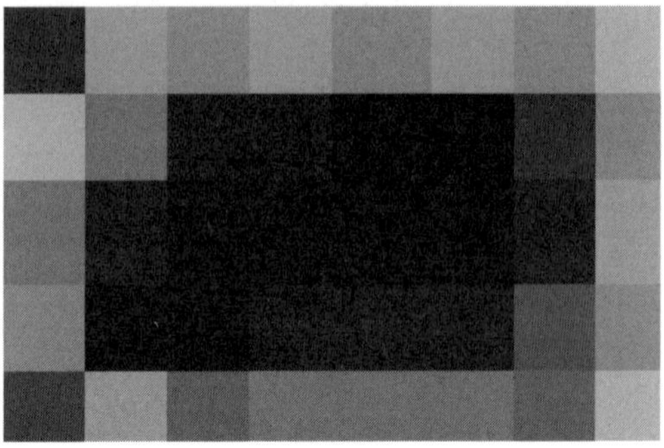

(b)

[그림 4-13]

#### 풀이와 해설

대상 영상의 화소수는 40(개)이다. 색도범위는 0~10이다. Ostu방식에 의해 다음의 표 4-5를 완성해간다.

| 색도값, $x_k$ | 0 | 1 | 2 | 3 | 4 | 5 | 6 | 7 | 8 | 9 | 10 | |
|---|---|---|---|---|---|---|---|---|---|---|---|---|
| 화소의 수, $n_k$ | 0 | 8 | 7 | 2 | 1 | 1 | 2 | 5 | 6 | 5 | 3 | |
| 확률 $p(x_k)$ | 0 | 0.2 | 0.175 | 0.05 | 0.025 | 0.025 | 0.05 | 0.125 | 0.15 | 0.125 | 0.075 | |
| 누적확률, $p_{ac}$ | 0 | 0.2 | 0.375 | 0.425 | 0.45 | 0.475 | 0.525 | 0.65 | 0.8 | 0.925 | 1 | |
| $p(x_k)x_k$ | 0 | 0.2 | 0.35 | 0.15 | 0.1 | 0.125 | 0.3 | 0.875 | 1.2 | 1.125 | 0.75 | |
| 누적합, $\mu_{ac}$ | 0 | 0.2 | 0.55 | 0.7 | 0.8 | 0.925 | 1.225 | 2.1 | 3.3 | 4.425 | 5.175 | $\mu = 5.175$ |
| 통합분산, $\sigma_B^2$ | 0 | 4.36 | 8.25 | 9.2 | 9.44 | 9.43 | 8.93 | 7.02 | 4.41 | 1.89 | 0 | |

[표 4-5]

표 4-5의 $\sigma_B{}^2$ 데이터 가운데 최대치가 9.44이고 그에 해당하는 색도값은 4이다. 따라서 색도값 4를 기준으로 색도 0~4를 하나의 영역으로 묶어 모든 색도를 0으로 처리하고, 색도 5~10을 하나의 영역으로 묶어 5~10 범위에 들어온 색을 모두 10으로 변환한다. 이와 같이 영상 분할된 결과를 그림 4-14에 보였다.

| | | | | | | | |
|---|---|---|---|---|---|---|---|
| 0 | 10 | 10 | 10 | 10 | 10 | 10 | 10 |
| 10 | 10 | 0 | 0 | 0 | 0 | 0 | 10 |
| 10 | 0 | 0 | 0 | 0 | 0 | 0 | 10 |
| 10 | 0 | 0 | 0 | 0 | 0 | 10 | 10 |
| 0 | 10 | 10 | 10 | 10 | 10 | 10 | 10 |

(a)

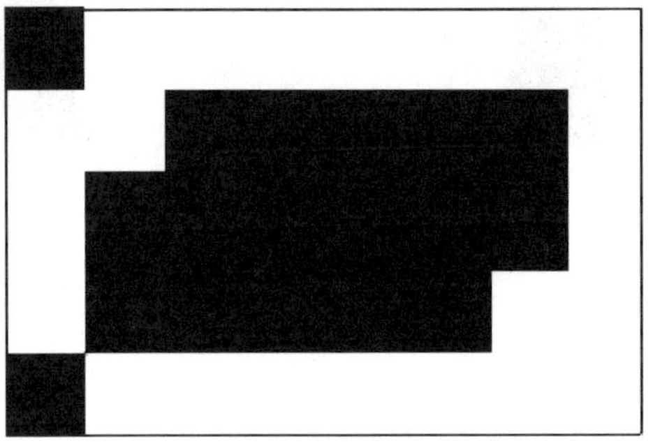

(b)

[그림 4-14]

그림 4-15와 4-16은 Ostu방식에 의해 문턱치 영역 분할한 결과이다. 그림 4-15는 Ostu 방식의 문턱치에 의한 영역분할의 한계를 보여준다. 그림 4-16은 그런대로 영역분할이 성공한 경우이다.

(a) 대상영상

(b) 대상영상의 히스토그램

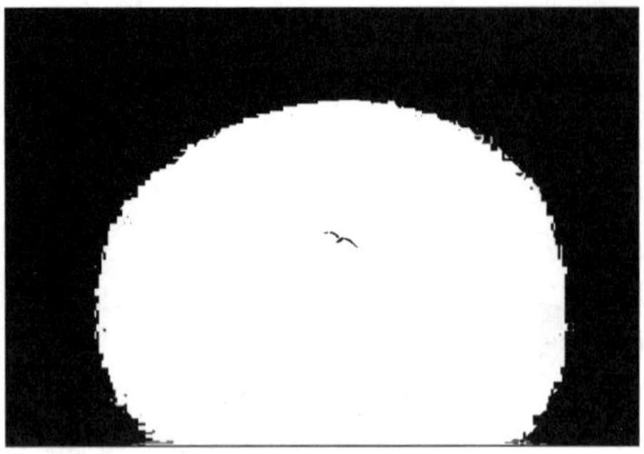

(c) Ostu 방식에 의한 영상분할(문턱치: 133)

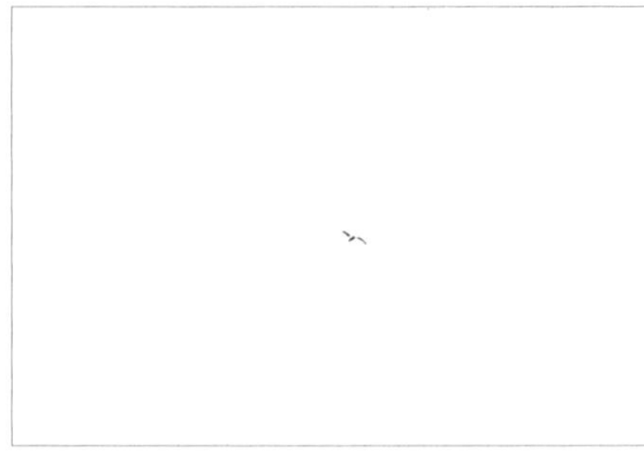

(d) 문턱치 30 으로 임의 처리한 결과

[그림 4-15]

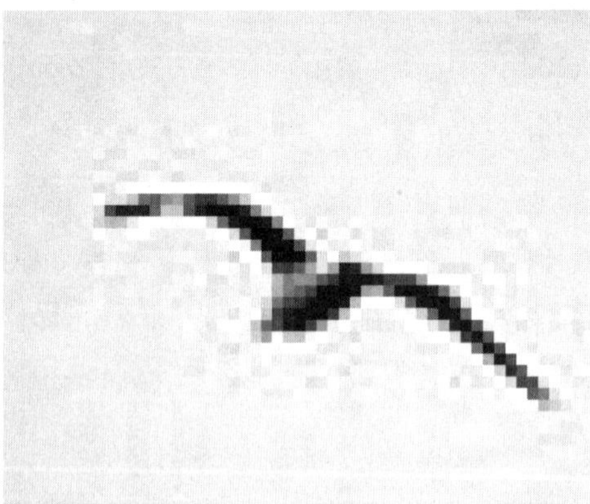

(a) 대상영상

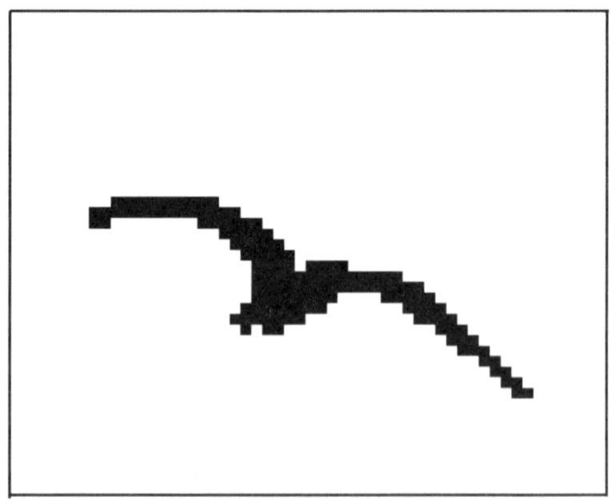

(b) Ostu 방식에 의한 영상분할(문턱치: 147)

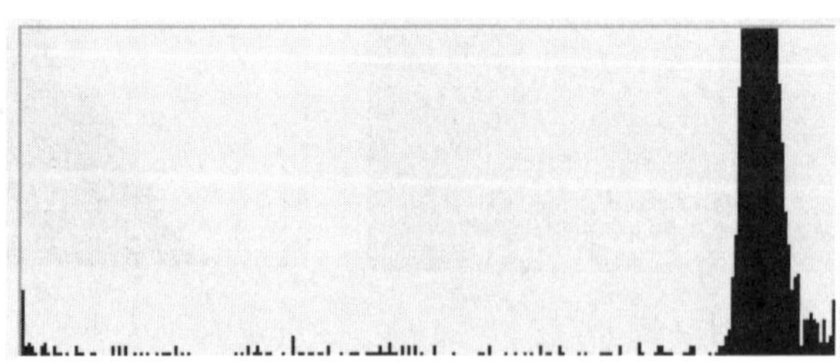

(c) 대상영상의 히스토그램

[그림 4-16]

## Matlab

Ostu에 의한 문턱치 처리는 Matlab 함수 graythresh와 im2bw로 실행한다.

level = graythresh (영상) : 문턱치를 계산한다.

y = im2bw (영상, level) : 문턱치 level 로 영상을 이진영상으로 처리한다.

[프로그램 및 결과]

Program

```
% ==========================================================
% 파일명:  PR_3_8.m
% 용도: 문턱치 처리에 의한 밝기 분할
%     graythresh로 문턱치를 찾고 im2bw로 문턱치처리하여
%     이진영상으로 만든다.
% ==========================================================
clear,clc
x = imread('pout.tif');  % 영상불러오기
level = graythresh(x);    % 영상의 문턱치를 구한다.
y=im2bw(x,level);         % 문턱치처리
figure,subplot(121),imshow(x),subplot(122),imshow(y)
```

Result

문턱치 처리전

문턱치 처리후

PR_3_8

### 문턱치를 기준으로 한 색도분할구도

앞의 변환곡선에 의한 영상처리에서 대상영상의 색도값을 함수변환에 의해 새로운 색을 부여할 수 있음을 공부하였다. 문턱치를 기준으로 한 색도 분할도 일종의 변환곡선에 의한 함수 변환이다. 함수변환은 그림 4-4의 형태가 된다. 보다 구체적으로 설명하기 위해 그림 4-17에 다시 제시하였다.

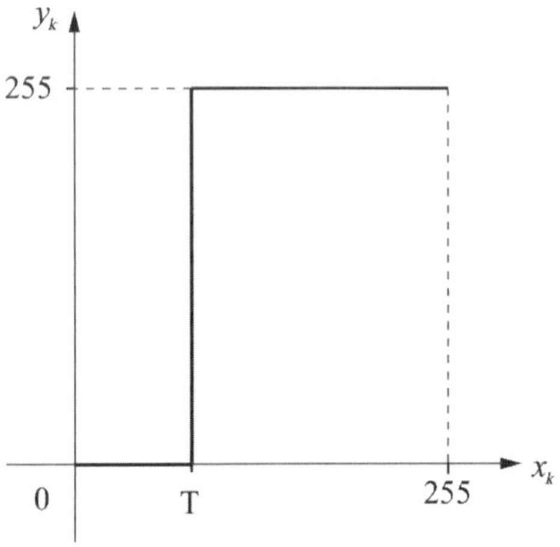


(a)

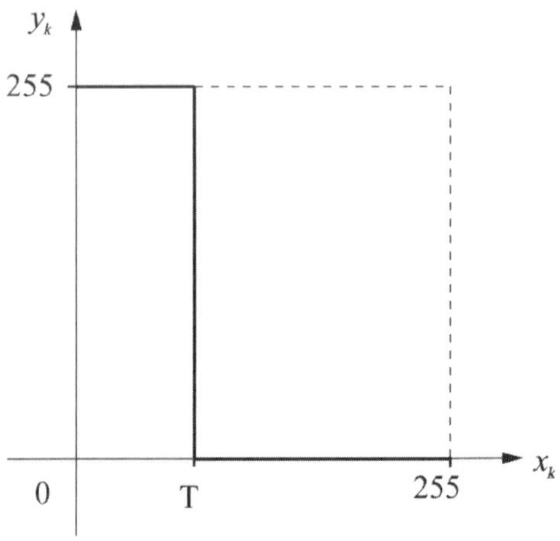


(b)

[그림 4-17]

문턱치 T가 산출된 이후에 그림 4-17(a)는 T보다 작은 대상영상화소의 색도값을 모두 0으로 처리하여 검정색이 되게 하고 T이상인 영상화소의 색도값을 모두 255로 변환시켜 흰색으로 만든다.

반면에 그림 4-17(b)는 T보다 작은 화소의 색도값을 모두 255로 바꿔서 흰색으로 보이게 하고 T보다 큰 화소의 색도값은 모두 0으로 바꿔서 그곳이 검정색으로 보이게 한다.

이러한 문턱치를 기준으로 한 분할논리는 반드시 그림 4-17과 같은 극단적 형태만을 취할 필요는 없다. 경우에 따라서 그림 4-18과 같이 다양하게 하기도 한다.

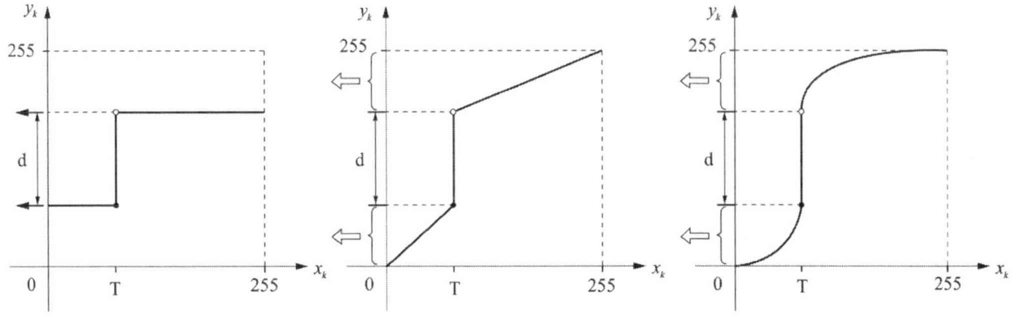


(a) (b)

[그림 4-18]

그림 4-18(a) : 각 영역을 단일 색도값으로 처리하되 색도차이를 다소 줄인다.

그림 4-18(b) : 두 영역 사이에 색도차이를 d만큼 벌리면서 각 영역에 완만한 색도변화를 유지케 한다.

그림 4-18(c) : 두 영역 사이에 d만큼 색도차이를 주어 대비시키고 각 영역은 완만한 색도변화를 갖게 하되 어두운 영역은 어두움의 강도가 진하게 밝은 영역은 밝음의 강도가 보다 진하게 만든다.

그림 4-18 모두 문턱치 T 자체에서는 어두운 부분으로, T보다 크면 밝은 부분으로 가게 하였다.

**보기1**

앞의 예제 4-1 그림 4-13(a) 영상의 문턱치가 4였다. 그림 4-19(b)의 전달 특성에 의해 영상을 처리하였을 때의 결과영상을 구하시오. 그림 4-13(a)는 아래 그림 4-19(a)에 재현시켜 놓았다.

| 3 | 9 | 8 | 9 | 8 | 9 | 8 | 10 |
|---|---|---|---|---|---|---|---|
| 10 | 7 | 2 | 2 | 1 | 1 | 3 | 8 |
| 7 | 2 | 1 | 1 | 1 | 1 | 2 | 9 |
| 8 | 1 | 1 | 2 | 2 | 2 | 5 | 8 |
| 4 | 9 | 6 | 7 | 7 | 7 | 6 | 10 |

(a) 영상

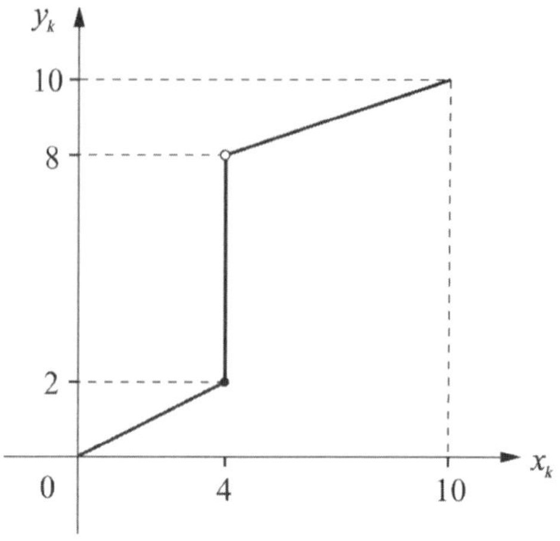


(b) 변환곡선

[그림 4-19]

### 풀 이

그림 4-19(b)의 변환곡선은 모두 세 구간으로 나누어진다.

i) $x_k = 4$ 이면 그 값 4는 모두 2로 바꾼다. 즉 $y_k = 2$이다.

ii) $x_k = 0 \sim 4$구간에서 $y_k = \frac{1}{2}x_k$이다. 즉 $x_k = \{1, 2, 3\}$은 각각 $\left\{\frac{1}{2}, 1, \frac{3}{2}\right\}$이 된다. 결과를 반올림 하면 $y_k = \{1, 1, 2\}$이다.

iii) $x_k = 5 \sim 10$구간에서는 $y_k = \frac{1}{3}x_k + \frac{20}{3}$이다. 따라서 $x_k = \{5, 6, 7, 8, 9, 10\}$은 각각, $\{8.3, 8.7, 9, 9.3, 9.7, 10\}$이다. 결과를 반올림하면 $y_k = \{8, 9, 9, 9, 10, 10\}$이다.

계산결과를  표 1에 정리하였다.

| $x_k$ | 1 | 2 | 3 | 4 | 5 | 6 | 7 | 8 | 9 | 10 |
|---|---|---|---|---|---|---|---|---|---|---|
| $y_k$ | 1 | 1 | 2 | 2 | 8 | 9 | 9 | 9 | 10 | 10 |

[표 1]

표 1의 변환표에 근거하여 그림 4-19(a) 대상영상을 처리한다(그림 4-20).

| 2 | 10 | 9 | 10 | 9 | 10 | 9 | 10 |
|---|---|---|---|---|---|---|---|
| 10 | 9 | 1 | 1 | 1 | 1 | 2 | 9 |
| 9 | 1 | 1 | 1 | 1 | 1 | 1 | 10 |
| 9 | 1 | 1 | 1 | 1 | 1 | 8 | 9 |
| 2 | 9 | 9 | 9 | 9 | 9 | 9 | 10 |

[그림 4-20]

### 예 제 4-2

앞의 보기 1 그림 4-19(a)의 대상영상을 그림 4-21의 변환곡선에 의해 점처리 하시오. 문턱치 T=4이다. 변환곡선의 곡선구간은 모두 2차 곡선이다. 점처리한 결과를 영상으로 나타내시오.

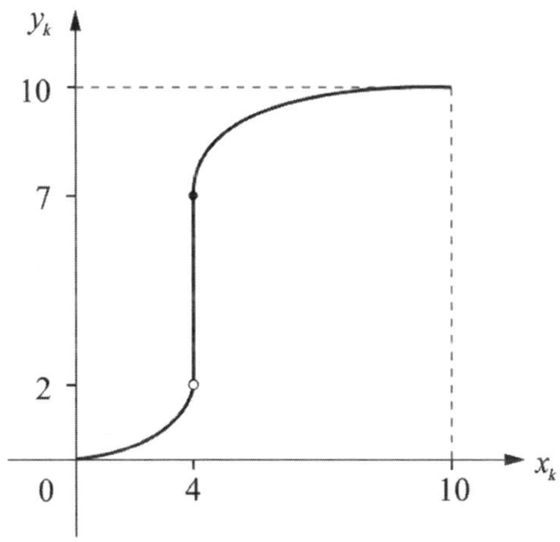


[그림 4-21]

#### 풀이와 해설

그림 4-21 변환곡선을 세 구간으로 나눈다.

i) $x_k = 4$에서는 $y_k = 7$이다.

ii) $x_k = 0 \sim 3$구간이 2차 곡선이므로 $y_k = ax_k^2$에서 (4, 2)를 대입하여 a를 구한다.

$y_k = \frac{1}{8}x_k^2$ 이므로 $x_k = \{1, 2, 3\}$을 대입하여 $\left\{\frac{1}{8}, \frac{1}{2}, \frac{9}{8}\right\}$를 얻고, 이를 반올림하면 $y_k = \{0, 1, 1\}$이다.

iii) $x_k = 5 \sim 10$구간도 2차곡선이므로 $y_k = ax_k^2 + b$ 에 (4, 7)과 (10, 10)을 대입하여 a와 b를 계산한다. $y_k = -\frac{1}{12}(x_k - 10)^2 + 10$ 이므로 $x_k = \{5, 6, 7, 8, 9, 10\}$을 대입하여 {7.9, 8.7, 9.3, 9.7, 9.9, 10}을 얻고, 이를 반올림하면 $y_k = \{8, 9, 9, 10, 10, 10\}$이다.

계산 결과를 표 1에 정리하였다.

| $x_k$ | 1 | 2 | 3 | 4 | 5 | 6 | 7 | 8 | 9 | 10 |
|---|---|---|---|---|---|---|---|---|---|---|
| $y_k$ | 0 | 1 | 1 | 7 | 8 | 9 | 9 | 10 | 10 | 10 |

[표 1]

표 1의 변환표에 근거하여 대상영상을 점처리한다. 결과영상을 그림 4-22에 보였다.

| 1 | 10 | 10 | 10 | 10 | 10 | 10 | 10 |
|---|---|---|---|---|---|---|---|
| 10 | 9 | 1 | 1 | 0 | 0 | 1 | 10 |
| 9 | 1 | 0 | 0 | 0 | 0 | 1 | 10 |
| 10 | 0 | 0 | 1 | 1 | 1 | 8 | 10 |
| 7 | 10 | 9 | 9 | 9 | 9 | 9 | 10 |

[그림 4-22]

# 연 습 문 제

1. 그림 4-23 영상데이터에 대하여 물음에 답하시오. 영상색도한계는 10이다.

| | | | | | | | | | |
|---|---|---|---|---|---|---|---|---|---|
| 1 | 2 | 2 | 1 | 3 | 1 | 1 | 1 | 3 | 3 |
| 3 | 2 | 5 | 8 | 9 | 9 | 9 | 6 | 8 | 2 |
| 3 | 7 | 2 | 10 | 10 | 9 | 9 | 8 | 6 | 1 |
| 4 | 2 | 8 | 8 | 7 | 10 | 9 | 9 | 8 | 1 |
| 1 | 2 | 1 | 4 | 4 | 1 | 1 | 2 | 2 | 1 |

[그림 4-23]

(1) 영상의 히스토그램과 확률분포그래프를 그리시오.

(2) 표 1의 변환표에 근거하여 점처리하였을 때 결과 영상을 구하시오.

| $x_k \rightarrow y_k$ | |
|---|---|
| 3 | 6 |
| 4 | 7 |
| 1 | 0 |

[표 1]

(3) 앞의 문제(2)를 수행하기 위한 프로그램을 작성하시오.

2. 문제 1의 그림 4-23 영상을 그림 4-24의 변환곡선에 의해 점처리 할 경우 결과 영상을 보이시오.

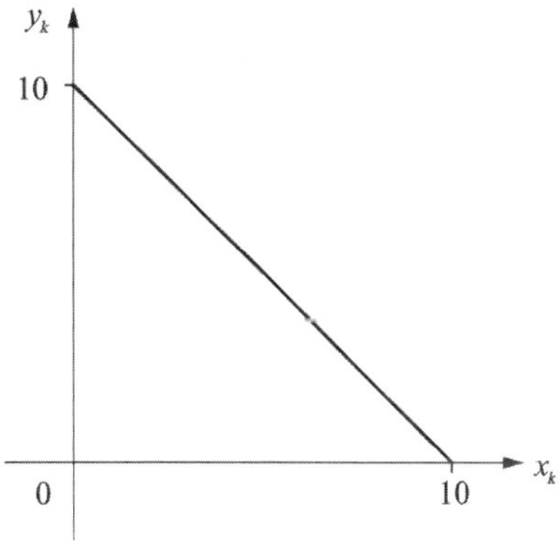


[그림 4-24]

3. 아래 그림 4-25 변환곡선에 의한 점처리를 문제 2와 같이 실시하시오.

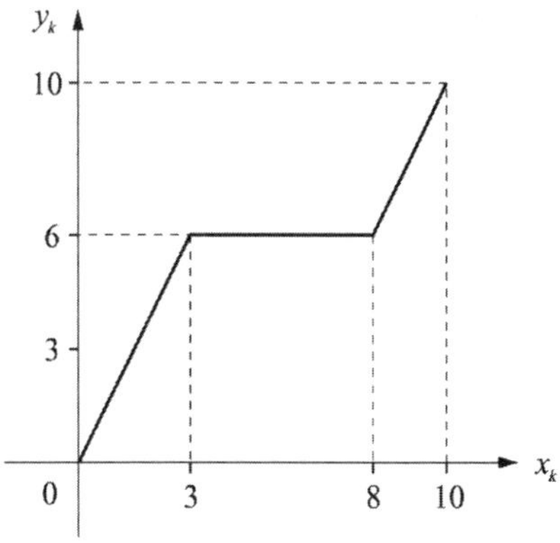


[그림 4-25]

4. $y_k = T(x_k) = -\frac{1}{10}(x_k - 10)^2 + 10$,

인 함수로 그림 4-23 영상을 점처리 하고 그 결과를 그림으로 나타내시오.

5. Ostu기법으로 그림 4-23 영상의 문턱치를 산출하고 문턱치 처리에 따른 영역분할 영상을 제시하시오.

## 해 답

1. (1)

| 색도값, $x_k$ | 1 | 2 | 3 | 4 | 5 | 6 | 7 | 8 | 9 | 10 |
|---|---|---|---|---|---|---|---|---|---|---|
| 화소수, $n_k$ | 12 | 9 | 5 | 3 | 1 | 2 | 2 | 6 | 7 | 3 |
| 확률, $p(x_k)$ | 0.24 | 0.18 | 0.1 | 0.06 | 0.02 | 0.04 | 0.04 | 0.12 | 0.14 | 0.06 |

[표 2]

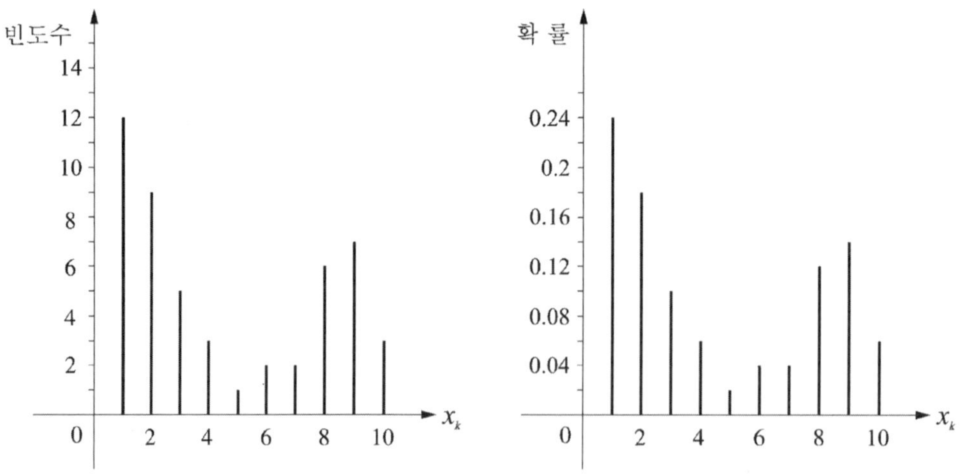


(a) 히스토그램 (b) 확률분포 그래프

[그림 4-26]

(2)

(a) 점처리 결과 영상

| | | | | | | | | | |
|---|---|---|---|---|---|---|---|---|---|
| 0 | 2 | 2 | 0 | 6 | 0 | 0 | 0 | 6 | 6 |
| 6 | 2 | 5 | 8 | 9 | 9 | 9 | 6 | 8 | 2 |
| 6 | 7 | 2 | 10 | 10 | 9 | 9 | 8 | 6 | 0 |
| 7 | 2 | 8 | 8 | 7 | 10 | 9 | 9 | 8 | 0 |
| 0 | 2 | 0 | 7 | 7 | 0 | 0 | 2 | 2 | 0 |

(b) 점처리 결과 영상 데이터

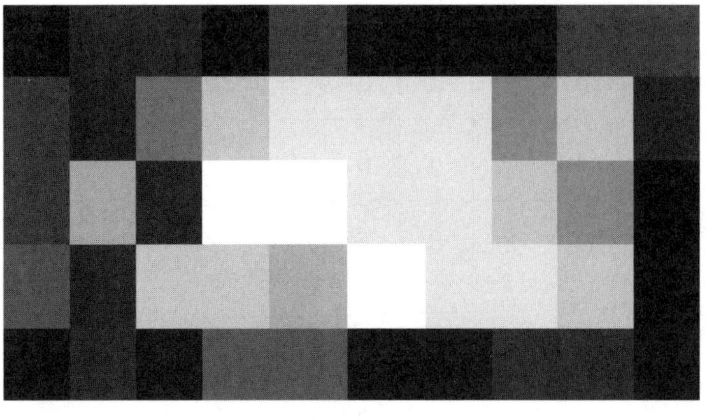

(c) 대상영상

[그림 4-27]

2. $y_k = -x_k + 10$

| | | | | | | | | | |
|---|---|---|---|---|---|---|---|---|---|
| 9 | 8 | 8 | 9 | 7 | 9 | 9 | 9 | 7 | 7 |
| 7 | 8 | 5 | 2 | 1 | 1 | 1 | 4 | 2 | 8 |
| 7 | 3 | 8 | 0 | 0 | 1 | 1 | 2 | 4 | 9 |
| 6 | 8 | 2 | 2 | 3 | 0 | 1 | 1 | 2 | 9 |
| 9 | 8 | 9 | 6 | 6 | 9 | 9 | 8 | 8 | 9 |

[그림 4-28]

3. 변환표 작성

| $x_k$ | 1 | 2 | 3 | 4 | 5 | 6 | 7 | 8 | 9 | 10 |
|---|---|---|---|---|---|---|---|---|---|---|
| $y_k$ | 2 | 4 | 6 | 6 | 6 | 6 | 6 | 6 | 8 | 10 |

[표 3]

| | | | | | | | | | |
|---|---|---|---|---|---|---|---|---|---|
| 2 | 4 | 4 | 2 | 6 | 2 | 2 | 2 | 6 | 6 |
| 6 | 4 | 6 | 6 | 8 | 8 | 8 | 6 | 6 | 4 |
| 6 | 6 | 4 | 10 | 10 | 8 | 8 | 6 | 6 | 2 |
| 6 | 4 | 6 | 6 | 6 | 10 | 8 | 8 | 6 | 2 |
| 2 | 4 | 2 | 6 | 6 | 2 | 2 | 4 | 4 | 2 |

[그림 4-29]

4. 변환표 작성

| $x_k$ | 1 | 2 | 3 | 4 | 5 | 6 | 7 | 8 | 9 | 10 |
|---|---|---|---|---|---|---|---|---|---|---|
| $-\frac{(x_k-10)^2}{10}+10$ | 1.9 | 3.6 | 5.1 | 6.4 | 7.5 | 8.4 | 9.1 | 9.6 | 9.9 | 10 |
| $y_k$ | 2 | 4 | 5 | 6 | 8 | 8 | 9 | 10 | 10 | 10 |

[표 4]

| | | | | | | | | | |
|---|---|---|---|---|---|---|---|---|---|
| 2 | 4 | 4 | 2 | 5 | 2 | 2 | 2 | 5 | 5 |
| 5 | 4 | 8 | 10 | 10 | 10 | 10 | 8 | 10 | 4 |
| 5 | 9 | 4 | 10 | 10 | 10 | 10 | 10 | 8 | 2 |
| 6 | 4 | 10 | 10 | 9 | 10 | 10 | 10 | 10 | 2 |
| 2 | 4 | 2 | 6 | 6 | 2 | 2 | 4 | 4 | 2 |

[그림 4-30]

5. 문턱치 $T=5$

| | | | | | | | | | |
|---|---|---|---|---|---|---|---|---|---|
| 0 | 0 | 0 | 0 | 0 | 0 | 0 | 0 | 0 | 0 |
| 0 | 0 | 0 | 10 | 10 | 10 | 10 | 10 | 10 | 0 |
| 0 | 10 | 0 | 10 | 10 | 10 | 10 | 10 | 10 | 0 |
| 0 | 0 | 10 | 10 | 10 | 10 | 10 | 10 | 10 | 0 |
| 0 | 0 | 0 | 0 | 0 | 0 | 0 | 0 | 0 | 0 |

[그림 4-31]

# 제 5 장 마스크 처리 (Mask Process)

## 들어가는 말

제 4장의 점처리는 영상을 구성하는 화소 각각에 대하여 처리하는 것이라면 마스크 처리는 영상에 마스크를 씌워서 마스크 안에서 처리하는 것이다. 마스크는 통상 창(window), 블록(block) 등의 용어로도 사용된다. 3×3 행렬이나 4×4 행렬과 같은 행렬형태를 마스크라 한다. 마스크 처리는 마스크를 씌우고 전체 영상에 대하여 좌에서 우로 위에서 아래로 화소 하나씩 옮겨 가면서 마스크의 숫자와 마스크에 씌워진 대상영상구간 각 화소의 숫자를 곱하거나 더하거나 통계처리하거나 하여 값을 구한다. 마스크 계산 값은 마스크를 끌고 가고 있는 현재 고려중인 화소(current pixel)값을 대치한다. 현재 고려중인 화소는 대개 마스크의 중심에 자리 잡고 있는 화소인 경우가 대부분인데 경우에 따라서는 반드시 그러하지는 않다. 현재고려중인화소는 중심화소(center pixel), 또는 seed라고도 불린다.

### 내 용

## 5.1 마스크 처리는 어떻게 하는 것인가?

**기 법** : 그림 5-1과 같은 마스크를 발생시켜 마스크 내부를 구성하는 화소들의 값과 마스크가 얹혀있는 영상의 화소값과 서로 곱하여 마스크를 이끄는 중심화소값을 변경한다. 주변을 계산하여 중심화소값만 바꾼다. 마스크는 사용목적에 따라 다양한 크기와 형태를 갖는다.

| | | |
|---|---|---|
| -1 | 0 | -1 |
| 0 | 4 | 0 |
| -1 | 0 | -1 |

(a) (3×3)마스크

| | | | |
|---|---|---|---|
| $\frac{1}{12}$ | $\frac{1}{12}$ | $\frac{1}{12}$ | $\frac{1}{12}$ |
| $\frac{1}{12}$ | $\frac{1}{12}$ | $\frac{1}{12}$ | $\frac{1}{12}$ |
| $\frac{1}{12}$ | $\frac{1}{12}$ | $\frac{1}{12}$ | $\frac{1}{12}$ |
| $\frac{1}{12}$ | $\frac{1}{12}$ | $\frac{1}{12}$ | $\frac{1}{12}$ |

(b) (4×4)마스크

[그림 5-1]

**수 식** : 화소의 위치$(i, j)$에 대하여 입력영상 $x(i, j)$와 출력영상 $y(i, j)$는 다음의 관계가 있다.

$$y(i, j) = \sum_{p=-a}^{a} \sum_{q=-b}^{b} M(p, q)x(i+p,\ j+q) \tag{5.1}$$

여기서 $M(p, q)$는 마스크이다. $p$와 $q$는 그림 5-2에서 보는 바와 같이 마스크 구성화소의 위치이며 중앙의 화소가 현재 고려중인 화소(current pixel)이다. 그 화소 위치는 (0, 0)이다.

| (-2,-2) | (-2,-1) | (-2,0) | (-2,1) | (-2,2) |
|---|---|---|---|---|
| (-1,-2) | (-1,-1) | (-1,0) | (-1,1) | (-1,2) |
| (0,-2) | (0,-1) | (0,0) current pixel | (0,-1) | (0,-2) |
| (1,-2) | (1,-1) | (1,0) | (1,1) | (1,2) |
| (2,-2) | (2,-1) | (2,0) | (2,1) | (2,2) |

[그림 5-2]

**마스크 처리** : 그림 5-3에 마스크를 씌운 후 계산하는 방법을 보이고 있다. 마스크 화소값과 마스크가 씌워진 영상의 화소값을 서로 곱한 후 모두 더한다. 그 값으로 현재 고려중인 화소의 값을 바꾼다. 이때 0보다 작으면 0으로, 255보다 작으면 255로 처리한다. 또는 마스크 처리를 모두 마친 후 최소값과

| -1 | 0 | -1 |
|---|---|---|
| 0 | 4 | 0 |
| -1 | 0 | -1 |

| 2 | 32 | -1 25 | 0 68 | -1 96 | 102 |
|---|---|---|---|---|---|
| 33 | 0 | 0 255 | 4 204 | 0 77 | 71 |
| 24 | 54 | -1 56 | 0 21 | -1 14 | 25 |
| 89 | 75 | 23 | 65 | 48 | 25 |
| 34 | 25 | 23 | 69 | 85 | 112 |
| 222 | 202 | 12 | 48 | 75 | 36 |

25×(-1)+68×0+96×(-1)
+255×0+204×4+77×0
+56×(-1)+21×0+14×(-1)
= 625
즉 204가 625로 바뀐다.
625는 255보다 크므로
255로 처리한다.

[그림 5-3]

최대값을 구하여 최소값과 최대값 간격을 0~255로 조정할 수도 있다. 가령 마스크 처리를 모두 마친 출력영상의 최소값이 -120이고 최대값이 625이면 스트레칭 처리 시와 동일하게

$$\text{변환 후 값} = [\text{변화 전 값} - (-120)] \times \frac{255}{625-(-120)}$$

로서 균일하게 처리된다. 그리고 계산 결과가 소수점이 나오면 반올림하여 정수로 처리한다.

마스크처리는 그림 5-4에서 보는 바와 같이 영상 전체 화소에 걸쳐 진행한다. 영상데이터가 백만 화소이면 마스크 계산은 백만 번이다. 가로축으로 계산해가면서 다시 한 칸 세로로 내려와 가로축으로 계산한다. 따라서 화소수가 많을수록 계산량은 엄청나다.

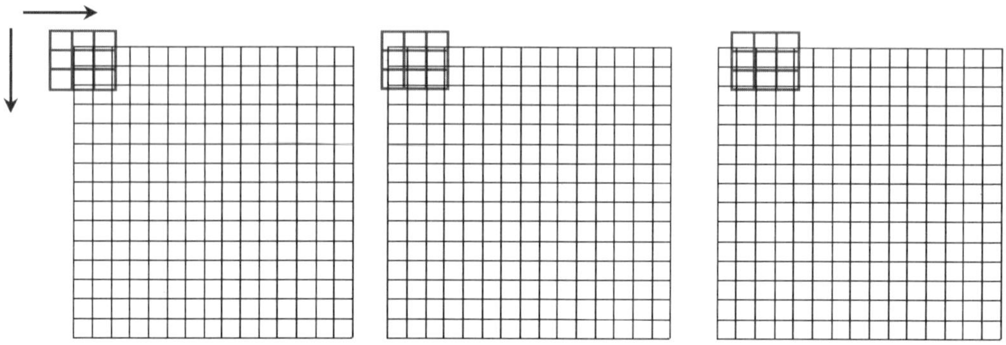

[그림 5-4]

마스크 처리 진행시 의문되는 점은 모서리나 외곽부분이다. 이곳들은 마스크가 모두 씌워지지 않으므로 식 (5.1)을 그대로 적용할 수 없다. 이 경우는 마스크의 요구조건에 따라 계산한다. 예를 들어 평균 처리하는 마스크라면 마스크가 씌워진 부분만을 계산에 넣는다. 미분처리인 경우도 마찬가지로 마스크가 올려진 화소들만으로 계산한다. 따라서 프로그램 작성 시 이 부분은 별도로 고려해야 한다.

**보기1**

그림 5-5 (a) 마스크를 사용하여 그림 5-5(b) 대상 영상을 처리하는 요령을 살펴보도록 하자. 계산 요령은 간단한데 조금 복잡한 것이 흠이니, 차근차근 기법을 익혀가면 이해하기 어렵지 않다. 여기서는 편의상 외곽이나 모서리 부분은 계산하지 않는 것으로 하겠다. 혼란을 피하기 위해서이다. 마스크 전체가 씌워지는 부분에 한해서만 계산하도록 한다.

| -1 | 0 | -1 |
|---|---|---|
| 0 | 4 | 0 |
| -1 | 0 | -1 |

(a) 마스크

| 2 | 32 | 25 | 68 | 96 | 102 |
|---|---|---|---|---|---|
| 33 | 0 | 255 | 204 | 77 | 71 |
| 24 | 54 | 26 | 89 | 45 | 10 |
| 11 | 36 | 25 | 124 | 121 | 187 |
| 90 | 45 | 25 | 36 | 64 | 87 |
| 52 | 200 | 12 | 15 | 78 | 36 |

(b) 대상영상

[그림 5-5]

## 풀 이

마스크를 씌워 계산하는 요령을 아래 그림을 통해 살펴본다.

마스크 위치

| 2×(-1) | 32×0 | 25×(-1) | 68 | 96 | 102 |
|---|---|---|---|---|---|
| 33×0 | 0×4 | 255×(-1) | 204 | 77 | 71 |
| 24×(-1) | 54×0 | 26×(-1) | 89 | 45 | 10 |
| 11 | 36 | 25 | 124 | 121 | 187 |
| 90 | 45 | 25 | 36 | 64 | 87 |
| 52 | 200 | 12 | 15 | 78 | 36 |

계산

2×(-1)+32×0+25×(-1)+33×0+0×4+255×(-1)+24×(-1)+54×0+26×(-1) = -334

결과

| - | - | - | - | - | - |
|---|---|---|---|---|---|
| - | **-334** | 255 | 204 | 77 | - |
| - | 54 | 26 | 89 | 45 | - |
| - | 36 | 25 | 124 | 121 | - |
| - | 45 | 25 | 36 | 64 | - |
| - | - | - | - | - | - |

| 2 | 32×(-1) | 25×0 | 68×(-1) | 96 | 102 |
|---|---|---|---|---|---|
| 33 | 0×0 | 255×4 | 204×0 | 77 | 71 |
| 24 | 54×(-1) | 26×0 | 89×(-1) | 45 | 10 |
| 11 | 36 | 25 | 124 | 121 | 187 |
| 90 | 45 | 25 | 36 | 64 | 87 |
| 52 | 200 | 12 | 15 | 78 | 36 |

32×(-1)+25×0+68×(-1)+0×0+255×4+204×0+54×(-1)+26×0+89×(-1) = 777

| - | - | - | - | - | - |
|---|---|---|---|---|---|
| - | 0 | **777** | 204 | 77 | - |
| - | 54 | 26 | 89 | 45 | - |
| - | 36 | 25 | 124 | 121 | - |
| - | 45 | 25 | 36 | 64 | - |
| - | - | - | - | - | - |

| 2 | 32 | 25×(-1) | 68×0 | 96×(-1) | 102 |
|---|---|---|---|---|---|
| 33 | 0 | 255×0 | 204×4 | 77×0 | 71 |
| 24 | 54 | 26×(-1) | 89×0 | 45×(-1) | 10 |
| 11 | 36 | 25 | 124 | 121 | 187 |
| 90 | 45 | 25 | 36 | 64 | 87 |
| 52 | 200 | 12 | 15 | 78 | 36 |

25×(-1)+68×0+96×(-1)+255×0+204×4+77×0+26×(-1)+89×0+45×(-1) = 624

| - | - | - | - | - | - |
|---|---|---|---|---|---|
| - | 0 | 255 | **624** | 77 | - |
| - | 54 | 26 | 89 | 45 | - |
| - | 36 | 25 | 124 | 121 | - |
| - | 45 | 25 | 36 | 64 | - |
| - | - | - | - | - | - |

| 2 | 32 | 25 | 68×(-1) | 96×0 | 102×(-1) |
|---|---|---|---|---|---|
| 33 | 0 | 255 | 204×0 | 77×4 | 71×0 |
| 24 | 54 | 26 | 89×(-1) | 45×0 | 10×(-1) |
| 11 | 36 | 25 | 124 | 121 | 187 |
| 90 | 45 | 25 | 36 | 64 | 87 |
| 52 | 200 | 12 | 15 | 78 | 36 |

68×(-1)+96×0+102×(-1)+204×0+77×4+71×0+89×(-1)+45×0+10×(-1) = 39

| - | - | - | - | - | - |
|---|---|---|---|---|---|
| - | 0 | 255 | 204 | **39** | - |
| - | 54 | 26 | 89 | 45 | - |
| - | 36 | 25 | 124 | 121 | - |
| - | 45 | 25 | 36 | 64 | - |
| - | - | - | - | - | - |

| 2 | 32 | 25 | 68 | 96 | 102 |
|---|---|---|---|---|---|
| 33×(-1) | 0×0 | 255×(-1) | 204 | 77 | 71 |
| 24×0 | 54×4 | 26×0 | 89 | 45 | 10 |
| 11×(-1) | 36×0 | 25×(-1) | 124 | 121 | 187 |
| 90 | 45 | 25 | 36 | 64 | 87 |
| 52 | 200 | 12 | 15 | 78 | 36 |

33×(-1)+0×0+255×(-1)+24×0+54×4+26×0+11×(-1)+36×0+25×(-1) = -108

| - | - | - | - | - | - |
|---|---|---|---|---|---|
| - | 0 | 255 | 204 | 77 | - |
| - | **-108** | 26 | 89 | 45 | - |
| - | 36 | 25 | 124 | 121 | - |
| - | 45 | 25 | 36 | 64 | - |
| - | - | - | - | - | - |

[그림 5-6]

그림 5-6과 같은 계산 요령에 의해 계산한 결과를 그림 5-7(a)에 보였다. 영상의 색도가 0~255 이므로 여기서는 0보다 작은 것은 0, 255 보다 큰 것은 모두 255로 처리하여 그림 5-7(b) 영상을 얻었다.

| - | - | - | - | - | - |
|---|---|---|---|---|---|
| - | -334 | 777 | 624 | 39 | - |
| - | -108 | -260 | -122 | -408 | - |
| - | -21 | -124 | 336 | 262 | - |
| - | 80 | -275 | -92 | -106 | - |
| - | - | - | - | - | - |

→ 0 이하는 0, 255 이상은 255 로 처리

| - | - | - | - | - | - |
|---|---|---|---|---|---|
| - | 0 | 255 | 255 | 39 | - |
| - | 0 | 0 | 0 | 0 | - |
| - | 0 | 0 | 255 | 255 | - |
| - | 80 | 0 | 0 | 0 | - |
| - | - | - | - | - | - |

[그림 5-7]

### 예 제 5-1

다음 그림의 마스크를 대상 영상에 마스크 처리 시 결과 영상을 구하시오. 이때 외곽과 모서리 부분은 모두 0으로 처리한다.

| -1 | 0 | -1 |
|---|---|---|
| 0 | 4 | 0 |
| -1 | 0 | -1 |

(a) 마스크

| 50 | 50 | 50 | 50 | 50 | 50 | 200 | 200 | 200 | 200 | 200 | 200 |
|---|---|---|---|---|---|---|---|---|---|---|---|
| 50 | 50 | 50 | 50 | 50 | 50 | 200 | 200 | 200 | 200 | 200 | 200 |
| 50 | 50 | 50 | 50 | 50 | 50 | 200 | 200 | 200 | 200 | 200 | 200 |
| 50 | 50 | 50 | 50 | 50 | 50 | 200 | 200 | 200 | 200 | 200 | 200 |
| 50 | 50 | 50 | 50 | 50 | 50 | 200 | 200 | 200 | 200 | 200 | 200 |
| 50 | 50 | 50 | 50 | 50 | 50 | 200 | 200 | 200 | 200 | 200 | 200 |
| 50 | 50 | 50 | 50 | 50 | 50 | 200 | 200 | 200 | 200 | 200 | 200 |
| 50 | 50 | 50 | 50 | 50 | 50 | 200 | 200 | 200 | 200 | 200 | 200 |

(b) 대상영상

[그림 5-8]

**풀이와 해설**

대상영상은 동일한 색이 지속되다가 어느 경계에서 색이 변한다. 색이 변하는 경계부를 에지(edge)라고 부르는데, 본 예제는 에지 검출에 관한 것이다. 대상영상에 마스크 적용 시 다음 그림 5-9에서 보는 바와 같이 4가지 경우로 나누어진다. 색도값이 일정한 좌우 두 영역, 그리고 색도값이 변하는 두 구역이 그것이다. 색도값이 마스크 내에 일정한 경우는 마스크 처리 결과가 0이다. 좌우 영역 모두 마찬가지이다. 색도값이 달라지는 경계부에서는 값이 계산된다.

| 50 | 50 | 50 | 50 | 50 | 50 | 200 | 200 | 200 | 200 | 200 | 200 |
|---|---|---|---|---|---|---|---|---|---|---|---|
| 50 | 50 | 50 | 50 | 50 | 50 | 200 | 200 | 200 | 200 | 200 | 200 |
| 50 | 50 | 50 | 50 | 50 | 50 | 200 | 200 | 200 | 200 | 200 | 200 |
| 50 | 50 | 50 | 50 | 50 | 50 | 200 | 200 | 200 | 200 | 200 | 200 |
| 50 | 50 | 50 | 50 | 50 | 50 | 200 | 200 | 200 | 200 | 200 | 200 |
| 50 | 50 | 50 | 50 | 50 | 50 | 200 | 200 | 200 | 200 | 200 | 200 |
| 50 | 50 | 50 | 50 | 50 | 50 | 200 | 200 | 200 | 200 | 200 | 200 |
| 50 | 50 | 50 | 50 | 50 | 50 | 200 | 200 | 200 | 200 | 200 | 200 |

| 50 | 50 | 50 |
|---|---|---|
| 50 | 50 | 50 |
| 50 | 50 | 50 |

$$50\times(-1)+50\times(-1)+50\times4+50\times(-1)+50\times(-1) = 0$$

| 200 | 200 | 200 |
|---|---|---|
| 200 | 200 | 200 |
| 200 | 200 | 200 |

$$200\times(-1)+200\times(-1)+200\times4+200\times(-1)+200\times(-1) = 0$$

| 50 | 50 | 200 |
|---|---|---|
| 50 | 50 | 200 |
| 50 | 50 | 200 |

$$50\times(-1)+200\times(-1)+50\times4+50\times(-1)+200\times(-1) = -100$$

| 50 | 200 | 200 |
|---|---|---|
| 50 | 200 | 200 |
| 50 | 200 | 200 |

$$50\times(-1)+200\times(-1)+200\times4+50\times(-1)+200\times(-1) = 300$$

[그림 5-9]

그림 5-9의 계산요령을 영상 전체에 적용하면 그림 5-10이 된다. 이 때 외곽과 모서리 부분은 문제에서 주어진 대로 0으로 처리하였다. 영역의 경계부에 0이 아닌 숫자가 나타난다.(그림 5-10(a))

| 0 | 0 | 0 | 0 | 0 | 0 | 0 | 0 | 0 | 0 | 0 | 0 |
|---|---|---|---|---|---|---|---|---|---|---|---|
| 0 | 0 | 0 | 0 | 0 | 100 | 300 | 0 | 0 | 0 | 0 | 0 |
| 0 | 0 | 0 | 0 | 0 | -100 | 300 | 0 | 0 | 0 | 0 | 0 |
| 0 | 0 | 0 | 0 | 0 | -100 | 300 | 0 | 0 | 0 | 0 | 0 |
| 0 | 0 | 0 | 0 | 0 | -100 | 300 | 0 | 0 | 0 | 0 | 0 |
| 0 | 0 | 0 | 0 | 0 | -100 | 300 | 0 | 0 | 0 | 0 | 0 |
| 0 | 0 | 0 | 0 | 0 | -100 | 300 | 0 | 0 | 0 | 0 | 0 |
| 0 | 0 | 0 | 0 | 0 | 0 | 0 | 0 | 0 | 0 | 0 | 0 |

(a) 마스크 처리 결과

| 0 | 0 | 0 | 0 | 0 | 0 | 0 | 0 | 0 | 0 | 0 | 0 |
|---|---|---|---|---|---|---|---|---|---|---|---|
| 0 | 0 | 0 | 0 | 0 | 0 | 255 | 0 | 0 | 0 | 0 | 0 |
| 0 | 0 | 0 | 0 | 0 | 0 | 255 | 0 | 0 | 0 | 0 | 0 |
| 0 | 0 | 0 | 0 | 0 | 0 | 255 | 0 | 0 | 0 | 0 | 0 |
| 0 | 0 | 0 | 0 | 0 | 0 | 255 | 0 | 0 | 0 | 0 | 0 |
| 0 | 0 | 0 | 0 | 0 | 0 | 255 | 0 | 0 | 0 | 0 | 0 |
| 0 | 0 | 0 | 0 | 0 | 0 | 255 | 0 | 0 | 0 | 0 | 0 |
| 0 | 0 | 0 | 0 | 0 | 0 | 0 | 0 | 0 | 0 | 0 | 0 |

(b) 마스크 처리 결과에 조건을 부여하여 재처리

[그림 5-10]

그림 5-10(a) 결과에 화소 색도값이 0이하인 것을 0으로, 255이상인 것을 255로 하는 조건을 적용하면 그림 5-10(b)와 같이 되어 에지부분만 검출된다. 마스크처리 전과 후의 영상을 그림 5-11에 보였다.

(a) 마스크 처리 전 영상 (b) 마스크 처리 후 영상

[그림 5-11]

그림 5-11(b) 마스크 처리 후 영상에서 에지가 검출되었음을 알 수 있다.

Program

```
% ============================================================
% 파일명: PR_5_1.m
% 용도: Masking 처리의 기초 연산.  여기서는 3*3 마스크를 사용
% 주의점: 읽어들이는 영상의 array 형식이 서로 맞지 않으면
%         행렬 연산이 되지 않는다.
% ============================================================
clear,clc
a=imread('pout.tif');
x=double(a);   % image read, double array 로 변환하여 읽음
% Mask 설정
m=[0    1    0;
   1   -4    1;
   0    1    0];   % Laplacian Masking; edge 검출
s=size(x);
sx=s(1,1);sy=s(1,2);
for i=1:(sx-2)  % 이미지의 범위를 설정.외곽부위는 처리하지 않는다.
    for j=1:(sy-2)
        x1(i+1,j+1)=sum(sum(x(i:i+2,j:j+2).*m)); % Masking 과정
    end
end
% x1은 double로서 그대로 영상으로 보이면, 0보다 작은 것은 모두 검정
% 1보다 큰 것은 모두 백색으로 나타낸다. 결국 흑백 이진영상으로
% 나타남
figure,subplot(121),imshow(a),subplot(122),imshow(x1)
```

Result

처리전

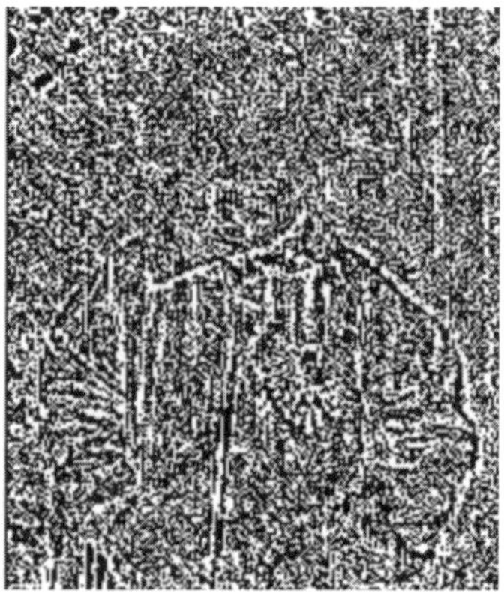

처리후

PR_5_1

## 5.2 여러 가지 마스크 처리

마스크 처리에 의해 다양한 형태로 영상을 처리 할 수 있다. 여기서는 그 가운데 대표적인 몇 가지만을 소개한다.

(1) 양각효과(Embossing): 마치 알루미늄 금박판을 무늬에 따라 문지른 것과 같은 효과를 보이는 처리기법으로서 영상 데이터의 색도 변화를 반영한다.
그림 5-12에 사용하는 마스크와 처리 전후 영상의 상태를 보였다.

| -1 | 0 | 0 |
|---|---|---|
| 0 | 0 | 0 |
| 0 | 0 | 1 |

(a) 마스크 (b) 처리전 영상 (c) 처리후 영상

[그림 5-12]

(2) 흐림처리(Blurring): 마스크 처리를 통해 영상을 흐리게, 마치 안개 낀 것처럼 주변이 뭉개진 것처럼 처리한다. 책에 따라 Smoothing, 평균필터(Averaging filter), 저역통과 필터(Low pass filter) 또는 중간값 필터(Median filter) 등과 유사한 성질로 함께 불리워진다.
그림 5-13은 흐림 마스크와 평균 및 가우스 분포 함수 곡선을 보이고 있다.
여기서 가우스 함수는

$$G(i,j) = \frac{1}{2\pi\sigma^2} exp(-\frac{-(i^2+j^2)}{2\sigma^2}) \tag{5.2}$$

이다. 마스크의 중앙을 중심으로 외곽으로 퍼져가는 숫자들이 가우스 함수 형태를 취하기 때문에 붙여진 이름이다.

| | | |
|---|---|---|
| $\frac{1}{9}$ | $\frac{1}{9}$ | $\frac{1}{9}$ |
| $\frac{1}{9}$ | $\frac{1}{9}$ | $\frac{1}{9}$ |
| $\frac{1}{9}$ | $\frac{1}{9}$ | $\frac{1}{9}$ |

| | | |
|---|---|---|
| $\frac{1}{16}$ | $\frac{1}{8}$ | $\frac{1}{16}$ |
| $\frac{1}{8}$ | $\frac{1}{4}$ | $\frac{1}{8}$ |
| $\frac{1}{16}$ | $\frac{1}{8}$ | $\frac{1}{16}$ |

(a) Blurring 마스크

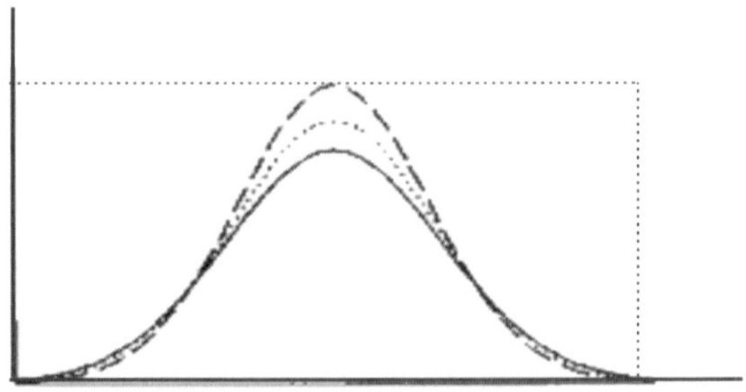

(b) 평균 및 가우시안 필터 함수

[그림 5-13]

| | | |
|---|---|---|
| 1 | 1 | 1 |
| 1 | 1 | 1 |
| 1 | 1 | 1 |

[그림 5-14]

① 평균 필터 : 마스크의 현재 고려중인 화소값이 마스크가 씌워진 (그림 5-14) 구간의 숫자를 모두 더하여 평균을 취한 것과 같다. 대상영상에서 마스크가 씌워지는 부분을 $M(i,j)$라 하고 마스크 화소개수를 $m$이라 할 때 현재 고려중인 화소값 $S$는

$$S = \frac{1}{m}\sum M(i,j) \tag{5.3}$$

이다. 그림 5-15에 마스크의 크기를 증가시키면서 흐림 효과가 진행됨을 보였다.

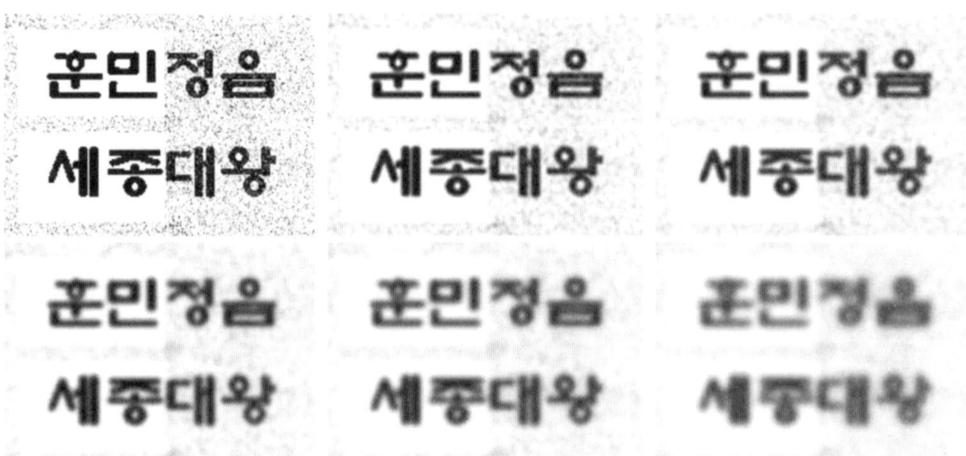


[그림 5-15]

② 가우시안 필터 : 식 (5.2)의 가우스분포 마스크를 사용하여 흐림처리 한다. 마스크의 입체 형태와 마스크 크기 증가에 따른 흐림효과를 그림 5-16에 보였다.

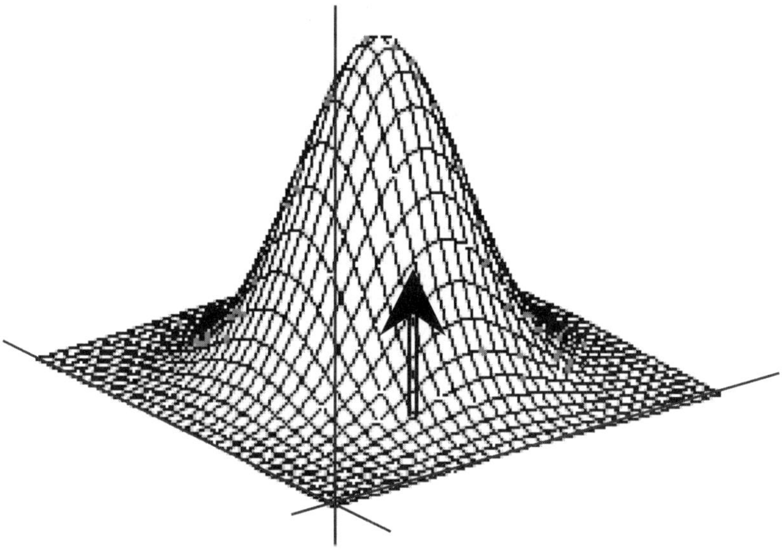

(a) 마스크 형태

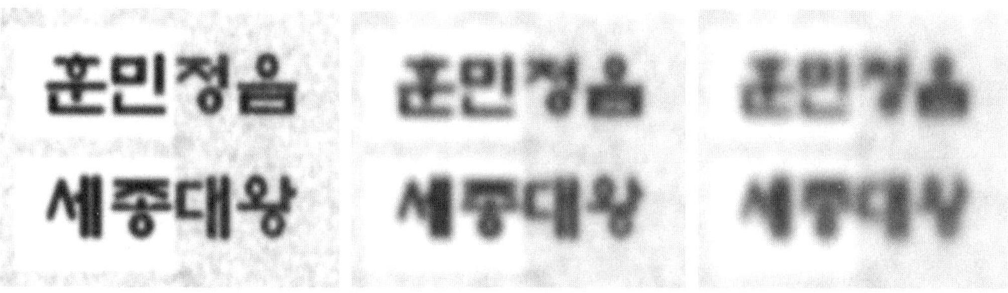


(b) 마스크 크기 증가에 따른 가우시안 필터처리 결과들

[그림 5-16]

| 24 | 10 | 3 |
|---|---|---|
| 36 | 72 | 102 |
| 10 | 150 | 78 |

[그림 5-17]

③ 중간값 필터(Median Filter) : 마스크가 씌워지는 부분의 숫자들 가운데 중간값을 찾아 현재 고려중인 화소의 색도값으로 대치한다. 예를 들어 마스크가 씌워지는 부분의 화소 색도값이 그림 5-17과 같을 때, 이들 9(개) 원소들을 크기별로 나열하여

{ 3, 10, 10, 24, 36, 72, 78, 102, 150 }

↑

그 중간에 위치하는 36으로 현재 고려중인 화소 72를 교체한다.

수 식 : $s = median\,[M(i,\ j)]$ (5.4)

그림 5-18에 중간값 필터의 처리 결과 예를 보이고 있다. 마스크의 크기가 커질수록 영상이 뭉개지는 것을 알 수 있다. 반면에 노이즈는 제거된다.

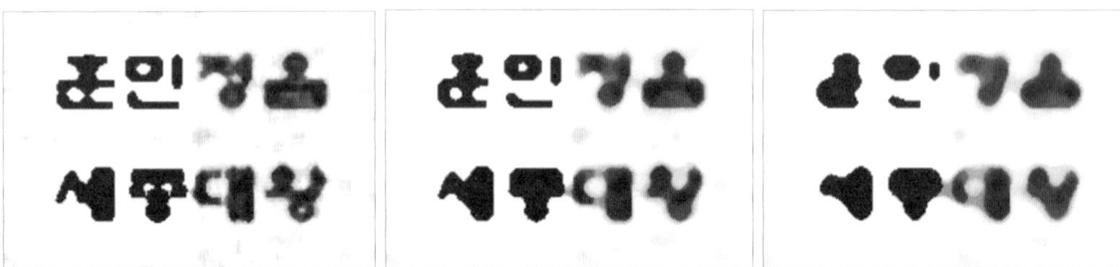

[그림 5-18]

(3) 샤프닝(sharpening) : 샤프닝은 흐림처리와 반대이다. 일종의 고역통과 필터(High pass filter)이다. 흐림처리가 영상의 미세부분(details)을 뭉개는데 비해, 샤프닝은 미세부분을 강조하고 굴곡을 보다 강화하여 영상을 또렷하게 보이도록 한다. 그림 5-19 는 샤프닝에 사용하는 마스크 형태를 보이고 있다. 중심에 있는 현재 고려중인 화소와 주변 화소들 사이의 구분이 뚜렷하다. 또한 이들의 합은 0으로서 마스크에 따른 색도 균형이 한쪽으로 치우치는 것을 방지하고 있다. (이를 bias라고 한다.)

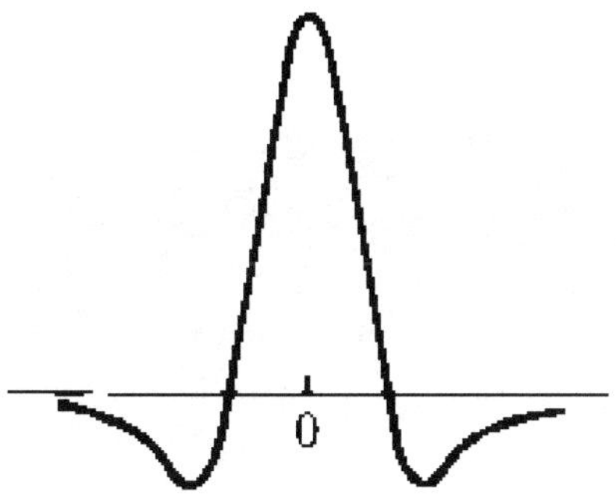


| 0 | -1 | 0 |
|---|---|---|
| -1 | 5 | -1 |
| 0 | -1 | 0 |

| -1 | -1 | -1 |
|---|---|---|
| -1 | 9 | -1 |
| -1 | -1 | -1 |

| 1 | -2 | 1 |
|---|---|---|
| -2 | 5 | -2 |
| 1 | -2 | 1 |

| $-\frac{1}{9}$ | $-\frac{1}{9}$ | $-\frac{1}{9}$ |
|---|---|---|
| $-\frac{1}{9}$ | 1 | $-\frac{1}{9}$ |
| $-\frac{1}{9}$ | $-\frac{1}{9}$ | $-\frac{1}{9}$ |

[그림 5-19]

그림 5-20은 샤프닝 처리한 예이다. 영상의 미세분분이 보다 선명해짐을 알 수 있다.

[그림 5-20]

## Matlab

Matlab toolbox에는 영상의 마스크처리를 위한 함수들이 있다.

### A. 표준공간에서 많이 사용하는 몇 가지 함수들

· fspecial : 마스크를 만들 때 사용한다.

m = fspecial ('필터형태', 파라미터) ;

| 필터형태 | 파라미터 | 설 명 | default값 |
|---|---|---|---|
| average | 마스크 크기, h | 평균필터이다. h는 마스크 크기로서 숫자이다. h=3이면 3×3 마스크이다. | h=3 |
| disk | 반지름, r | 마크스가 원형인 평균필터이다. | r=5 |
| gaussian | 마스크 크기 h와 표준편차 s | 가우시안 저역통과필터이다. 파라미터는 두 개로서 마스크 크기와 표준편차이다. | h=3, s=0.5 |
| laplacian | 함수형태, $\alpha$ | 2차원 라플라시안 필터이다. 마스크는 3×3이고 $\alpha$값에 따라 라플라시안 곡선형태가 결정된다. $\alpha$는 0~1 사이이다. | $\alpha$=0.2 |
| log | 마스크 크기 h와 표준편차 s | Laplacian Gaussian filter이다. h는 숫자로서 만약 h=4이면 4×4행렬이다. | h=5, s=0.5 |
| motion | 카메라motion len과 각도theta | 카메라로 각도를 잡고 움직이듯이 영상을 필터링한다. | len=9 theta=0 |
| prewitt | - | Prewitt 수평에지추출 필터이다. 마스크는 3×3이다. $\begin{bmatrix} 1 & 1 & 1 \\ 0 & 0 & 0 \\ -1 & -1 & -1 \end{bmatrix}$ | |
| sobel | - | Sobel 수평에지추출 필터이다. 마스크는 3×3이다. $\begin{bmatrix} 1 & 2 & 1 \\ 0 & 0 & 0 \\ -1 & -2 & -1 \end{bmatrix}$ | |
| unsharp | 함수형태, $\alpha$ | Unsharp 밝기향상필터. $\alpha$는 0~1. | $\alpha$=0.2 |

[표 A1]

다음 프로그램과 그 실행결과는 [Command Window]창에서 fspecial로 마스크를 만든 결과를 보여준다.

[Command Window] 창에서 Matlab 작업

```
>> m=fspecial('average',3)
m =
    0.1111    0.1111    0.1111
    0.1111    0.1111    0.1111
    0.1111    0.1111    0.1111
>> m=fspecial('disk',3)
m =
         0    0.0003    0.0110    0.0172    0.0110    0.0003         0
    0.0003    0.0245    0.0354    0.0354    0.0354    0.0245    0.0003
    0.0110    0.0354    0.0354    0.0354    0.0354    0.0354    0.0110
    0.0172    0.0354    0.0354    0.0354    0.0354    0.0354    0.0172
    0.0110    0.0354    0.0354    0.0354    0.0354    0.0354    0.0110
    0.0003    0.0245    0.0354    0.0354    0.0354    0.0245    0.0003
         0    0.0003    0.0110    0.0172    0.0110    0.0003         0
>> m=fspecial('gaussian',3,0.3)
m =
    0.0000    0.0038    0.0000
    0.0038    0.9847    0.0038
    0.0000    0.0038    0.0000
>> m=fspecial('laplacian',0.3)
m =
    0.2308    0.5385    0.2308
    0.5385   -3.0769    0.5385
    0.2308    0.5385    0.2308
>> m=fspecial('log',4,0.3)
m =
   -2.4696   -2.4685   -2.4685   -2.4696
   -2.4685    7.4067    7.4067   -2.4685
   -2.4685    7.4067    7.4067   -2.4685
   -2.4696   -2.4685   -2.4685   -2.4696
>> m=fspecial('motion',5,0.1)
m =
         0         0    0.0000    0.0003    0.0007
    0.1993    0.1997    0.2000    0.1997    0.1993
    0.0007    0.0003    0.0000         0         0
>> m=fspecial('prewitt')
m =
     1     1     1
     0     0     0
    -1    -1    -1
>> m=fspecial('sobel')
m =
     1     2     1
```

```
       0        0        0
      -1       -2       -1
>> m=fspecial('unsharp',0.15)
m =
   -0.1304   -0.7391   -0.1304
   -0.7391    4.4783   -0.7391
   -0.1304   -0.7391   -0.1304
```

PR_5_2

• imfilter : 영상공간에서 마스크에 의한 필터처리 하는 함수. 이 함수를 사용하기 전에 먼저 fspecial에 의해 마스크가 설정되어 있어야 한다.

y = imfilter( 영상, 마스크 ) ; 영상을 마스크 처리한다.

y = imfilter( 영상, 마스크, '옵션1', '옵션2',…) ;

뒤에 붙은 옵션들은 출력영상의 외곽선 부분들에 대한 처리요구이다.
자세한 것은 [help]를 참조하라.

이상의 fspecial과 imfilter함수를 가지고 간단히 마스크 처리 할 수 있다. fspecial에서 마스크를 만들지 않고 행렬형태의 마스크를 만들어 사용해도 무방하다. 이하 프로그램들은 마스크 처리한 예들을 보여준다.

```
Program
% ==============================================================
% 파일명: PR_5_3.m
% 용도: Masking 처리 예1
%     평균필터의 마스크 크기를 증가시키면서 출력을 관찰
%     동시에 Embossing 하는 마스크를 설계하여 비교해 본다.
% ==============================================================
clear,clc
x=imread('a16.jpg');
% 마스크 크기를 각각 3*3, 7*7, 10*10, 15*15 인 평균필터 설계
```

```
m1=fspecial('average',3);
m2=fspecial('average',7);
m3=fspecial('average',10);
m4=fspecial('average',15);
% Embossing 하는 마스크
m5=[-1 0  0;0  0  0;0  0  1];
% 영상필터처리
y1=imfilter(x,m1);
y2=imfilter(x,m2);
y3=imfilter(x,m3);
y4=imfilter(x,m4);
y5=imfilter(x,m5);
% 입출력영상 보기
figure,subplot(321),imshow(x),subplot(322),imshow(y1)
      subplot(323),imshow(y2),subplot(324),imshow(y3)
      subplot(325),imshow(y4),subplot(326),imshow(y5)
```

Result

PR_5_3

Program

```
% =========================================================
% 파일명: PR_5_4.m
% 용도: Masking 처리 예2
%     Disk필터의 원형마스크 반지름을 증가시키면서 출력을 관찰
% =========================================================
clear,clc
x=imread('pout.tif');
% 반지름을 각각 5, 10, 15 로 Disk필터 설계
m1=fspecial('disk',5);
m2=fspecial('disk',10);
m3=fspecial('disk',15);
% 영상필터처리
y1=imfilter(x,m1);
y2=imfilter(x,m2);
y3=imfilter(x,m3);
% 입출력영상 보기
figure,subplot(221),imshow(x),subplot(222),imshow(y1)
       subplot(223),imshow(y2),subplot(224),imshow(y3)
```

Result

PR_5_4

Program

```
% ==========================================================
% 파일명: PR_5_5.m
% 용도: Masking 처리 예3
%     gaussian, Laplacian, log, motion 필터 출력을 관찰
% ==========================================================
clear,clc
x=imread('cameraman.tif');
% ---- 여러 유형의 필터 설계 ---------
% 가우시안 필터. 마스크크기: 5*5, 표준편차: 0.3
m1=fspecial('gaussian',5, 0.3);
% 라플라시안 필터. 표준편차: 0.3
m2=fspecial('laplacian', 0.9);
% LOG 필터. 마스크크기: 4*4, 표준편차: 0.3
m3=fspecial('log', 6, 0.3);
% Motion 필터. len:8, theta:0.1
m4=fspecial('motion', 20, 0.1);
% ----- 영상필터처리 --------------
y1=imfilter(x,m1);
y2=imfilter(x,m2);
y3=imfilter(x,m3);
y4=imfilter(x,m4);
% 입출력영상 보기
figure,subplot(221),imshow(y1),subplot(222),imshow(y2)
       subplot(223),imshow(y3),subplot(224),imshow(y4)
```

Result

PR_5_5

Program

```
% ============================================================
% 파일명: PR_5_6.m
% 용도: Masking 처리 예4
%     prewitt, sobel, unsharp 필터 출력을 관찰
% ============================================================
clear,clc
x=imread('cameraman.tif');
% ---- 여러 유형의 필터 설계 ---------
m1=fspecial('prewitt');
m2=fspecial('sobel');
m3=fspecial('unsharp', 0.4);
% ----- 영상필터처리 ---------------
y1=imfilter(x,m1);
y2=imfilter(x,m2);
y3=imfilter(x,m3);
% 입출력영상 보기
figure,subplot(221),imshow(x),subplot(222),imshow(y1)
       subplot(223),imshow(y2),subplot(224),imshow(y3)
```

Result

PR_5_6

(4) 에지검출(Edge Detection) : 색도값의 급격한 변화가 발생하는 부분을 에지라 한다. 물체를 구분하고 바탕이나 배경과 차이를 느끼며 다른 물체와 구별할 수 있는 것은 영상에서 영역의 외곽을 이루고 있는 에지가 있기 때문이다. 인간의 시각은 여러 물체들에서 반사하는 색도와 그들 색도가 이루는 영역과 다른 영역과의 사이인 경계선 등을 받아들여 물체를 인식한다. 영역이 갖고 있는 고유성은 영역 전체에 균일하게 분포되어있는 색도값에 기인한다. 또한 다른 물체와 구분할 수 있음도 그 다른 물체의 색도균일성이 경계선인 에지에서 차이가 나기 때문이다. 따라서 엄밀한 의미에서 에지는 그림 5-21에서 보는 바와 같은 ▲으로 표시한 부분이다.

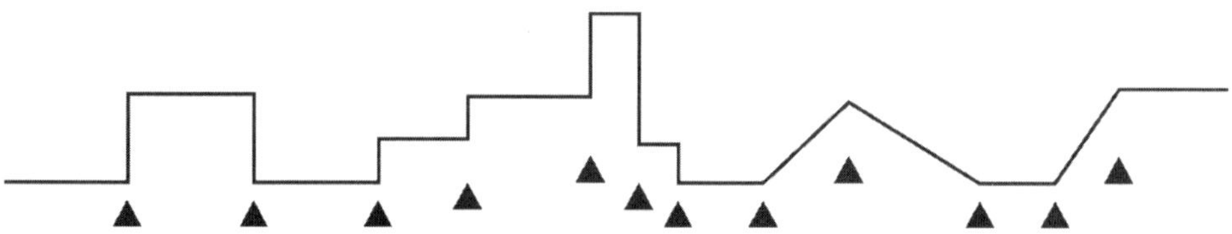

[그림 5-21]

개념적으로는 간단한 작업처럼 보이나 실제로 에지 검출은 그리 만만한 일이 아니다. 영상데이터가 그림 5-21처럼 배열하는 경우는 매우 드물다. 대부분의 경우 랜덤 변수처럼 거의 무질서하게 나타난다. 그 가운데 영역을 설정하고 영역 사이의 경계선을 추출하는 일은 영상의 상태에 따라 다르다. 에지 검출도 물론 마스크에 의해 처리되나 마스크 원소값과 처리 계산 방식에는 차이가 있다. 그리고 최종 처리된 에지 영상은 이진영상으로서 에지선은 흰색 나머지 부분은 모두 검정색으로 처리되는 것이 일반이다. 이하 에지 검출에 관한 다양한 시도들을 하나씩 소개하면서 설명한다.

### 1차 미분

에지 검출의 기본은 색도변화를 감지하는 미분에 있다. 영상 데이터가 가로축과 세로축으로 구성되어 있으므로 미분도 가로방향(수평)과 세로방향(수직)으로 나누어진다. 마스크를 가로방향으로 진행시키면서 미분하고, 다시 세로방향으로 진행시켜 미분한다. 이들 두 방향 미분 결과 합성이 영상의 에지이다. 영상에서 미분에 관한 이해를 그림 5-22 보기를 통해 설명한다.

가로축 방향 크기 변화 →

| 10 | 100 | 100 | 50 |
|---|---|---|---|
| 20 | 70 | 25 | 170 |
| 80 | 70 | 43 | 150 |
| 80 | 30 | 200 | 160 |

(a)

| 90 | 0 | -50 |
|---|---|---|
| 50 | -45 | 145 |
| -10 | -27 | 107 |
| -50 | 170 | -40 |

(b)

세로축 방향 크기 변화 ↓

| 10 | -30 | -75 | 120 |
|---|---|---|---|
| 60 | 0 | 18 | -20 |
| 0 | -40 | 157 | 10 |

(c)

[그림 5-22]

그림 5-22에서 보는 바와 같이 미분이란 단지 크기변화를 의미한다. 크기변화 폭이 크면 미분값이 크고 변화가 없으면 0이다. 변화가 커지는 쪽이면 (+)이고 작아지면 (-)이다. 문제는 이 경우 어떤 기준을 세워 어떠한 미분값들은 논리적으로 "0"과 "1"로 처리 하느냐에 달렸다. 그림 5-23은 해당 마스크와 대상영상을 가로축 방향($x$방향)과 세로축 방향($y$방향)으로 미분한 결과 예를 보이고 있다.

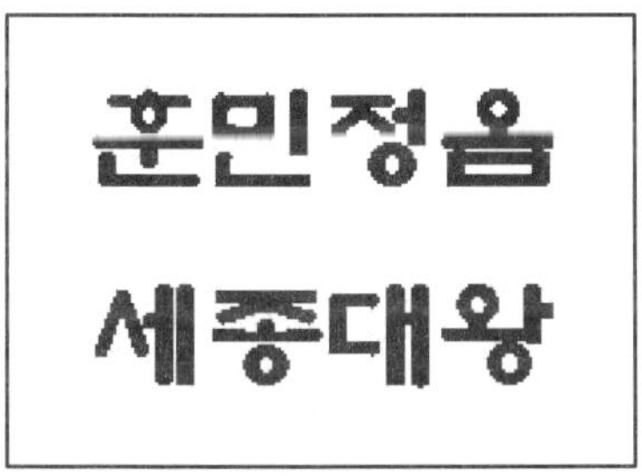


(a) 원래영상

| 0 | 0 | 0 |
|---|---|---|
| 0 | 1 | 0 |
| 0 | -1 | 0 |

(b) 수평미분마스크

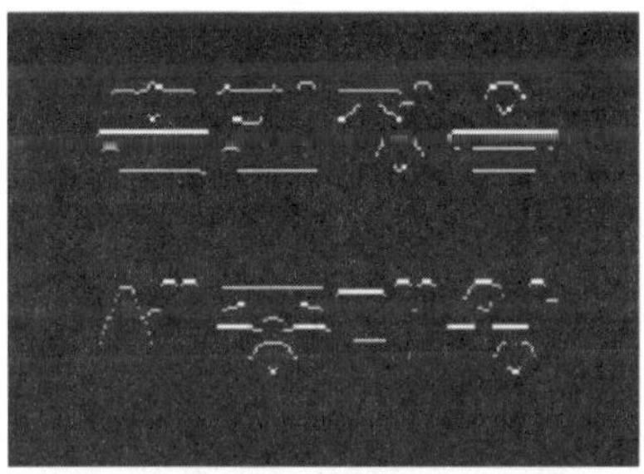

(c) 수평미분처리 결과

| 0 | 0 | 0 |
|---|---|---|
| 0 | 1 | -1 |
| 0 | 0 | 0 |

(d) 수직미분마스크

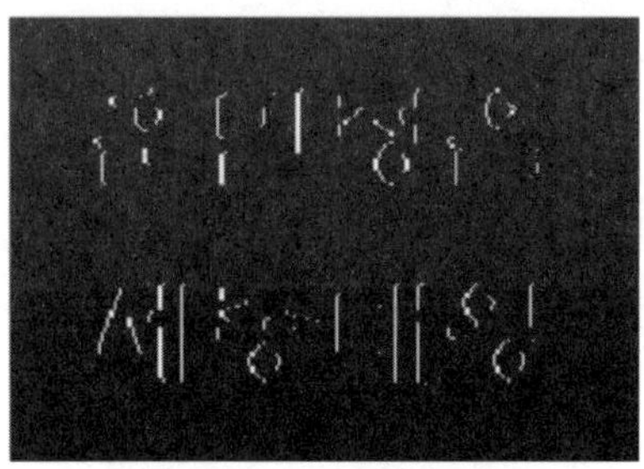

(e) 수직미분처리 결과

[그림 5-23]

미분처리 수식 : $f_x = f(i+1, j) - f(i, j)$ : 가로축 방향 미분

$f_y = f(i, j+1) - f(i, j)$ : 세로축 방향 미분

그림 5-24는 수직과 수평 미분 처리한 예이다.

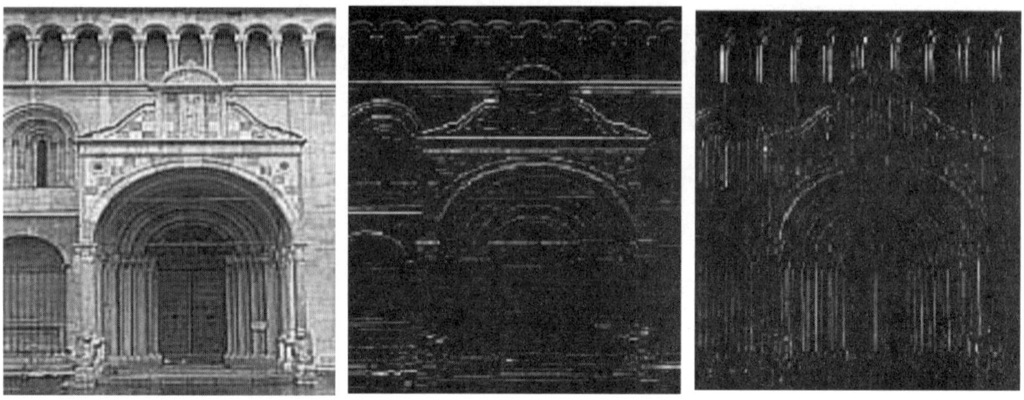

(a) 원래 영상 (b) 수평미분처리결과 (c) 수직미분처리결과

[그림 5-24]

### 에지추출기법들

마스크를 사용한 여러 에지추출기법을 소개한다.

- Sobel
- Prewitt
- Roberts
- 2차미분 ; 라플라시안(Laplacian), LoG, DoG
- Canny

### <에지검출을 위한 마스크 조건>

- 마스크의 가로와 세로 크기가 같고 홀수이다.
- 마스크 모든 원소 값의 합은 0이다.
- 중심원소를 기준으로 상하좌우 대칭구조이다.
- 중심원소값은 0을 포함한 양의 정수이며 나머지 원소는 음의 정수이다.

① Sobel 에지검출

특징 : 모든 방향으로 에지를 검출하나 특히 대각선 방향 에지에 민감하다. 평균화 효과에 의해 잡음에 강인하다.

마스크 : 그림 5-25

| -1 | 0 | 1 |
|---|---|---|
| -2 | 0 | 2 |
| -1 | 0 | 1 |

(a) 수평미분마스크

| 1 | 2 | 1 |
|---|---|---|
| 0 | 0 | 0 |
| -1 | -2 | -1 |

(b) 수직미분마스크

[그림 5-25]

처리결과 예 : 그림 5-26

(a) 원래 영상

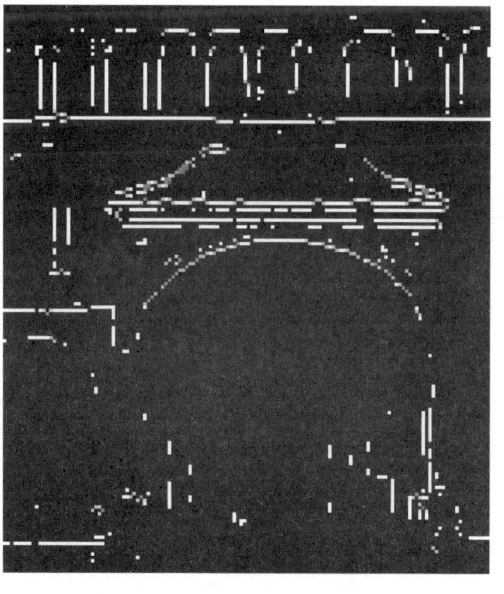

(b) 소벨 에지검출 결과

[그림 5-26]

② 프레빗(Prewitt) 에지검출

특징 : 소벨기법과 유사하나 밝기의 경계에 차이가 있다.

마스크 : 그림 5-27

| -1 | 0 | 1 |
|---|---|---|
| -1 | 0 | 1 |
| -1 | 0 | 1 |

(a) 수평미분마스크

| 1 | 1 | 1 |
|---|---|---|
| 0 | 0 | 0 |
| -1 | -1 | -1 |

(b) 수직미분마스크

[그림 5-27]

처리결과 예 : 그림 5-28

(a) 원래 영상

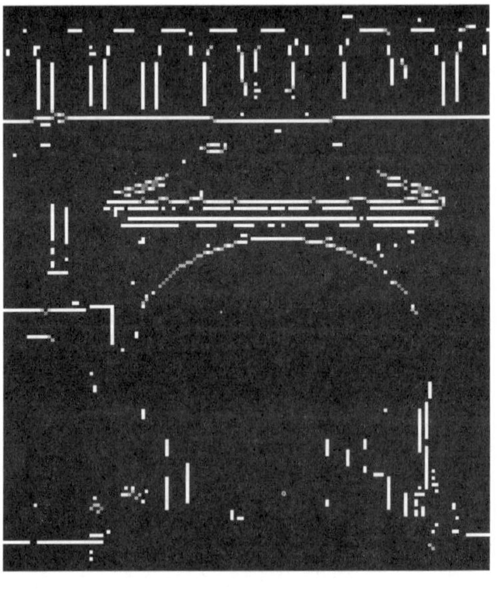

(b) 프레빗 에지검출 결과

[그림 5-28]

③ 로버트(Roberts) 에지검출

특징 : 마스크가 45° 기울기를 갖고 있다. 잡음에 민감하고 명확한 에지만 검출한다.

마스크 : 그림 5-29

| 0 | 0 | -1 |
|---|---|---|
| 0 | 1 | 0 |
| 0 | 0 | 0 |

(a) 수평미분마스크

| -1 | 0 | 0 |
|---|---|---|
| 0 | 1 | 0 |
| 0 | 0 | 0 |

(b) 수직미분마스크

[그림 5-29]

처리결과 예 : 그림 5-30

(a) 원래 영상

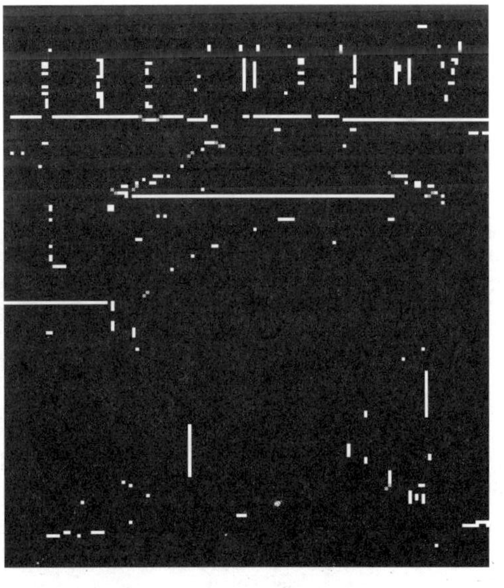

(b) 로버트 에지검출 결과

[그림 5-30]

④ 2차미분, 라플라시안(Laplacian)

특징 : 2차 미분으로서 모든 방향의 에지를 검출한다.

마스크와 2차 미분 특징 : 그림 5-31

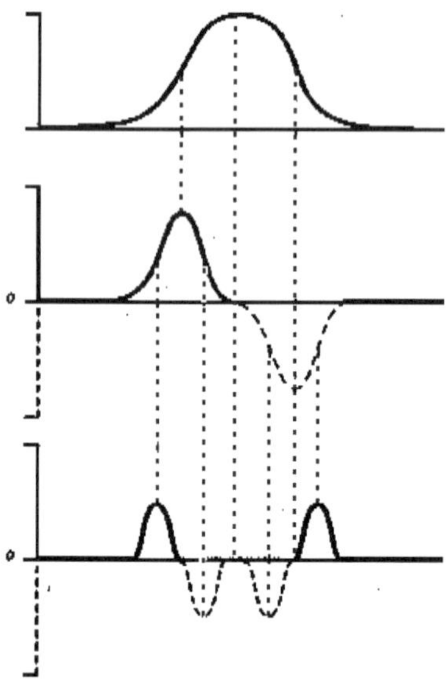

(a) 2차 미분

| 0 | -1 | 0 |
|---|---|---|
| -1 | 4 | -1 |
| 0 | -1 | 0 |

(b)

| -1 | -1 | -1 |
|---|---|---|
| -1 | 8 | -1 |
| -1 | -1 | -1 |

(c)

| 1 | -2 | 1 |
|---|---|---|
| -2 | 4 | -2 |
| 1 | -2 | 1 |

(d)

[그림 5-31]

처리결과 예 : 그림 5-32

(a) 원래 영상

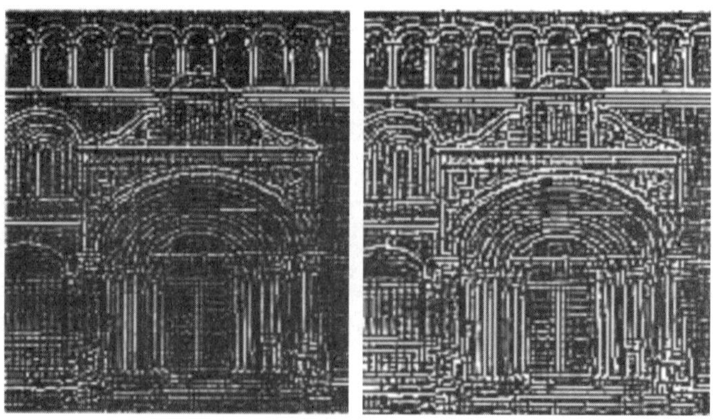

(b) 라플라시안 에지검출(마스크 b와 c) 결과

[그림 5-32]

⑤ 2차 미분 : LoG(Laplacian of Gaussian)

특징 : 라플라시안이 잡음에 민감하다는 단점을 보완하며 먼저 가우시안으로 잡음을 완화한 후 라플라시안을 적용하는 기법이다. 라플라시안보다 잡음에 덜 민감하다.

관련수식:

$$LoG(i,j) = \left(\frac{i^2 + j^2 + 2\sigma^2}{\sigma^4}\right)\exp\left(-\frac{(i^2+j^2)}{2\sigma^2}\right) \tag{5.5}$$

여기서 $\sigma$는 Gaussian 함수의 표준편차로서 $\sigma$에 따라 함수 형태가 달라진다. (그림 5-33)

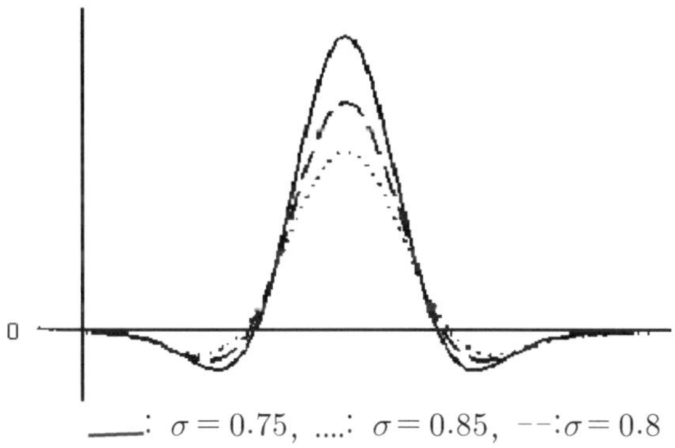


[그림 5-33]

처리결과 예 : 그림 5-34

(a) 원래 영상 (b) LoG 에지검출 결과

[그림 5-34]

⑥ 2차미분 : DoG(Difference of Gaussian)

특징 : 서로 다른 두 개의 가우시안 마스크를 뺄셈 연산한 마스크를 사용한다. 두 개의 가우시안 마스크의 표준편차 $\sigma_1$과 $\sigma_2$를 변화시켜 에지의 넓이를 조정할 수 있다.

관련수식 :

$$DoG(i, j, \sigma_1, \sigma_2) = \frac{1}{\sqrt{2\pi\sigma_1}} \exp\left(-\frac{(i-j)^2}{2\sigma_1^2}\right) - \frac{1}{\sqrt{2\pi\sigma_2}} \exp\left(-\frac{(i-j)^2}{2\sigma_2^2}\right) \qquad (5.6)$$

⑦ 캐니(Canny) 에지 검출

특징 : 잡음에 민감한 종래의 기법을 가우시안 흐림처리로 보완하고 실제 에지 상태의 기울기를 감안하여 에지가 아닌 부분을 제거하는 기법이다.

처리결과 예 : 그림 5-35

(a) 원래 영상

(b) 캐니 에지검출 결과

[그림 5-35]

### Matlab

Matlab에 의한 에지검출은 의외로 간단하다. 함수이름은 edge이고 앞의 이론 부분에 설명했던 에지 이름을 그대로 사용한다.

```
y = edge(영상, '에지방식') ;
y = edge(영상, '에지방식', 문턱치 값) ;
```

에지처리 결과 영상은 흑백의 이진영상이 되며 문턱치 값이 주어지지 않으면 Matlab 자체에서 문턱치 값을 설정하여 처리한다. sobel, prewitt, roberts, log, zerocross, canny 에지처리 방식들에 대한 사용 파라미터 설명을 다음에 보였다.

**<sobel 에지추출 방식>**

```
y = edge(x,‘sobel’)
y = edge(x,‘sobel’,문턱치)
y = edge(x,‘sobel’,문턱치,‘수직수평방향’)
[y,문턱치] = edge(x,‘sobel’,...)
```

**<prewitt 에지추출 방식>**

```
y = edge(x,‘prewitt’)
y = edge(x,‘prewitt’,문턱치)
y = edge(x,‘prewitt’,문턱치,‘수직수평방향’)
[y,문턱치] = edge(x,‘prewitt’,...)
```

**<roberts 에지추출 방식>**

```
y = edge(x,‘roberts’)
y = edge(x,‘roberts’,문턱치)
[y,문턱치] = edge(x,‘roberts’,...)
```

**<LOG 에지추출 방식>**

```
y = edge(x,‘log’)
y = edge(x,‘log’,문턱치)
y = edge(x,‘log’,문턱치,표준편차)
[y,문턱치] = edge(x,‘log’,...)
```

**<zerocross 에지추출 방식>**

```
y = edge(x,‘zerocross’,문턱치,m)
[y,문턱치] = edge(x,‘zerocross’,...)
```

**<canny 에지추출 방식>**

```
y = edge(x,‘canny’)
y = edge(x,‘canny’,문턱치)
y = edge(x,‘canny’,문턱치,표준편차)
[y,문턱치] = edge(x,‘canny’,...)
```

여기서 문턱치는 0~1 사이, 수직수평방향은 'horizontal' 또는 'vertical' 중에 하나를 선택한다. 'horizontal'을 선택하면 수평방향에지가 검출되고 'vertical'을 선택하면 수직방향에지가 검출된다. 표준편차의 default 값은 2이다. m은 필터의 마스크로서 행렬이다.

Program

```
% ===========================================================
% 파일명: PR_5_7.m
% 용도: edge 처리
% ===========================================================
clear,clc
x=imread('a17.jpg');% Matlab에서 circuit.tif를 사용해도 무방
% ---- 여러 유형의 에지추출방식 ---------
y1=edge(x,'sobel');
y2=edge(x,'prewitt');
y3=edge(x,'roberts');
y4=edge(x,'log');
y5=edge(x,'canny');
% 입출력영상 보기
figure,subplot(231),imshow(x),subplot(232),imshow(y1)
       subplot(233),imshow(y2),subplot(234),imshow(y3)
       subplot(235),imshow(y4),subplot(236),imshow(y5)
```

Result

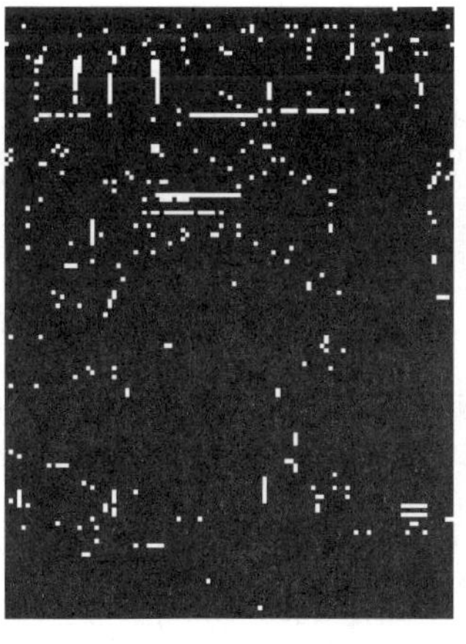
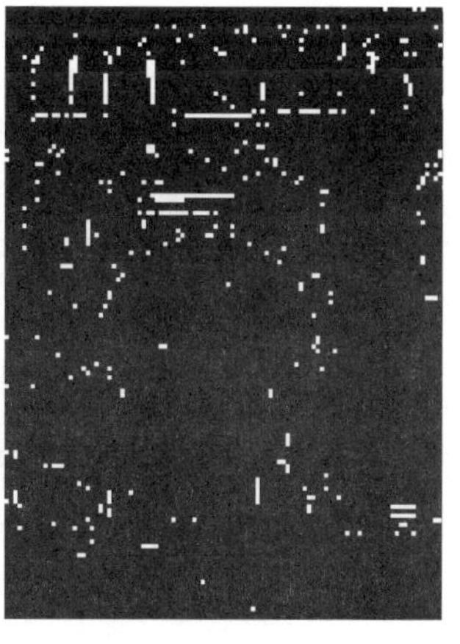

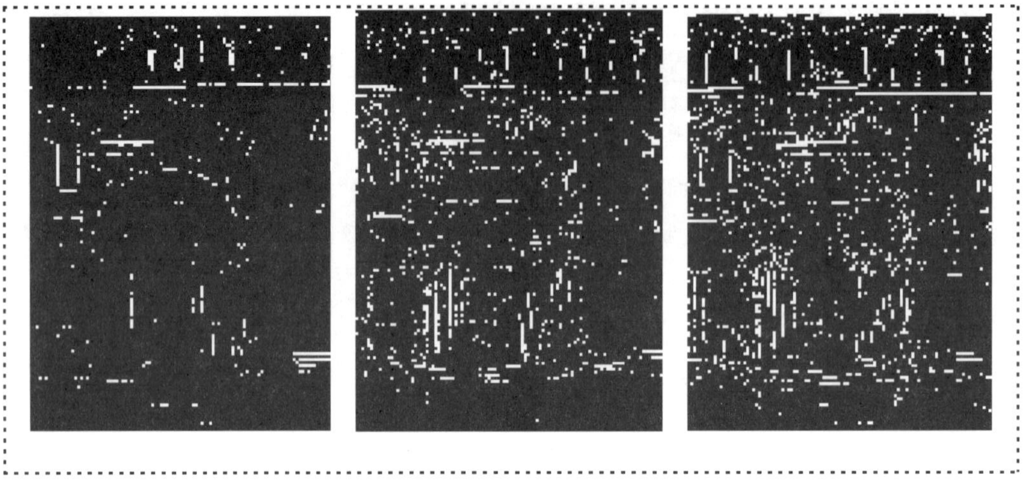

PR_5_7

## 5.3 마스크에 의한 국부처리 (Local Process)

### 전체처리 (Global Process)와 국부처리(Local Process)

영상처리 기법을 구분하는 대분류 가운데 전체처리와 국부처리가 있다. 전체처리는 영상 전체 화소들을 대상으로 한꺼번에 처리하는 것이다. 앞에서 공부하였던 히스토그램 균등화나 스트레칭 그리고 점처리 기법들은 영상의 모든 데이터에 예외 없이 동일한 기법이나 알고리즘을 적용하여 처리하였다. 영상을 처리하다 보면 전체적인 처리를 통한 결과보다는 특정 구역이나 어느 미세부분을 돋보이게 하려고 한다. 전체처리는 전체의 균형을 유지해야 하기 때문에 국부적인 처리 요구를 만족 시킬 수가 없다. 가령 예를 들어, 히스토그램 균등화를 하는 경우 전체처리에서 잘 나타나지 않았던 부분이 그 부분만을 따로 떼어 그 부분 안에서 히스토그램 균등화 시켰을 때 상세한 영상을 얻을 수 있다. 그림 5-36이 그러한 예를 보여준다. 그림 5-36(a)는 대상영상이고 그림(b)가 전체 히스토그램 균등화 처리한 결과이고 그림 (c)는 일부 구간에서만 히스토그램 균등화 처리한 결과이다.

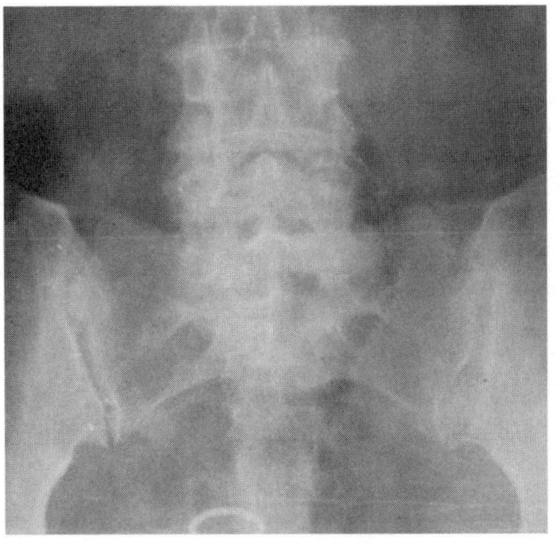

(a) 원래 영상

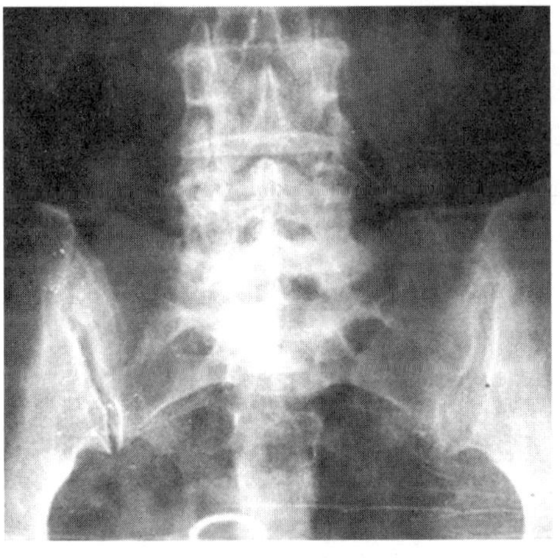

(b) 전체처리(히스토그램균등화)

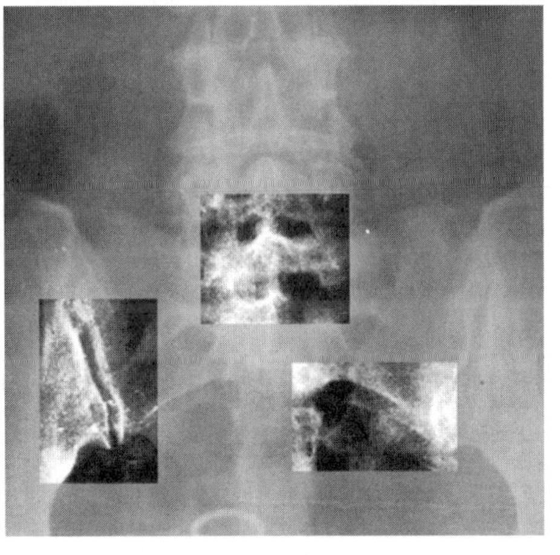

(c) 국부처리(히스토그램균등화)

[그림 5-36]

그림 5-36의 결과들에서 국부처리가 전체처리에 비해 미세한 부분의 선명도를 보다 높이고 있음을 알 수 있다. 영상 데이터를 지엽적으로 부분에 대하여 알고리즘을 적용함으로 전체처리에서 숨겨져 있고 잘 나타나지 않는 부분들을 보다 명확히 볼 수 있다. 비록 전체적인 색도 배치와 균형은 손상 되지만 미세 부분이나 색도 유사성에 의해 숨겨져 있던 부분들을 드러나게 하는 데는 효과가 있다.

## 마스크와 국부처리

국부처리는 마스크처리의 일종이다. 단지 앞에서 계속 공부해왔던 마스크 처리는 마스크가 어떤 특징을 갖고 마스크의 숫자 값에 따라 마스크가 씌워지는 부분의 숫자들과 곱해져서 현재 고려중인 중심화소에 새로운 색도 값을 부여하였다. 그러나 국부처리를 위한 마스크는 단지 마스크가 씌워질 대상영상의 구역만 설정한다. 처리를 위한 계산은 마스크가 씌워진 구역의 화소들끼리의 상관관계나 이들 만의 어떤 계산에 의해 수행한다. 계산 결과 현재 고려중인 화소에 새로운 색도 값을 부여하는 것은 동일하다. 마스크가 진행하면서 마스크 내에 들어온 화소들을 일단 떼어내어 데이터 집합을 만들고, 그 데이터들 안에 히스토그램 균등화나 스트레칭, 확률 통계처리, 정규화 처리, 필터링 등 다양한 알고리즘을 적용한다. 이 과정이 매 마스크 진행마다 발생하기 때문에 마스크 크기가 커서 데이터가 많을수록 계산시간은 폭주한다. 즉 마스크에 의한 국부처리는 전체처리에 비해 계산량이 무척 많다. 시간이 많이 걸린다. 그림 5-37은 마스크에 의한 국부처리의 개념도를 보이고 있다. 씌워진 마스크 내의 화소들만으로 데이터 집합을 만들고, 그 데이터들에 알고리즘을 적용하여 현재고려중인 화소의 새로운 값을 산출한다.

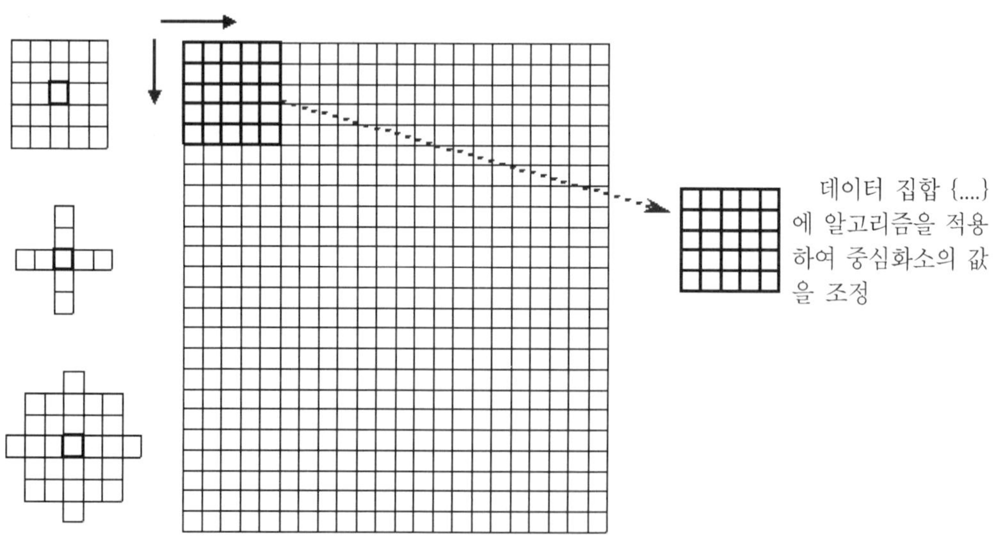


(a) 마스크 (b) 마스크 진행에 따른 국부처리

[그림 5-37]

이때 마스크 형태는 반드시 사각형일 필요는 없다. 목적에 따라 다양한 형태를 갖는다. 또한 현재 고려중인 화소도 반드시 중앙에 위치하지 않아도 된다. 마스크의 형태나 현재 고려중인 화소선정은 설계자의 목적에 따라 변경 가능하다.

## 국부처리기법들

국부처리에 관한 원리와 적용 아이디어를 이해하였으리라 본다. 이제는 많이 사용하는 국부처리기법들 몇 가지를 소개한다.

① 적응 히스토그램균등화(AHE, Adaptive Histogram Equalization)

국부처리는 통상 적응처리(Adaptive process)로도 불리운다. 영상의 국부특성에 맞춘 처리라는 의미 일게다. 진행하는 마스크가 씌워지는 데이터 집합의 색도값들로만 히스토그램균등화를 실시한다. 이 국부 히스토그램균등화에 의해 현재 고려중인 화소의 색도값이 변한다. 비록 마스크 구간에서의 화소들 모두에서 색도변화가 발생하나 마스크를 다음 위치로 이동할 때에는 현재 고려중인 화소의 색도만 바꾼다. 마스크에 의한 국부 처리 시 이미 지나온 마스크처리의 바꾼 값을 다시 쓰는 것은 결코 아니다. 마스크 진행의 매 단계마다 본래 영상데이터가 그대로 사용된다. 국부 균등화처리에 따른 색도 변화는 매 마스크의 현재 고려중인 화소 하나에만 일어나서 마스크 하나에 변화 색도값 하나씩 대응되어 전체 색도가 변한다. 즉 마스크 진행과 변화된 화소의 색도값은 별개이다.

처리결과는 마스크의 크기에 따라 변한다. 아래 그림 5-38은 원래영상, 히스토그램균등화 전체처리 및 적응히스토그램 균등화 처리의 예를 보이고 있다.

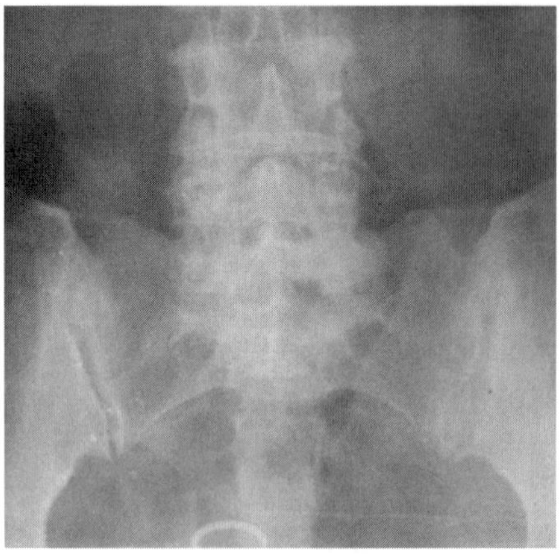

(a) 원래 영상

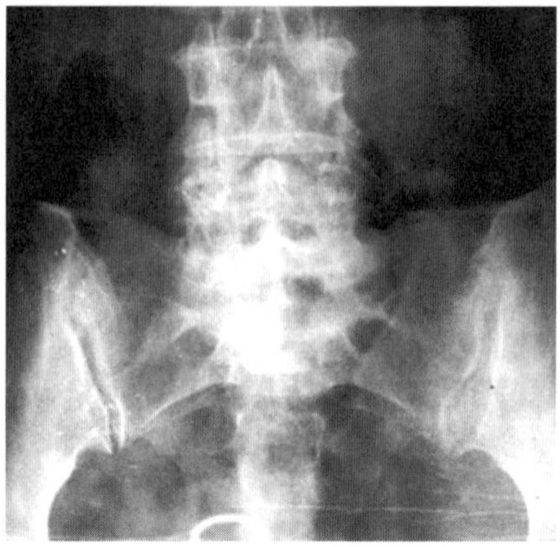

b) 전체처리(히스토그램균등화)

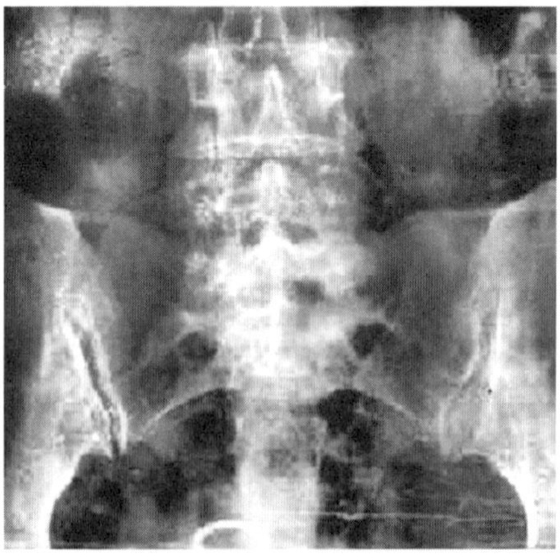

(c) AHE(마스크 4×4)

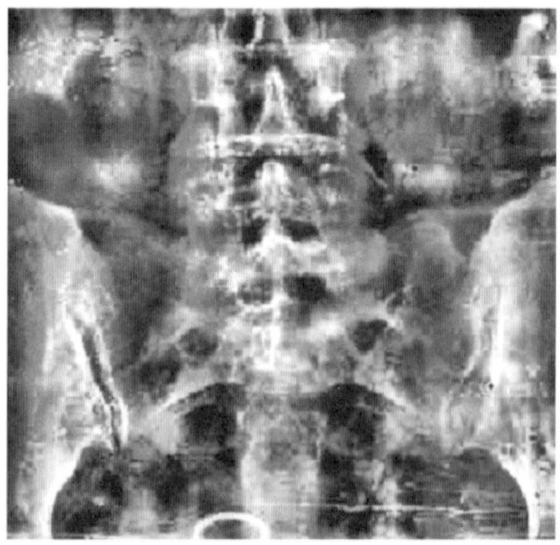

(d) AHE(마스크 8×8)

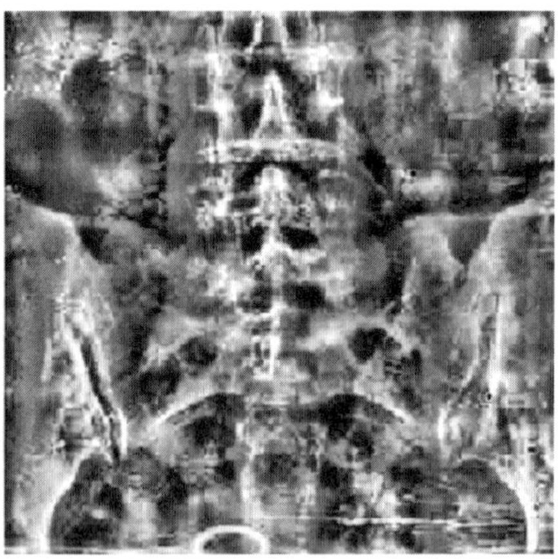

(e) AHE(마스크 12×12)

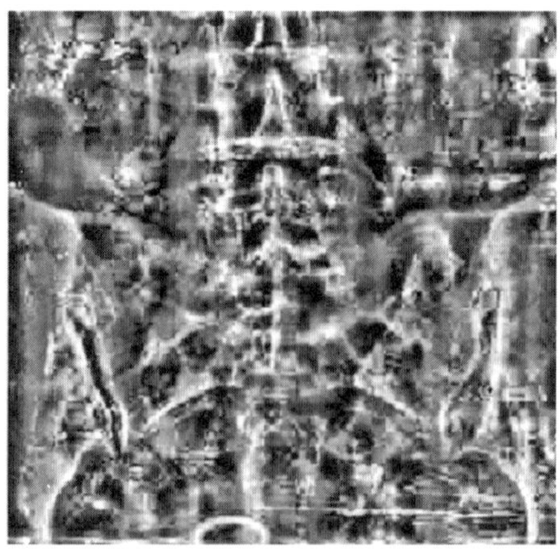

(f) AHE(마스크 20×20)

[그림 5-38]

그림 5-38 처리결과에서 마스크 크기가 커질수록 미세부분이 또렷해지고 영상이 전체적으로 윤곽이 선명해지나 전체적인 색도 균형이 파괴되어 형체를 알아볼 수 없는 결과를 초래한다. 무조건 국부처리가 좋은 것은 아니다.

### Matlab

적응 히스토그램 균등화 작업은 Matlab함수 adapthisteq 이다.

① y = adapthisteq(x) ;
② y = adapthisteq(x,'NumTiles', [$n_1$ $n_2$]) ;

$x$는 대상 영상이다.

①의 경우는 크기가 8×8인 마스크가 default로 주어진다.

②의 경우는 먼저 'NumTiles'을 선언하여 다음에 이어지는 [$n_1$ $n_2$]에서 마스크의 행의 수 $n_1$과 열의 수 $n_2$를 선언한다. 다음 그림 A1에서와 같이 4×4마스크, 2×3마스크, 4×3마스크를 사용하려면

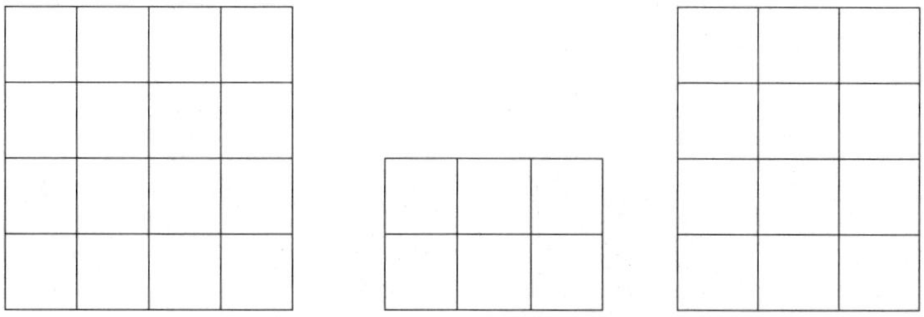

(a) 4×4　　(b) 2×3　　(c) 4×3

[그림 A1]

4×4 마스크 : y = adapthisteq(x, 'NumTiles', [4 4]) ;
2×3 마스크 : y = adapthisteq(x, 'NumTiles', [2 3]) ;
4×3 마스크 : y = adapthisteq(x, 'NumTiles', [4 3]) ;

와 같이 한다.

[프로그램 및 결과]

Program

```
% ============================================================
% 파일명: PR_5_8.m
% 용도: 국부(적응)히스토그램 균등화처리
% 사용함수: y=adapthisteq(x);
%          y=adapthisteq(x,'NumTiles',[n1  n2]);
% ============================================================
clear,clc
x = imread('tire.tif');
% 마스크 크기를 변화시키면서 효과 관찰
y1=adapthisteq(x);
y2=adapthisteq(x,'NumTiles',[4 4]);
y3=adapthisteq(x,'NumTiles',[14 14]);
% 영상출력
figure,subplot(221),imshow(x), subplot(222),imshow(y1)
       subplot(223),imshow(y2),subplot(224),imshow(y3)
```

Result

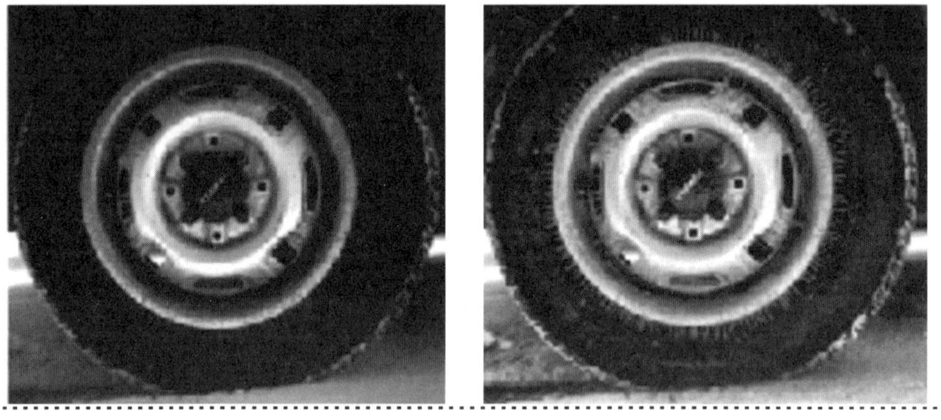

PR_5_8

② 명암도와 히스토그램 형태 조정 적응 히스토그램 균등화(CLAHE, Contrast Limited AHE)

AHE 기법이 해당 마스크 내에서 일방적인 히스토그램 균등화를 실시함에 비해 CLAHE 기법은 색도 조정범위나 균등화 방향을 조정한다. 제 3 장에서 공부하였던 히스토그램 임의조정(Histogram Specification)을 국부처리에 활용하여 히스토그램을 종래의 균등형태(Uniform)는 물론이고 가우스(Gauss) 형태 또는 어떤 곡선 형태로 맞출 수 있다. AHE 기법을 기본으로 하고 있기 때문에 마스크의 크기에 따라 결과가 달라지는 것은 물론이고 색도조정범위나 히스토그램 형태를 파라미터로 조정하여 영상을 재조정한다. 그림 5-39는 CLAHE 기법에 의해 처리한 예이다. AHE에 비해 영상의 국부조정능력이 보다 효과적이다.

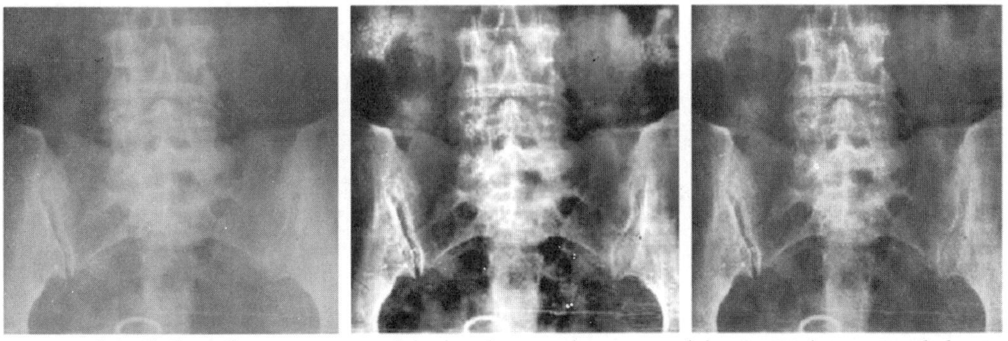

(a) 원래 영상 (b) AHE(M 4×4) (c) CLAHE(M 4×4, 범위 10%)

[그림 5-39]

### Matlab

명암도와 히스토그램조정 적응 히스토그램 균등화는 AHE와 마찬가지로 adapthisteq 함수를 사용한다. 함수에서 사용하는 파라미터를 조정하여 명암도를 동시에 조정한다.

y = adapthisteq(x, '파라미터', 값 설정, '파라미터', 값 설정)

파라미터와 그 값 설정은 다음과 같다.

| 파라미터 | 설 명 | default |
|---|---|---|
| 'ClipLimit' | 명암도 향상 한계를 설정한다. 범위는 0~1이고, 0.01에 가까울수록 명암도가 높다.<br>예) adapthisteq(x, 'ClipLimit', 0.02) ; | 0.01 |
| 'NBins' | 명암도 향상에 따른 히스토그램의 가로축 bin의 개수 양의 정수로서 그 값이 클수록 표현하는 범위가 상세하다. | 256 |
| 'Range' | 출력영상 데이터 화소값의 최소 최대값 설정<br>이 값을 'original'로 하면 영상본래의 최소화소값과 최대화소값의 범위가 되고 'full'로 하면 0~255 전체로 확장된다. | full |
| 'Distribution' | 히스토그램 분포특성을 규정한다.<br>'Distribution', 'uniform' : 히스토그램이 일정하다.<br>'Distribution', 'rayleigh' : 히스토그램이 종형태이다.<br>'Distribution', 'exponential' : 히스토그램이 지수함수 형태이다. | uniform |
| 'Alpha' | Distribution이 rayleigh이나 exponential일 때 사용한다. distribution파라미터 이다. | 0.4 |

[프로그램 및 결과]

Program

```
% ==========================================================
% 파일명: PR_5_9.m
% 용도: 명암도와국부(적응)히스토그램 균등화처리
% 사용함수: y=adapthisteq(x,'parameter',설정);
% ==========================================================
clear,clc
x = imread('a18.jpg');
% 마스크 크기를 변화시키면서 효과 관찰
y1=adapthisteq(x,'clipLimit',0.03,'Distribution','rayleigh');
y2=adapthisteq(x,'clipLimit',0.02,'Distribution','uniform');
y3=adapthisteq(x,'NumTiles',[10 10],'clipLimit',0.02);
% 영상출력
figure,subplot(221),imshow(x), subplot(222),imshow(y1)
       subplot(223),imshow(y2),subplot(224),imshow(y3)
```

Result

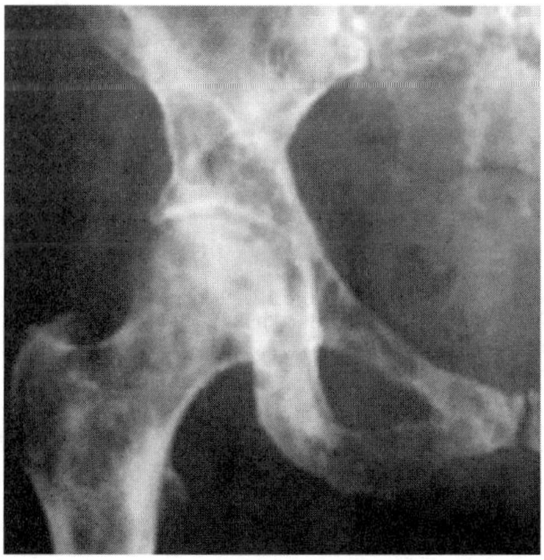

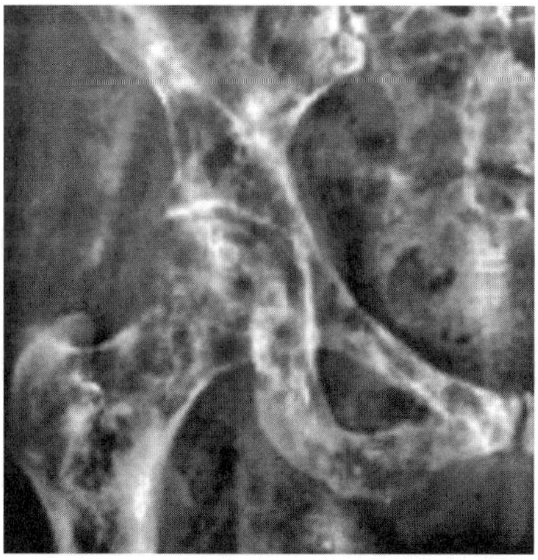

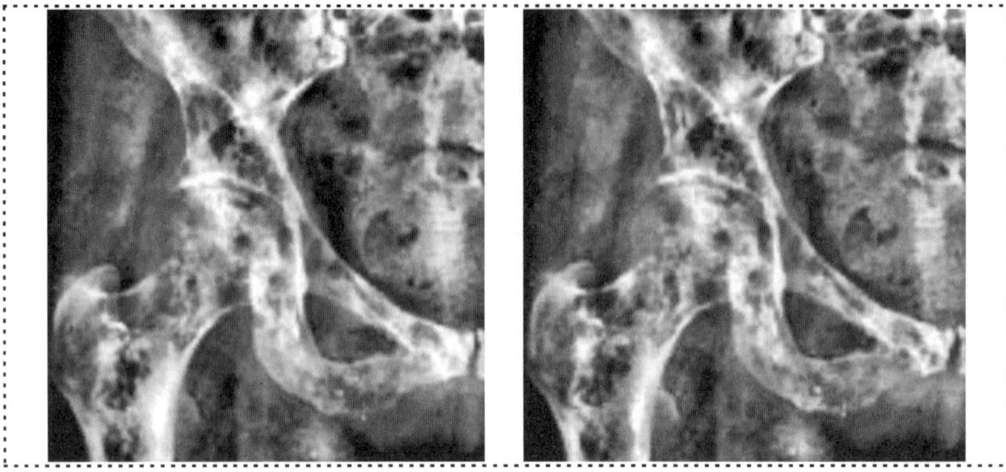

PR_5_9

③ ICM(Iterated Conditional Modes)기법

베사쥬(J. Besag , 1986)에 의해 고안된 기법으로 마스크의 국부구간에 확률적 계산을 수행하여 현재 고려중인 화소의 색도를 재조정한다. 확률 이론 도입으로 이론이 매우 복잡하므로 본 교재에서는 간단히 그 아이디어를 소개한다. 일단은 대상 영상을 이진영상으로 변환한다. 이진 영상화된 영상모델을 아이징 모델(Ising Model)이라 부른다. 아이징 모델화된 영상에 마스크를 진행하면서 마스크 안에서 백색화소들의 개수와 흑색화소들의 화소개수를 각각 센다. 가령 5 × 5마스크라고 하면 화소개수가 모두 25(개)이다. 그 중에 색도값 255인 백색화소의 개수가 20(개)이고, 색도값 0인 흑색화소의 개수가 5(개)와 같이 흑백화소개수를 센다. 백색화소 개수를 $N_w$ , 흑색화소 개수를 $N_b$ 라고 할 때 다음 식 (5.7)에 대입하여 확률 $P$를 계산한다.

$$P = \frac{exp(\beta N_b)}{exp(\beta N_b) + exp(\beta N_w)} \tag{5.7}$$

식 (5.7)에서 exp는 exponential 로서 $exp(\beta N_b) = e^{\beta N_b}$ 와 같다. $\beta$는 조정파라미터로서 $N_b$나 $N_w$에 곱해진다.

매 마스크마다 식 (5.7)에 의해 흑백화소상태가 확률적으로 계산되며, 그때 확률 P에 대하여 $\alpha(0 \le \alpha < 1)$를 기준으로

$P \ge \alpha$ 이면 현재 고려중인 화소 색도를 255 또는 0

$P < \alpha$ 이면 현재 고려중인 화소 색도를 0 또는 255

로 조건문을 작성하여 현재 고려중인 화소의 색도를 결정한다. 여기서 $\alpha$와 $\beta$는 설계자가 대상영상 특성에 따라 지정하며 이 과정을 순차적으로 거듭 반복하므로 영상을 조정한다. 흑백화소개수의 마스크 내에서의 확률로 처리되므로 마스크 내에 흑백화소가 대다수이면 자연히 흑색, 백색화소가 대부분이면 현재고려중인 화소는 백색으로 처리된다. 따라서 공간상에 산발적으로 흩어져 뿌려진 듯이 보이는 잡음들이 그 주변상태를 좇아 제거되어 깨끗한 영상을 얻을 수 있다. 그림 5-40은 ICM 기법으로 처리한 예이다. 그림 (b)는 대상영상 (a)를 이진영상으로 변환하여 Ising 모델로 만든 것이다. 그중 그림 (c)와 (d)는 모두 마스크 크기 3×3에 대하여 (c)는 1회 (d)는 3회 반복 처리한 결과이다. ICM처리에 의해 주변 화소들의 상태에 따라 확률적으로 처리되는 것을 알 수 있다.

(a) 원래 대상 영상

(b) Ising 모델 영상으로 변환

(c) ICM 1 회 시행

(d) ICM 3 회 시행

[그림 5-40]

Program

```
% ==================================================
% 파일명: PR_5_10.m
% 용도: ICM 방식에 의한 영상처리
% 특징: 2차 3*3 행렬을 기본으로 함
% ==================================================
clear all
xp=imread('a19.jpg');
level=graythresh(xp);
xpb=im2bw(xp,level);
xpd=double(xpb);
xs=xpd; x1=xpd;
%
sz=size(xpd);
sy=sz(1,1); sx=sz(1,2);
% --------------------------------
% ++++ 변수 설정 +++++
t2=4;
% --------------------------------
%
s1=8;        % ICM 횟수
v=1;
while v<=s1  %최대값이후부터 마지막 픽셀까지 반복
    for i=t2:(sy-t2)
        for j=t2:(sx-t2)
            xst1=[xs(i-1,j-1) xs(i-1,j) xs(i-1,j+1)];
            xst2=[ xs(i,j-1) xs(i,j) xs(i,j+1)];
            xst3=[xs(i+1,j-1) xs(i+1,j) xs(i+1,j+1)];
            xst=[xst1 xst2 xst3];
            %
            [p0, q0]=find(xst==0);
            [p1, q1]=find(xst==1);
            % 흑색의 수는 lgb, 백색의 수는 lgw
            lgb=length(p1);  lgw=length(p0);
            % 확률 처리
            beta=1;    % beta는 파라미터
            pp=(exp(beta*lgb))/(exp(beta*lgb)+exp(beta*lgw));
            if pp>0.5
                xs(i,j)=1;
```

```
                else
                    xs(i,j)=0;
                end
            end
        end
            v=v+1;
end
%
figure,subplot(121),imshow(xpb),subplot(122),imshow(logical(xs))
```

Result

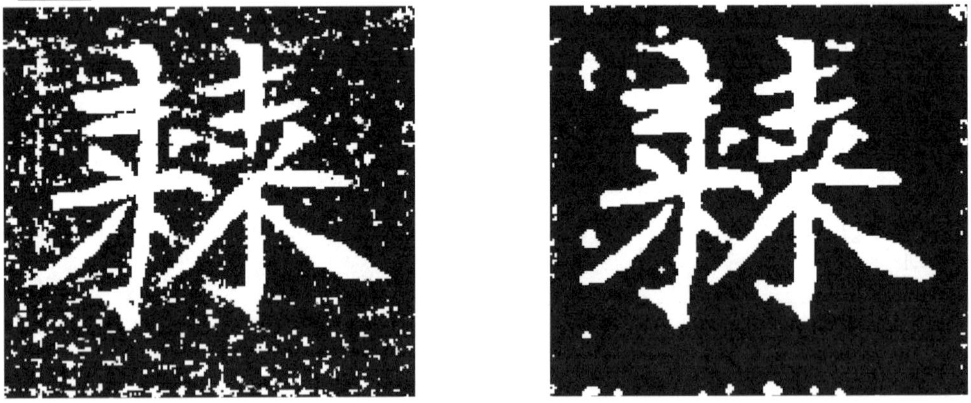

PR_5_10

### Matlab

마스크를 사용한 공간 필터링에 많이 사용하는 Matlab함수에 ordfilt2와 medfilt2가 있다.

① ordfilt2

비선형 공간 필터로서 마스크가 씌워진 화소들을 통계적으로 정렬하여 그 가운데 몇 번째의 값으로 마스크를 진행하는 현재 고려중인 화소(current pixel, 또는 seed, 중심화소, 대표화소라 부른다)의 값을 대체한다.

y = ordfilt2(x, 차수, 마스크) ;

예를 들어

y = ordfilt2(x, 1, ones(3, 3)) ;

또는 y = ordfilt2(x, 1, true(3)); 여기서 ones(3, 3)과 true(3)은 같다.

**(설명)**

마스크 ones(3, 3)은

| | | |
|---|---|---|
| 1 | 1 | 1 |
| 1 | 1 | 1 |
| 1 | 1 | 1 |

로서 마스크가 씌워지는 영상데이터의 값들을 크기가 작은 것부터 큰 순서대로 정렬하여 그 가운데 첫 번째 것으로 current pixel의 화소값으로 바꾼다. 이렇게 되면 마스크가 전체 영상데이터를 종횡으로 진행하면서 마스크에 들어온 최소값으로 화소값을 모두 바꾸게 된다. 이렇게 되면 결국 minimum filter가 되는 것 이다.

반대로 y = ordfilt2(x, 9, ones(3, 3)) ; 인 경우는 마스크에 있는 9개의 원소 가운데 가장 큰 값으로 화소값들을 바꾸므로 maximum filter가 된다.

이때 y = ordfilt2(x, 5, ones(3, 3)) ; 이면 원소크기의 5번째, 즉 중간값으로서 median filter(중간값 필터) 이다.

여기서 마스크의 크기를 임의로 조정하면서 그 변화를 볼 수도 있다.

Program

```
% =========================================================
% 파일명: PR_5_11.m
% 용도: ordfilt2 함수를 이용한 마스크처리
% 사용함수: y=ordfilt2(x,order,mask);
% =========================================================
clear,clc
x = imread('a19.jpg');
% 차수를 변경하면서 출력영상 관찰
y1=ordfilt2(x,1,ones(3,3));   % Minimum filter
y2=ordfilt2(x,5,ones(3,3));   % Median filter
y3=ordfilt2(x,9,ones(3,3));   % Maximum filter
%
figure,subplot(221),imshow(x),subplot(222),imshow(y1)
       subplot(223),imshow(y2),subplot(224),imshow(y3)
% 마스크 크기를 변경하면서 출력영상 관찰
y4=ordfilt2(x,25,ones(5,5));      % Mask: 5*5
y5=ordfilt2(x,70,ones(10,10));    % Mask: 10*10
%
figure,subplot(121),imshow(y4),subplot(122),imshow(y5)
```

Result

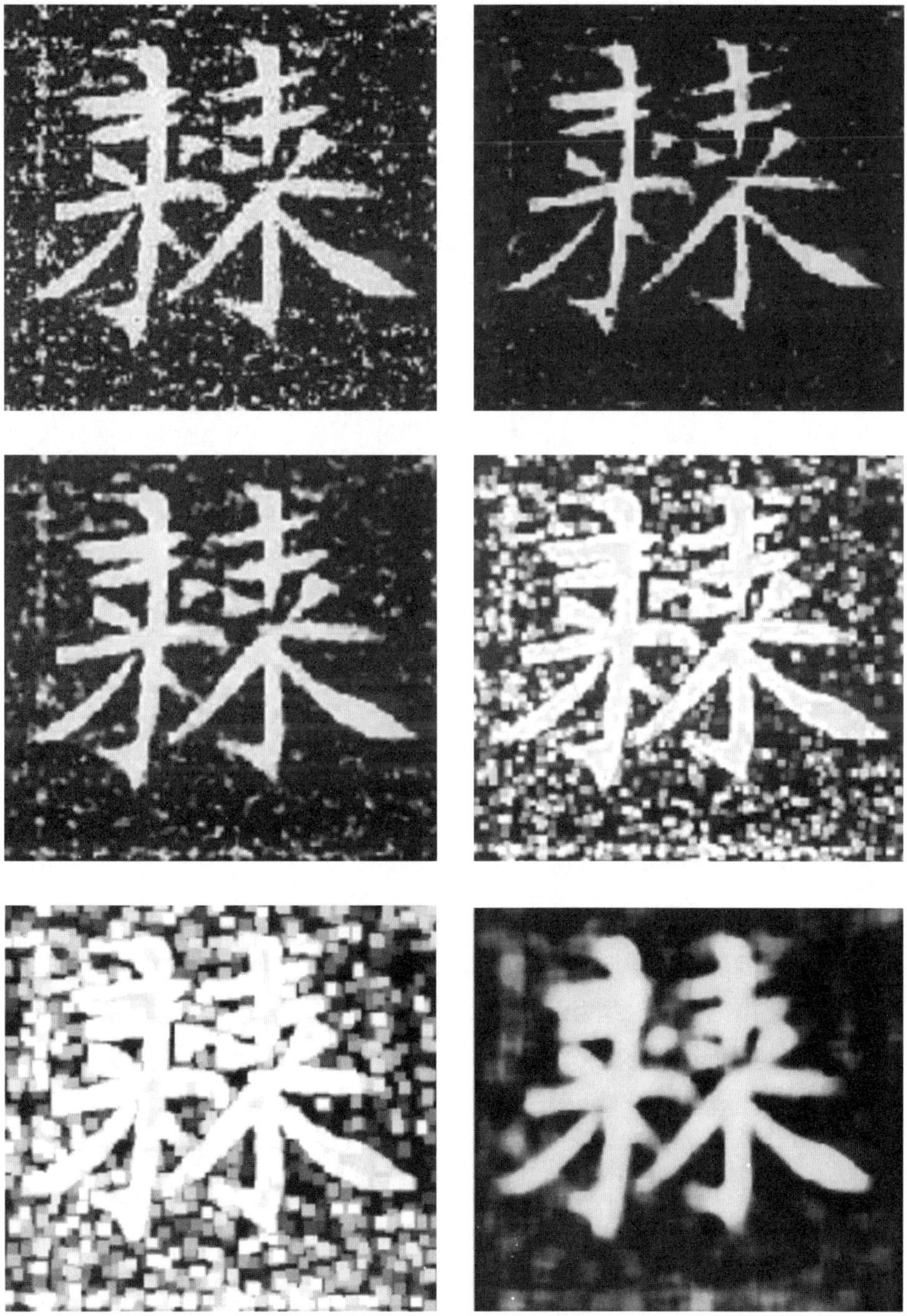

PR_5_11

② medfilt2

메디안(중간값) 필터이다. 가령 3×3 마스크가 영상데이터에 그림 A1과 같이 씌워진 경우 마스크내의 숫자들을 크기순으로 정렬한다.

| 2 | 4 | 1 |
|---|---|---|
| 9 | 32 | 8 |
| 74 | 26 | 5 |

[그림 A1]

1 2 4 5 8 9 26 32 74

정렬한 숫자가운데 5번째의 8이 중간에 위치하므로 마스크의 current pixel의 화소값을 8로 바꾼다. 그림 A1에서 3×3의 중앙을 current pixel로 정하였으면 화소값 32를 8로 바꾼다. 이러한 과정을 전 영상데이터에 마스크를 진행하면서 처리한다. 마스크 안의 중간값이 선택되므로 영상내 잡음이 많은 경우, 잡음제거에 효과가 크다. 따라서 medfilt2 함수를 사용하여 예제를 보일 때 잡음을 발생하는 imnoise함수를 함께 사용한다. 영상 x에 잡음을 혼합한다.

```
n = imnoise(x, '잡음유형') ;
n = imnoise(x, '잡음유형', 파라미터) ;
```

| 잡음유형 | 설 명 | default |
|---|---|---|
| gaussian | 평균과 분산을 갖는 가우시안 형태의 백색잡음<br>imnoise(x, 'gaussian', m, v) ;<br>m : mean(평균), v : variance(분산) | m=0<br>v=0.01 |
| localvar | 평균이 0이고 분산이 local intensity에 의존하는 가우시안 백색잡음<br>imnoise(x, 'localvar', A) ;<br>A는 x와 동일한 크기의 배열을 갖는 local 분산이다. | |
| poisson | Poisson 잡음. imnoise(x, 'poisson') ; | |
| salt & pepper | 소금과 후추를 뿌려 놓은 것처럼 흑백의 점들이 뿌려지는 잡음<br>imnoise(x, 'salt & pepper', d) ;<br>뿌리는 양은 d×prod(size(x))이다. | d=0.05 |

| | | |
|---|---|---|
| speckle | 얼룩반점을 뿌리는 것과 같은 잡음이다.<br>imnoise(x, 'speckle', v) ;<br>v : 분산 | v=0.04 |

Program

```
% ==========================================================
% 파일명: PR_5_12.m
% 용도: imnoise 함수를 이용한 잡음혼입
% 사용함수: y=imnoise(x,'잡음유형');
%          y=imnoise(x,'잡음유형',파라미터);
% ==========================================================
clear,clc
x = imread('a11.jpg');
% 잡음유형을 변경하면서 출력영상 관찰
y1=imnoise(x,'gaussian');
y2=imnoise(x,'poisson');
y3=imnoise(x,'salt & pepper');
y4=imnoise(x,'speckle');
%
figure,subplot(231),imshow(x),subplot(232),imshow(y1)
       subplot(233),imshow(y2),subplot(234),imshow(y3)
       subplot(235),imshow(y4)
% 파라미터변경과 출력영상
y5=imnoise(x,'gaussian',0.1, 0.02);
y6=imnoise(x,'salt & pepper',0.01);
%
figure,subplot(121),imshow(y4),subplot(122),imshow(y5)
```

Result

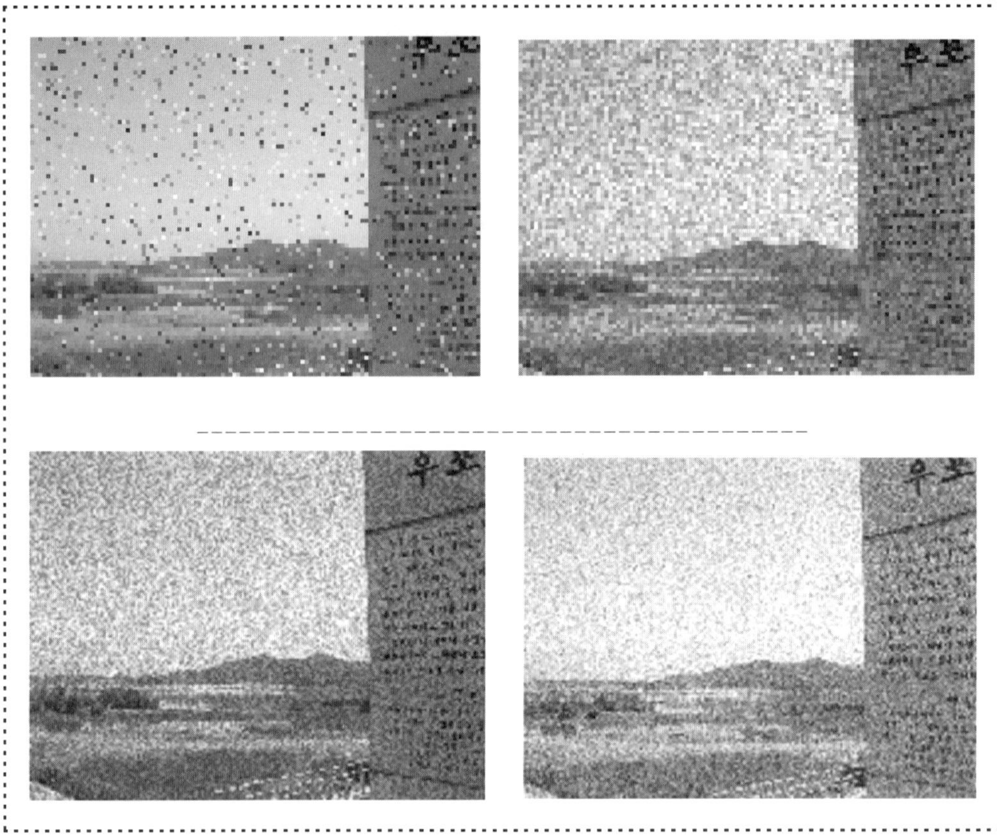

PR_5_12

위의 프로그램 연습을 통해 imnoise 함수를 익혔으면 이제는 medfilt2를 사용해 보자.

```
y = medfilt2(x) ;
y = medfilt2(x, [m n]) ;
```

필터 사용시 마스크의 default값은 3×3이다. 마스크 크기를 지정하려면 [m n]을 사용한다.

Program

```
% ==========================================================
% 파일명: PR_5_13.m
% 용도: medfilt2 함수를 이용한 잡음제거
% 사용함수: y=medfilt2(x);
%           y=medfilt2(x,[m n]);
% ==========================================================
clear,clc
x=imread('a11.jpg');
% 잡음혼입
n=imnoise(x,'salt & pepper');
% 메디안필터 적용
n=rgb2gray(n);
y1=medfilt2(n);
y2=medfilt2(n,[9 11]);
%
figure,subplot(221),imshow(x), subplot(222),imshow(n)
       subplot(223),imshow(y1),subplot(224),imshow(y2)
```

Result

PR_5_13

## 연 습 문 제

1. 그림 5-41 디지털 영상 데이터를 마스크처리 하고자 한다. 그림 5-41의 각 마스크에 대한 처리결과를 보여라. 이때 외곽과 모서리는 0으로 처리한다. <제출용>

| | | | | | | | |
|---|---|---|---|---|---|---|---|
| 11 | 37 | 47 | 28 | 7 | 120 | 238 | 231 |
| 43 | 79 | 10 | 10 | 10 | 10 | 218 | 165 |
| 72 | 117 | 66 | 46 | 45 | 69 | 109 | 97 |
| 22 | 73 | 107 | 255 | 69 | 10 | 21 | 32 |
| 14 | 83 | 215 | 255 | 143 | 61 | 36 | 13 |
| 43 | 91 | 205 | 225 | 112 | 55 | 43 | 41 |
| 26 | 29 | 37 | 55 | 49 | 31 | 16 | 43 |

[그림 5-41]

| | | |
|---|---|---|
| $\frac{1}{9}$ | $\frac{1}{9}$ | $\frac{1}{9}$ |
| $\frac{1}{9}$ | $\frac{1}{9}$ | $\frac{1}{9}$ |
| $\frac{1}{9}$ | $\frac{1}{9}$ | $\frac{1}{9}$ |

(a)

| | | | | | | | |
|---|---|---|---|---|---|---|---|
| | | | | | | | |
| | | | | | | | |
| | | | | | | | |
| | | | | | | | |
| | | | | | | | |
| | | | | | | | |
| | | | | | | | |

<결과 영상데이터>

| -1 | -1 | -1 |
|---|---|---|
| -1 | 8 | -1 |
| -1 | -1 | -1 |

(b)

| | | | | | | | |
|---|---|---|---|---|---|---|---|
| | | | | | | | |
| | | | | | | | |
| | | | | | | | |
| | | | | | | | |
| | | | | | | | |
| | | | | | | | |

<결과 영상데이터>

| -1 | 0 | 0 |
|---|---|---|
| 0 | 0 | 0 |
| 0 | 0 | 1 |

(c)

| | | | | | | | |
|---|---|---|---|---|---|---|---|
| | | | | | | | |
| | | | | | | | |
| | | | | | | | |
| | | | | | | | |
| | | | | | | | |
| | | | | | | | |

<결과 영상데이터>

[그림 5-42]

2. 그림 5-43 디지털 영상 데이터를 그림 5-44의 마스크로 처리한 결과를 보여라.

<제출용>

이때 외곽과 모서리는 그 인접 화소값을 취한다.

| 50 | 50 | 50 | 50 | 50 | 50 | 50 | 50 | 50 | 50 |
|---|---|---|---|---|---|---|---|---|---|
| 50 | 50 | 50 | 50 | 200 | 200 | 200 | 50 | 50 | 50 |
| 50 | 50 | 50 | 200 | 200 | 200 | 200 | 200 | 50 | 50 |
| 50 | 50 | 50 | 200 | 200 | 200 | 200 | 200 | 50 | 50 |
| 50 | 50 | 50 | 200 | 200 | 200 | 200 | 80 | 60 | 50 |
| 50 | 50 | 50 | 200 | 200 | 200 | 200 | 80 | 60 | 50 |
| 50 | 50 | 50 | 200 | 200 | 200 | 200 | 200 | 60 | 50 |
| 50 | 50 | 50 | 50 | 50 | 50 | 50 | 50 | 50 | 50 |
| 50 | 50 | 50 | 30 | 50 | 50 | 50 | 50 | 50 | 50 |
| 50 | 50 | 50 | 30 | 30 | 30 | 30 | 30 | 50 | 50 |

[그림 5-43]

| 0 | 0 | 0 |
|---|---|---|
| 0 | 1 | 0 |
| 0 | -1 | 0 |

(a)

| | | | | | | | | | |
|---|---|---|---|---|---|---|---|---|---|
| | | | | | | | | | |
| | | | | | | | | | |
| | | | | | | | | | |
| | | | | | | | | | |
| | | | | | | | | | |
| | | | | | | | | | |
| | | | | | | | | | |
| | | | | | | | | | |
| | | | | | | | | | |

<결과 영상데이터>

| | | | | | | | | | |
|---|---|---|---|---|---|---|---|---|---|
| | | | | | | | | | |
| | | | | | | | | | |
| | | | | | | | | | |
| | | | | | | | | | |
| | | | | | | | | | |
| | | | | | | | | | |
| | | | | | | | | | |
| | | | | | | | | | |
| | | | | | | | | | |

| 0 | 0 | 0 |
|---|---|---|
| 0 | 1 | -1 |
| 0 | 0 | 0 |

(b)

<결과 영상데이터>

| | | | | | | | | | |
|---|---|---|---|---|---|---|---|---|---|
| | | | | | | | | | |
| | | | | | | | | | |
| | | | | | | | | | |
| | | | | | | | | | |
| | | | | | | | | | |
| | | | | | | | | | |
| | | | | | | | | | |
| | | | | | | | | | |
| | | | | | | | | | |

| 0 | 0 | -1 |
|---|---|---|
| 0 | 1 | 0 |
| 0 | 0 | 0 |

(c)

<결과 영상데이터>

| -1 | 0 | 0 |
|---|---|---|
| 0 | 1 | 0 |
| 0 | 0 | 0 |

(d)

| | | | | | | | | | |
|---|---|---|---|---|---|---|---|---|---|
| | | | | | | | | | |
| | | | | | | | | | |
| | | | | | | | | | |
| | | | | | | | | | |
| | | | | | | | | | |
| | | | | | | | | | |
| | | | | | | | | | |
| | | | | | | | | | |
| | | | | | | | | | |

<결과 영상데이터>

3. 에지처리 기법 가운데 하나를 선택하여 임의 영상에 대해 처리한 결과를 보여라.

4. 전체처리와 국부처리의 처리 요령과 장단점을 열거 하여라.

# 제 6 장 주파수 분석과 변환

## 들어가는 말

영상에서의 주파수는 우리들이 흔히 알고 있는 주파수 개념과 다르다. 60Hz, 1KHz와 같은 것이 아니다. 영상의 주파수는 사진기술에서 빌어온 개념이다. 카메라 앞에 고주파필터를 부착하면 영상이 선명해진다. 반대로 흐리게 만들고 싶으면 저주파 필터를 렌즈 앞에 끼운다. 즉 저주파나 고주파로 불리는 주파수란 결국 색도차이가 많으냐 적으냐에 달려 있다. 영상에서 영역 사이에 색도차가 커서 뚜렷하면 선명해진다. 이것이 고주파 성분이 많은 것이다. 반대로 색도차이가 작아서 흐릿해지면 저주파 성분이 큰 것이다. 영상의 주파수 특성은 영상의 선명도 분석에 중요한 정보를 제공한다. 필터설계를 가능케 한다. 또한 주파수 분석 기법인 FFT와 DCT에 의해 영상분석, 필터설계는 물론 영상압축도 가능하다. 이 장에서는 영상의 주파수 의미를 고찰하고 분석기법을 이해하도록 한다.

**내 용**

## 6.1 주파수와 2차원 DFT(Discrete Fourier Transform)

### 주파수 의미

영상에서의 주파수는 음성 신호의 주파수 개념과 다르다. 일곱 가지 무지개 색으로 표현되는 주파수적 의미도 아니다. 영상에서의 주파수는 영상 내에서 얼마나 많은 색도 변화가 일어나느냐를 말한다. 영상 내 데이터값이 오직 하나의 숫자로만 표현되면 주파수는 0이다. 직류에 해당한다. 영상의 색도변화가 클수록 주파수는 높다. 색도 변화폭이 큰 화소들이 무수히 뿌려져 있을 때 주파수는 높다. 반면에 안개 낀 것처럼 전체적으로 희미하면, 색도변화폭이 그리 높지 않아 저주파성분이 많다고 말한다. 앞에서 살펴본 흐림처리(blurring)는 영상 내에 고주파성분을 제거하고 저주파성분만을 추출한다. 처리 후 영상은 희미하다. 그러나 샤프닝은 영상 내 저주파 성분을 억제하고 고주파 성분을 추출하며 강화하기 때문에 색도변화차이가 강조되어 영상이 선명하다. 그림 6-1에 주파수 상태에 따른 영상의 색도변화를 보이고 있다.

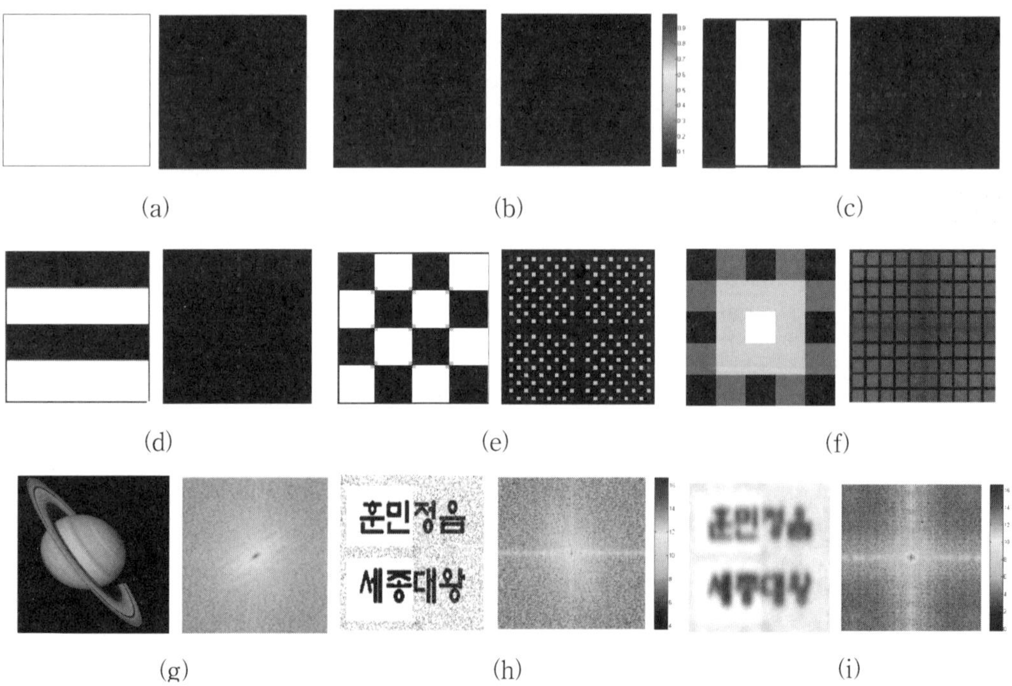


[그림 6-1]

## DFT (Discrete Fourier Transform)

### 개 요

일차원 신호에서도 DFT가 있듯이 이차원 신호인 영상신호도 DFT가 있다. 일차원 DFT와 접근법이 유사하다. 단지 알고리즘을 2차원으로 확대한다.

### 수 식

M × N 영상 $f(x,y)$의 주파수 분석

$$F(k,s)=\frac{1}{MN}\sum_{x=0}^{M-1}\sum_{y=0}^{N-1} f(x,y)\, e^{-j\frac{2\pi}{M}xk} e^{-j\frac{2\pi}{N}ys} \tag{6.1}$$

회전인자 $W_1 = e^{-j\frac{2\pi}{M}}$, $W_2 = e^{-j\frac{2\pi}{N}}$

여기서, $x = 0, 1, 2, \cdots, M-1$, $y = 0, 1, 2, \cdots, N-1$

[참고] 역 DFT 즉 IDFT

$$f(x,y)=\sum_{k=0}^{M-1}\sum_{s=0}^{N-1} F(k,s)\, e^{-j\frac{2\pi}{M}xk} e^{-j\frac{2\pi}{N}ys} \tag{6.2}$$

[영상 DFT 별해]

$$G= f(x,y),\ U_{\alpha\beta}=\frac{1}{\sqrt{N}}e^{-j\frac{2\pi}{N}\alpha\beta},\quad U= U^T,\ 0\le \alpha,\ \beta\le N-1$$

$$F(k,s)= UGU \tag{6.3}$$

**보기1**

식 (6.1)만 가지고는 잘 이해되지 않으니, 다음의 보기를 통해 2차원 DFT를 이해한다.

| $\alpha_{00}$ | $\alpha_{01}$ | $\alpha_{02}$ | $\alpha_{03}$ |
|---|---|---|---|
| $\alpha_{10}$ | $\alpha_{11}$ | $\alpha_{12}$ | $\alpha_{13}$ |

[그림 6-2]

그림 6-2 영상데이터에 식 (6.1)을 적용하여 주파수를 분석한다. 그림 6-2 데이터는 2×4행렬이다. $M=2$, $N=4$이다. 식 (6.1)에 적용한다.

$$F(k,s)=\frac{1}{2\times 4}\sum_{x=0}^{1}\sum_{y=0}^{3}a_{xy}\,e^{-j\frac{2\pi}{2}xk}e^{-j\frac{2\pi}{4}ys} \quad ①$$

식 ①에서 회전인자

$$W_1=e^{-j\pi}=-1\,,\quad W_2=e^{-j\frac{2\pi}{4}}=-j$$

[참고]

$$e^{-j\pi}=1\angle -180^{\circ}=-1$$
$$e^{-j\frac{\pi}{2}}=1\angle -90^{\circ}=-j$$

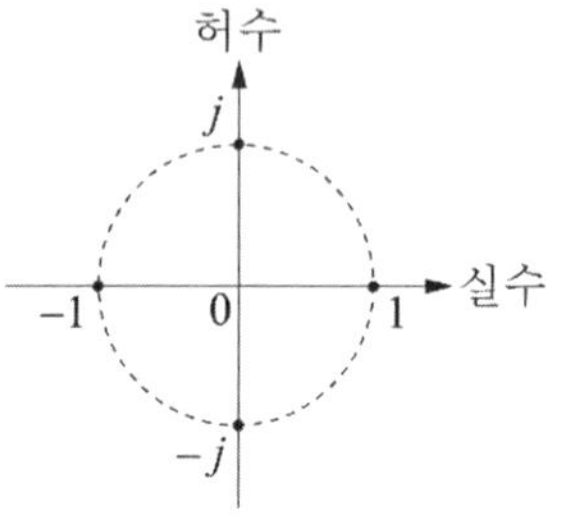


회전 인자로 식 ①을 정리한다.

$$F(k,s)=\frac{1}{8}\sum_{x=0}^{1}\sum_{y=0}^{3}a_{xy}(-1)^{xk}(-j)^{ys} \quad ②$$

식 ②를 $x=0,\ 1,\ y=0,\ 1,\ 2,\ 3$에 대하여 푼다.

$$F(k,s)=\frac{1}{8}\{a_{00}(-1)^{0k}(-j)^{0s}+a_{01}(-1)^{0k}(-j)^{s}+a_{02}(-1)^{0k}(-j)^{2s}$$
$$+a_{03}(-1)^{0k}(-j)^{3s}+a_{10}(-1)^{k}(-j)^{0s}+a_{11}(-1)^{k}(-j)^{s}+a_{12}(-1)^{k}(-j)^{2s}$$
$$+a_{13}(-1)^{k}(-j)^{3s}\} \quad ③$$

DFT 동작에서 $k$와 $s$는 $x$와 $y$와 동일하다. 즉 $k=0,\ 1,\ s=0,\ 1,\ 2,\ 3$이다.
$k$와 $s$를 식 ③에 대입하여 $F(k,\ s)$를 산출한다.

$\underline{k}$ $\underline{s}$

0 0, $F(0,0) = \frac{1}{8}(a_{00} + a_{01} + a_{02} + a_{03} + a_{10} + a_{11} + a_{12} + a_{13})$

0 1, $F(0,1) = \frac{1}{8}\{a_{00} + a_{01}(-j) + a_{02}(-j)^2 + a_{03}(-j)^3 + a_{10}$

$+ a_{11}(-j) + a_{12}(-j)^2 + a_{13}(-j)^3\}$

$= \frac{1}{8}(a_{00} - ja_{01} - a_{02} + ja_{03} + a_{10} - ja_{11} - a_{12} + ja_{13})$

여기서, $(-j)^2 = -1$, $(-j)^3 = j$

0 2, $F(0,2) = \frac{1}{8}\{a_{00} + a_{01}(-j)^2 + a_{02}(-j)^4 + a_{03}(-j)^6 + a_{10}$

$+ a_{11}(-j)^2 + a_{12}(-j)^4 + a_{13}(-j)^6\}$

$= \frac{1}{8}(a_{00} - a_{01} + a_{02} - a_{03} + a_{10} - a_{11} + a_{12} - a_{13})$

여기서, $(-j)^4 = 1$, $(-j)^6 = -1$

0 3, $F(0,3) = \frac{1}{8}\{a_{00} + a_{01}(-j)^3 + a_{02}(-j)^6 + a_{03}(-j)^9 + a_{10}$

$+ a_{11}(-j)^3 + a_{12}(-j)^6 + a_{13}(-j)^9\}$

$= \frac{1}{8}(a_{00} + ja_{01} - a_{02} - ja_{03} + a_{10} + ja_{11} - a_{12} - ja_{13})$

여기서, $(-j)^9 = -j$

1 0, $F(1,0) = \frac{1}{8}\{a_{00} + a_{01} + a_{02} + a_{03} + a_{10}(-1) + a_{11}(-1) + a_{12}(-1) + a_{13}(-1)\}$

$= \frac{1}{8}(a_{00} + a_{01} + a_{02} + a_{03} - a_{10} - a_{11} - a_{12} - a_{13})$

1 1, $F(1,1) = \frac{1}{8}\{a_{00} + a_{01}(-j) + a_{02}(-j)^2 + a_{03}(-j)^3 + a_{10}(-1)$

$+ a_{11}(-1)(-j) + a_{12}(-1)(-j)^2 + a_{13}(-1)(-j)^3\}$

$= \frac{1}{8}(a_{00} - ja_{01} - a_{02} + ja_{03} - a_{10} + ja_{11} + a_{12} - ja_{13})$

1 2, $F(1,2) = \frac{1}{8}\{a_{00} + a_{01}(-j)^2 + a_{02}(-j)^4 + a_{03}(-j)^6 + a_{10}(-1)$

$+ a_{11}(-1)(-j)^2 + a_{12}(-1)(-j)^4 + a_{13}(-1)(-j)^6\}$

$= \frac{1}{8}(a_{00} - a_{01} + a_{02} - a_{03} - a_{10} + a_{11} - a_{12} + a_{13})$

$$1 \quad 3\,, \quad F(1,3) = \frac{1}{8}\{a_{00} + a_{01}(-j)^3 + a_{02}(-j)^6 + a_{03}(-j)^9 + a_{10}(-1) + a_{11}(-1)(-j)^3 + a_{12}(-1)(-j)^6 + a_{13}(-1)(-j)^9\}$$

$$= \frac{1}{8}(a_{00} + j a_{01} - a_{02} - j a_{03} - a_{10} - j a_{11} + a_{12} + j a_{13})$$

지루한 계산이 모두 끝났다. 복소수 계산과 부호에 신경을 써야할 것이다. 컴퓨터에 의해 계산한다면 크게 신경 쓸 일없이 간단히 끝낼 수 있다. 하여튼 이렇게 계산한 F(0, 0), F(0, 1), ⋯, F(1, 2), F(1, 3) 의 8개 값이 주파수 분석결과이다. 이를 정리하여 주파수 분석결과 데이터로 나타내면 그림 6-3과 같다. 복소수 계산이 익숙지 않은 학생은 그림 6-4를 참조하면 된다.

| F(0, 0) | F(0, 1) | F(0, 2) | F(0, 3) |
|---|---|---|---|
| F(1, 0) | F(1, 1) | F(1, 2) | F(1, 3) |

[그림 6-3]

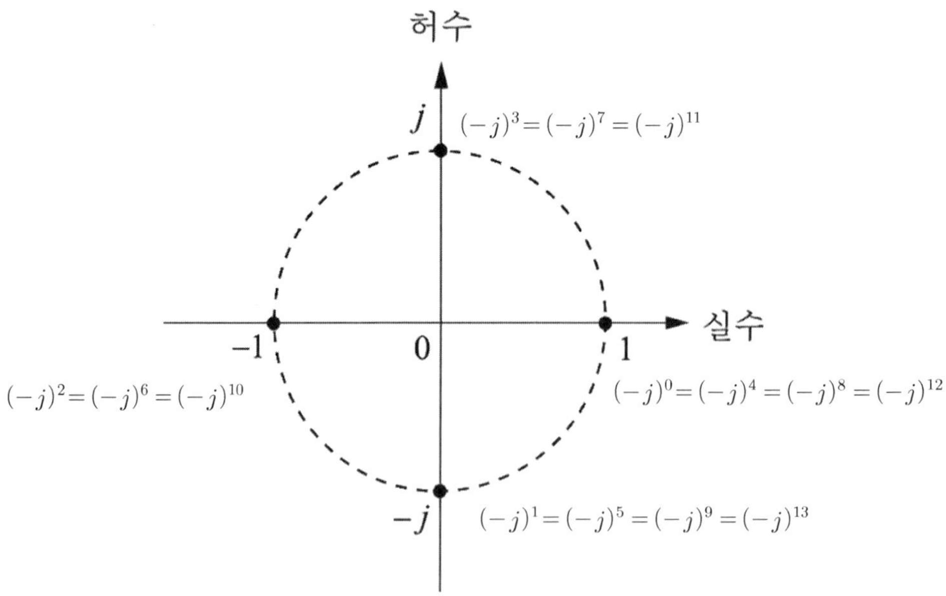


[그림 6-4]

### 예 제 6-1

일차원 신호의 DFT

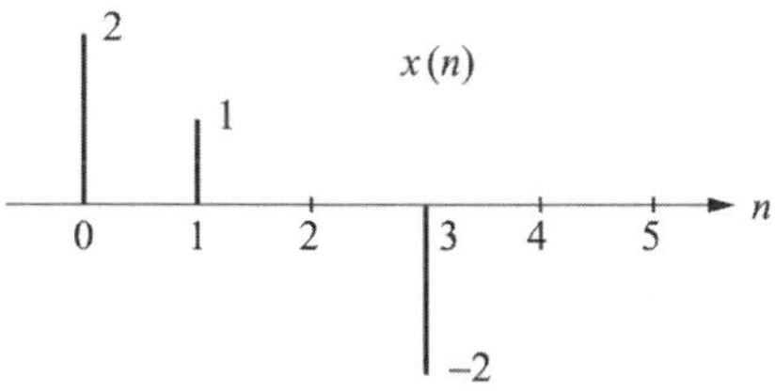


[그림 6-5]

그림 6-5는 일차원 신호로서 $x(n)$의 $n$ = 0, 1, 2, 3 에 대하여 $x(0)=2$, $x(1)=1$, $x(3)=-2$이다. 이 신호를 DFT하여 주파수 특성을 분석하시오.

**풀이와 해설**

(1) 먼저 이산신호 수열의 개수 $N$ 을 구한다. $N=4$, $n=0, 1, 2, 3$

$$X(k)=\sum_{n=0}^{3} x(n) e^{-j\frac{\pi}{2}nk}$$

$x(n)$에서 $x(0)=2,\ x(1)=1,\ x(2)=0,\ x(3)=-2$

회전인자 $W=e^{-j\frac{\pi}{2}}=\cos(-\frac{\pi}{2})+j\sin(-\frac{\pi}{2})=-j$

$W^0=1,\ W^1=-j,\ W^2=-1,\ W^3=-j$

$X(k)=x(0)W^0+x(1)W^k+x(2)W^{2k}+x(3)W^{3k}$

$k=0\sim3$에 대하여 계산한다.

$$X(0)=x(0)W^0+x(1)W^0+x(2)W^0+x(3)W^0$$
$$=x(0)+x(1)+x(2)+x(3)=1$$
$$X(1)=x(0)W^0+x(1)W^1+x(2)W^2+x(3)W^3$$
$$=x(0)-jx(1)-x(2)+jx(3)=2-3j=\sqrt{13}\angle-56.3^{\circ}$$
$$X(2)=x(0)W^0+x(1)W^2+x(2)W^4+x(3)W^6$$
$$=x(0)-x(1)+x(2)-jx(3)=3$$
$$X(3)=x(0)W^0+x(1)W^3+x(2)W^6+x(3)W^9$$
$$=x(0)+jx(1)-x(2)-jx(3)=2+3j=\sqrt{13}\angle56.3^{\circ}$$

$X(0), X(1), X(2), X(3)$은 복소수로서 크기와 위상 각각에 대하여 별도로 정리한다.

크기 : $\{1,\ \sqrt{13},\ 3,\ \sqrt{13}\}$
위상 : $\{0,\ -56.3°,\ 0,\ 56.3°\}$

크기와 위상의 그래프를 $k=0, 1, 2, 3$에 대하여 그린다(그림 6-6).

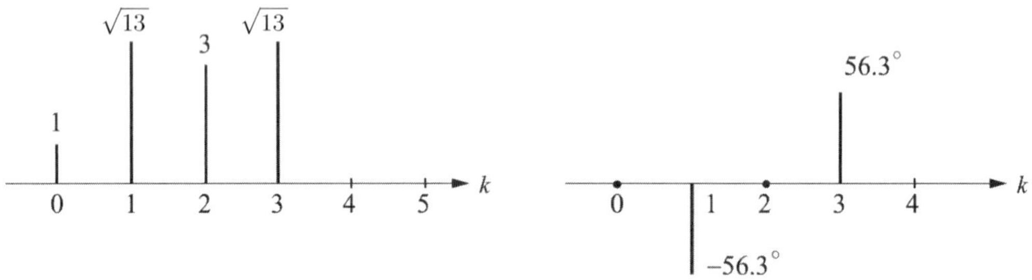


(a) $|X(k)|$, 크기　　(b) $\angle X(k)$, 위상

[그림 6-6]

### 예 제 6-2

다음 영상을 DFT 하여라.

| 0 | 0 | 1 | 0 |
|---|---|---|---|
| 0 | 0 | 1 | 0 |
| 0 | 0 | 1 | 0 |
| 0 | 0 | 1 | 0 |

[그림 6-7]

#### 풀이와 해설

$$f(x,y)=\begin{pmatrix}0&0&1&0\\0&0&1&0\\0&0&1&0\\0&0&1&0\end{pmatrix}\quad x, y=0,1,2,3\quad N=M=4,\quad e^{-j\frac{2\pi}{4}}=-j$$

$$f_{00}=0,\ f_{01}=0,\ f_{02}=1,\ f_{03}=0,\ f_{10}=0,\ f_{11}=0,\ f_{12}=1,\ f_{13}=0,$$
$$f_{20}=0,\ f_{21}=0,\ f_{22}=1,\ f_{23}=0,\ f_{30}=0,\ f_{31}=0,\ f_{32}=0,\ f_{33}=0$$

여기서는 행렬의 열과 행이 4로서 동일하여 식 (6.1)의 $\frac{1}{M\times N}$의 분모를 4로 놓고 계산한다.

$$\begin{aligned}F(k,s)=\frac{1}{4}\{&f_{00}(-j)^{0k}(-j)^{0s}+f_{01}(-j)^{0k}(-j)^{s}+f_{02}(-j)^{0k}(-j)^{2s}+f_{03}(-j)^{ok}(-j)^{3s}\\&+f_{10}(-j)^{k}(-j)^{0s}+f_{11}(-j)^{k}(-j)^{s}+f_{12}(-j)^{k}(-j)^{2s}+f_{13}(-j)^{k}(-j)^{3s}\\&+f_{20}(-j)^{2k}(-j)^{0s}+f_{21}(-j)^{2k}(-j)^{s}+f_{22}(-j)^{2k}(-j)^{2s}+f_{23}(-j)^{2k}(-j)^{3s}\\&+f_{30}(-j)^{3k}(-j)^{0s}+f_{31}(-j)^{3k}(-j)^{s}+f_{32}(-j)^{3k}(-j)^{2s}+f_{33}(-j)^{3k}(-j)^{3s}\}\\=&(-j)^{2s}+(-j)^{k}(-j)^{2s}+(-j)^{2k}(-j)^{2s}+(-j)^{3k}(-j)^{2s}\end{aligned}$$

$k,\ s=0,\ 1,\ 2,\ 3$ 을 대입하여 $F(k,\ s)$를 구한다.

$$F(0,\ 0)=(1+1+1+1)/4=1$$
$$F(0,\ 1)=\{(-j)^2+(-j)^2+(-j)^2+(-j)^2\}/4=-1$$
$$F(0,\ 2)=\{(-j)^4+(-j)^4+(-j)^4+(-j)^4\}/4=1$$
$$F(0,\ 3)=\{(-j)^6+(-j)^6+(-j)^6+(-j)^6\}/4=-1$$
$$F(1,\ 0)=\{(-j)^0+(-j)(-j)^0+(-j)^2(-j)^0+(-j)^3(-j)^0\}/4=0$$
$$F(1,\ 1)=\{(-j)^2+(-j)(-j)^2+(-j)^2(-j)^{-2}+(-j)^3(-j)^2\}/4=0$$

---------- 이하 모두 0 ----------

정리하면,

$F(k,\ 1)=$

| 1 | -1 | 1 | 1 |
|---|---|---|---|
| 0 | 0 | 0 | 0 |
| 0 | 0 | 0 | 0 |
| 0 | 0 | 0 | 0 |

[그림 6-8]

## 6.2 FFT(Fast Fourier Transform)

**FFT는 DFT를 빠르게 계산하는 방식이다.**

이산신호 분석 알고리즘의 대명사인 FFT는 DFT계산을 고속으로 처리하려는 와중에 나왔다. 이 FFT 알고리즘이 제시되면서 신호처리는 활기를 띠게 되었고, 나중에는 신호스펙트럼 분석기의 이름이 되기까지 하였다. FFT는 새로운 형태의 알고리즘이 아니라, DFT알고리즘의 일종의 변형이다. DFT계산과정에서는 데이터 수 $N$ 개에 대하여 $N^2$의 곱셈과 $N(N-1)$회의 덧셈을 해야 한다. FFT는 이 방대한 계산량을 줄이는 알고리즘으로서 그 기본 핵심은 회전인자 $W$ 에 있다. 회전인자의 특성을 적절히 사용하여 계산 시간을 줄인 것이다. 여기에는 기본적으로 시간 영역신호 $x(n)$과 주파수영역신호 $X(k)$를 좌·우에 배치하여 좌측 $x(n)$의 배열을 바꾸어 계산하여 $X(k)$를 이끌어내는 방법과 우측의 $X(k)$의 배열을 바꾸어 $x(n)$으로부터 $X(k)$를 구하는 두 계산 방식으로 구분한다. 전자를 시간 추출 알고리즘, 후자를 주파수 추출 알고리즘이라 한다.

**일차원 데이터의 FFT**

이차원 영상 데이터의 FFT 계산에 앞서 먼저 FFT의 이해를 돕기 위해 일차원 데이터의 FFT 과정을 소개한다. 이해를 돕기 위해 8(개)의 데이터가 있는 신호를 대상으로 설명한다. 신호$x(n)$의 데이터가 8(개)이므로 아래 식 (6.4)의 $N=8$이다.

$$\text{DFT} : X(k) = \sum_{n=0}^{N-1} x(n)\, e^{-j\frac{2\pi}{N}nk} \tag{6.4}$$

$$= \sum_{n=0}^{N-1} x(n) W^{nk}, \quad W = e^{-j\frac{2\pi}{N}} \ : \text{회전인자}$$

FFT 계산은 DFT 계산에서 유도된다. $N=8$에서 FFT 계산을 DFT로부터 유추해보자.

$$X(k) = \sum_{n=0}^{7} x(n)\, W^{nk} \tag{6.5}$$

$$W = e^{-j\frac{2\pi}{8}} = \frac{\sqrt{2}}{2} - j\frac{\sqrt{2}}{2},$$

$W^0 \sim W^7$에 대하여 그림 6-9를 보면서 그 값을 정리한다.

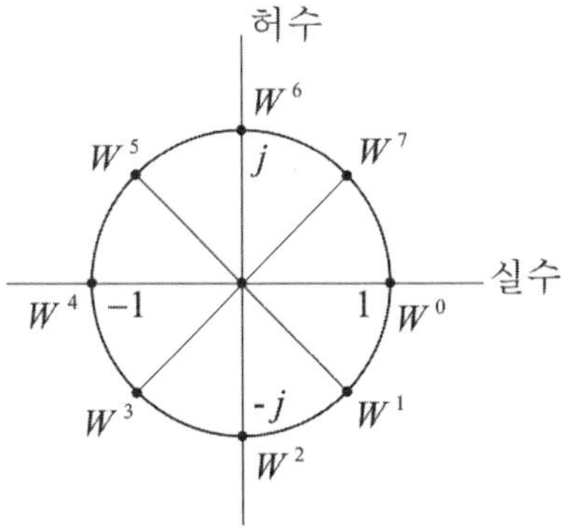


[그림 6-9]

$$W^0=1,\ \ W^1=\frac{\sqrt{2}}{2}-j\frac{\sqrt{2}}{2},\ \ W^2=-j\ ,$$

$$W^3=-\frac{\sqrt{2}}{2}-j\frac{\sqrt{2}}{2}$$

$$W^4=-1,\ \ W^5=-\frac{\sqrt{2}}{2}-j\frac{\sqrt{2}}{2},\ \ W^6=j\ ,$$

$$W^7=\frac{\sqrt{2}}{2}+j\frac{\sqrt{2}}{2}$$

식 (6.5)의 $\sum$를 $n=0,1,\cdots,7$에 대하여 풀어 쓴다.

$$X(k)=x(0)W^0+x(1)W^k+x(2)W^{2k}+x(3)W^{3k}+x(4)W^{4k}+x(5)W^{5k}+x(6)W^{6k}+x(7)W^{7k}$$

i) $k=0$ 일 때

$$X(0)=x(0)+x(1)+x(2)+x(3)+x(4)+x(5)+x(6)+x(7)$$

ii) $k=1$ 일 때

$$X(1)=x(0)W^0+x(1)W+x(2)W^2+x(3)W^3+x(4)W^4+x(5)W^5+x(6)W^6+x(7)W^7$$

단계 1 : 우변의 8개항에서 홀수 번째 것들과 짝수 번째 항들을 끼리끼리 모은다.

$$X(1)=\underbrace{x(0)W^0+x(2)W^2+x(4)W^4+x(6)W^6}_{\text{짝수항}}+\underbrace{x(1)W^1+x(3)W^3+x(5)W^5+x(7)W^7}_{\text{홀수항}}$$

단계 2 : 짝수항과 홀수항으로 양분되었으면, 그 다음 짝수항은 짝수항 대로 홀수항은 홀수항 대로 다시 한번 짝수항과 홀수항으로 또 나눈다.

$$X(1)=\underbrace{\underbrace{x(0)W^0+x(4)W^4}_{\text{짝 수}}+\underbrace{x(2)W^2+x(6)W^6}_{\text{홀 수}}}_{\text{짝 수}}+\underbrace{\underbrace{x(1)W+x(5)W^5}_{\text{짝 수}}+\underbrace{x(3)W^3+x(7)W^7}_{\text{홀 수}}}_{\text{홀 수}}$$

단계 3 : 공통인자로 서로 묶으면 재미있는 결과식이 나온다.

$$X(1) = \underline{x(0)W^0 + x(4)W^4} + W^2[\underline{x(2) + x(6)W^4}] + W[\underline{x(1) + x(5)W^4}]$$

$$+ W^3[\underline{x(3) + x(7)W^4}]$$

네 부분 모두 $W^0$과 $W^4$의 형태로 되어 있다. 그림 6-9 회전인자를 보면 $W^0$과 $W^4$은 값이 같고 부호가 서로 반대임을 알 수 있다. 즉 $W^0=1$, $W^4=-1$이다.

따라서 마지막 식은 다음과 같다.

$$X(1) = x(0) - x(4) + W^2[x(2) - x(6)] + W[x(1) - x(5)] + W^3[x(3) - x(7)]$$

이것이 DFT로 부터 FFT 계산 방식을 유추한 것이다. 즉 DFT가 이상의 계산과정을 거쳐 FFT 계산이 된다. 이를 가능케 하는 것이 그림 6-9와 같은 회전인자 특성이다.

$$X(1) = x(0) + x(1)W + x(2)W^2 + x(3)W^3 + x(4)W^4 + x(5)W^5 + x(6)W^6 + x(7)W^7$$

$$\Rightarrow\ x(0) - x(4) + W^2[x(2) - x(6)] + W[x(1) - x(5)] + W^3[x(3) - x(7)]$$

[계산 흐름도]

이 수식 계산 흐름을 그림으로 나타내면 다음 그림 6-10 과 같다.

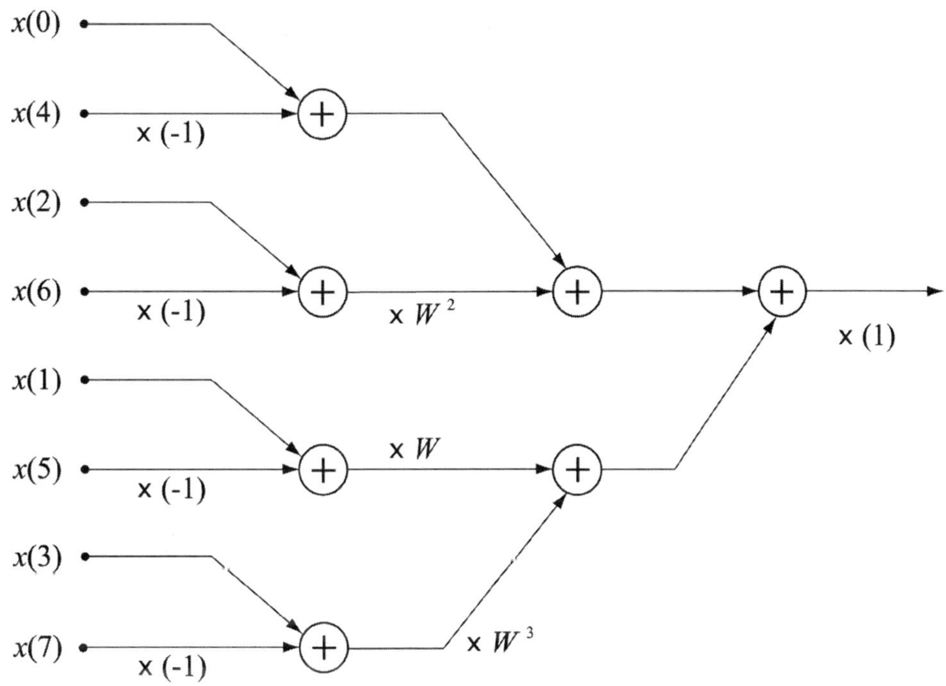


[그림 6-10] X(1) 계산 흐름도

iii) $k=2, 3, 4, 5$ 도 마찬가지로 계산한다. $k=6$일 때를 한번 계산해 본다.
$X(6)$을 짝수 항과 홀수 항들로 분류한다.

$$\begin{aligned} X(6) &= x(0)W^0+x(1)W^6+x(2)W^{12}+x(3)W^{18}+x(4)W^{24}+x(5)W^{30}+x(6)W^{36}+x(7)W^{42} \\ &= \left[x(0)+x(2)W^{12}+x(4)W^{24}+x(6)W^{36}\right]+\left[x(1)W^6+x(3)W^{18}+x(5)W^{30}+x(7)W^{42}\right] \\ &= \left[x(0)+x(4)W^{24}\right]+\left[x(2)W^{12}+x(6)W^{36}\right]+\left[x(1)W^6+x(5)W^{30}\right]+\left[x(3)W^{18}+x(7)W^{42}\right] \end{aligned}$$

회전인자의 특성을 적용한다.

$$W^{24}=W^0=1,\ W^{12}=W^4,\ W^{18}=W^2,\ W^4=-W^0=-1, W^6=-W^2$$

이를 $X(6)$식에 대입하여 정리한다.

$$X(6) = [x(0)+x(4)] + W^4[x(2)+x(6)] + W^6[x(1)+x(5)] + W^2[x(3)+x(7)]$$
$$= \{[x(0)+x(4)] - [x(2)+x(6)]\} - W^2\{[x(1)+x(5)] - [x(3)+x(7)]\}$$

이 결과를 계산 흐름도로 그리면 다음 그림 6-11과 같다.

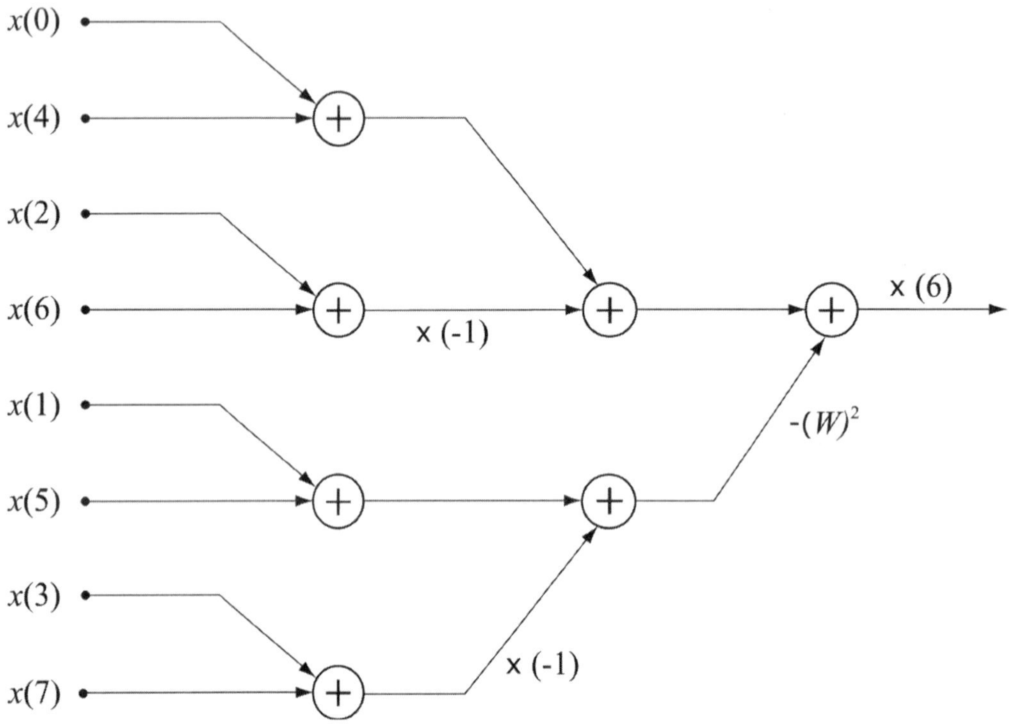


[그림 6-11] X(6) 계산 흐름도

데이터가 8(개)밖에 안 되는 경우도 계산이 장난이 아니다. 알고리즘은 간단한데 데이터 수가 증가할수록 손으로 푸는 것은 거의 불가능하다. FFT계산은 컴퓨터 몫이다. 알고리즘만 잘 이해하고 계산은 컴퓨터에 맡겨야 한다. 다음 보기를 통해 DFT로부터 FFT를 유추하는 알고리즘을 이해하도록 한다.

**보기2** 그림 6-12와 같은 4(개)의 데이터 $x(n)$에서 $x(0)=2$, $x(1)=1$, $x(2)=-1$, $x(3)=1$이다. DFT로부터 FFT 계산과정을 살펴본다.

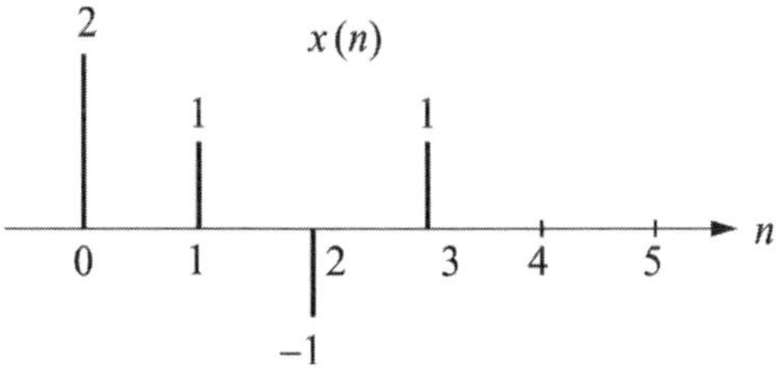


[그림 6-12]

$x(n)$은 $n=0,\ 1,\ 2,\ 3$이고 $N=4$이다.
$x(0)=2,\ x(1)=1,\ x(2)=-1,\ x(3)=1$

먼저 DFT 알고리즘을 적용한다.

$$D[x(n)]=\sum_{n=0}^{N-1}x(n)e^{-j\frac{2\pi}{N}nk}=\sum_{n=0}^{3}x(n)e^{-j\frac{2\pi}{4}nk} \qquad ①$$

여기서, 회전인자 $W=e^{-j\frac{\pi}{2}}=-j$

$$X(k)=D[x(n)]=\sum_{n=0}^{3}x(n)(-j)^{nk} \qquad ②$$
$$=x(0)(-j)^0+x(1)(-j)^k+x(2)(-j)^{2k}+x(3)(-j)^{3k}$$

식 ②에 $x(n)$의 값을 대입한다.

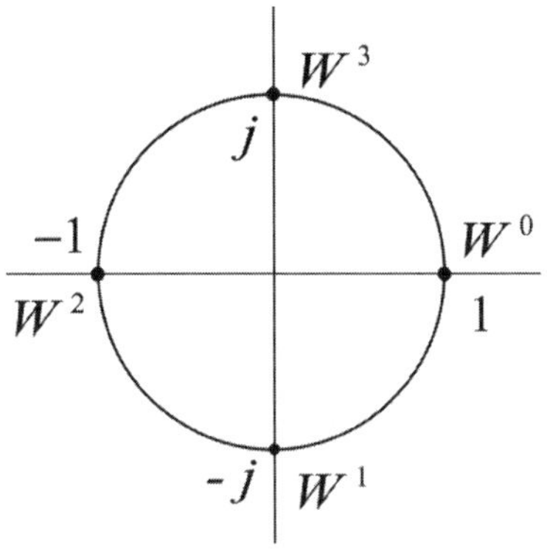


[그림 6-13] 회전인자

$$X(k)=2+(-j)^k-(-j)^{2k}+(-j)^{3k}$$
$$X(0)=2+1-1+1=3$$

$k=1,\ 2,\ 3$에서 FFT과정을 적용한다.

i) $k=1$

$$X(1)=x(0)+x(2)(-j)^2+x(1)(-j)+x(3)(-j)^3$$
$$=x(0)-x(2)+(-j)\,[x(1)-x(3)]$$
$$=3$$

ii) $k=2$

$$\begin{aligned} X(2) &= x(0)+x(2)(-j)^4+x(1)(-j)^2+x(3)(-j)^6 \\ &= x(0)+x(2)+(-j)^2\left[x(1)+x(3)(-j)^4\right] \\ &= x(0)+x(2)+(-j)^2\left[x(1)+x(3)\right] \\ &= -1 \end{aligned}$$

iii) $k=3$

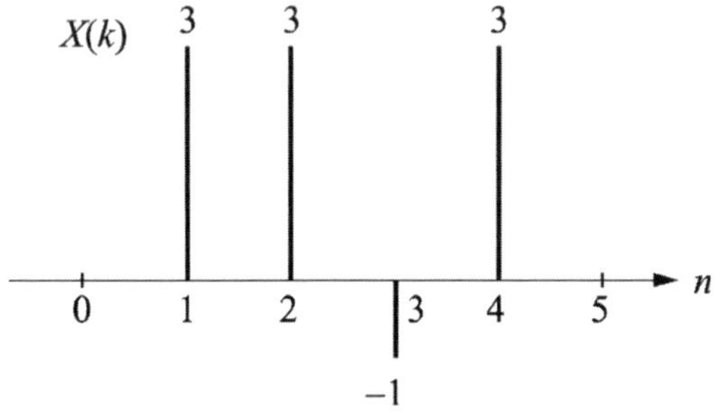


$$\begin{aligned} X(3) &= x(0)+x(2)(-j)^6+x(1)(-j)^3+x(3)(-j)^9 \\ &= x(0)-x(2)+(-j)^3\left[x(1)+x(3)(-j)^6\right] \\ &= x(0)-x(2)+(-j)^3\left[x(1)-x(3)\right] \\ &= 3 \end{aligned}$$

정리한다.

$$X(0)=3,\quad X(1)=3,\quad X(2)=-1,\quad X(3)=3$$

### 예 제 6-3

$n=0,\ 1,\ 2,\cdots,7$이고 $N=8$인 $x(n)$의 $X(4)$와 $X(7)$을 FFT로 구하는 과정을 보여라.

**풀이와 해설**

$x(n)$의 DFT $X(k)$를 쓴다.

$$X(k)=x(0)\,W^0+x(1)\,W^k+x(2)\,W^{2k}+x(3)\,W^{3k}+x(4)\,W^{4k}+x(5)\,W^{5k}+x(6)\,W^{6k}+x(7)\,W^{7k} \quad ①$$

i) $k=4$에 대하여 FFT를 시행한다.

$$X(4)=x(0)+x(4)\,W^{16}+x(2)\,W^8+x(6)\,W^{24}+x(1)\,W^4+x(5)\,W^{20}+x(3)\,W^{12}+x(7)\,W^{28} \quad ②$$

식 ②에서 회전인자를 정리하여 식을 간략화 한다.

$$W^{16}=W^0,\ \ W^8=W^0,\ W^{24}=W^0,\ \ W^{20}=W^4,\ \ W^{12}=W^4,\ \ W^{28}=W^4$$

$$\begin{aligned}X(4)&=x(0)+x(4)+x(2)\,W^0+x(6)\,W^0+x(1)\,W^4+x(5)\,W^4+x(3)\,W^4+x(7)\,W^4\\&=x(0)+x(4)+x(2)+x(6)+W^4[x(1)+x(5)]+W^4[x(3)+x(7)]\\&\quad \mid W^4=-1\\&=x(0)+x(4)+x(2)+x(6)-[x(1)+x(5)+x(3)+x(7)]\end{aligned}$$

ii) $k=7$에 대하여 FFT를 시행한다.

$$X(7)=x(0)+x(4)\,W^{28}+x(2)\,W^{14}+x(6)\,W^{42}+x(1)\,W^7+x(5)\,W^{35}+x(3)\,W^{21}+x(7)\,W^{49}$$

$$W^{28}=W^4,\ \ W^{14}=W^6,\ \ W^{42}=W^2,\ \ W^{35}=W^3,\ \ W^{21}=W^5,\ \ W^{49}=W^1$$

$$\begin{aligned}&=x(0)+x(4)\,W^4+x(2)\,W^6+x(6)\,W^2+x(1)\,W^7+x(5)\,W^3+x(3)\,W^5+x(7)\,W^1\\&=[x(0)-x(4)]-W^2[x(2)-x(6)]-W^3[x(1)-x(5)]-W[x(3)-x(7)]\end{aligned}$$

그림 6-15는 전체 계산 흐름도를 보이고 있다. 이 그림의 계산은 시간영역인 오른쪽에서 왼쪽으로 거슬러 올라간다. 시간 데이터를 추출하므로 이를 시간추출 알고리즘이라 부른다.

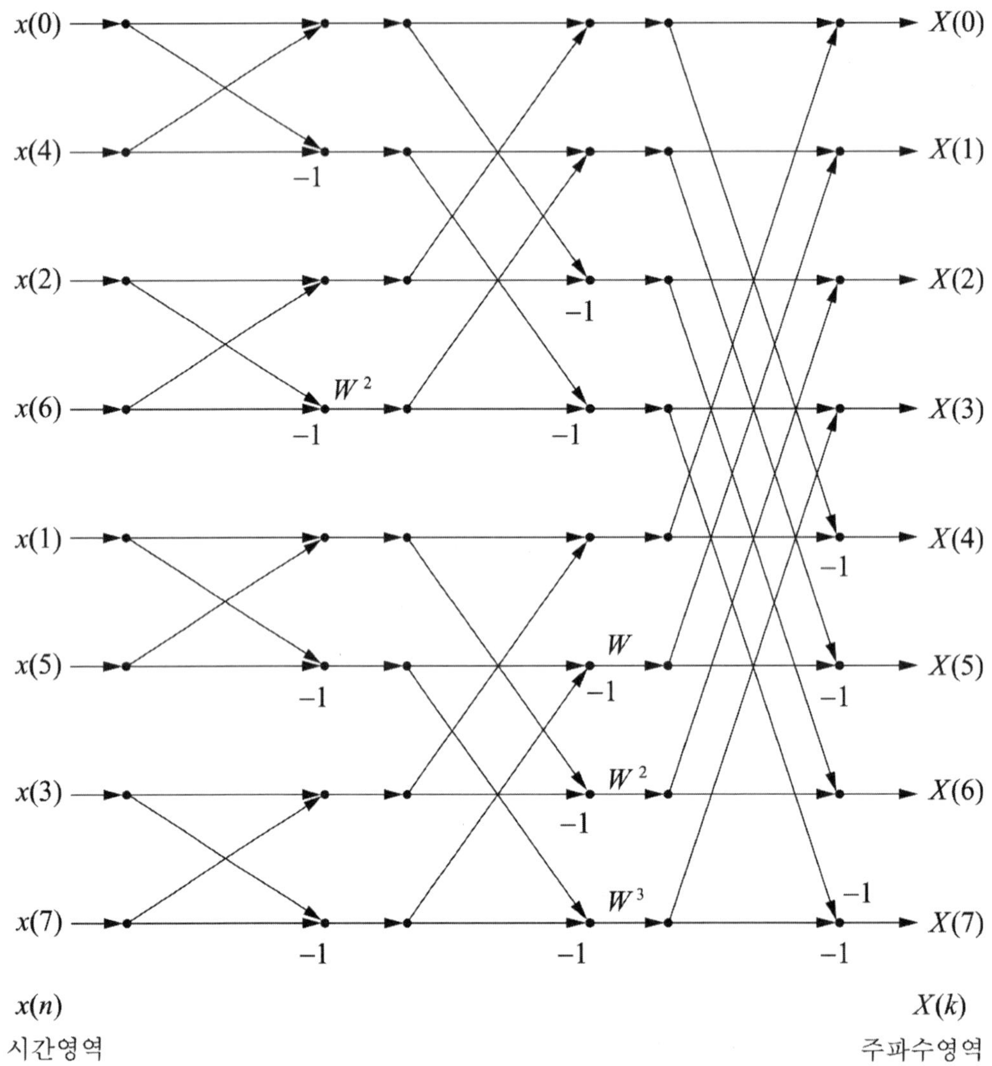


[그림 6-15] 8점 FFT 시간추출 계산 흐름도

이제까지 설명한 계산과정을 계산식에서 추려내는 방식을 그림 6-16에 보였다. $X(3)$에 대하여 제시한다.

$k=3$ : $X(3)=\{x(0)\ \ x(1)W^3\ \ x(2)W^6\ \ x(3)W^9\ \ x(4)W^{12}\ \ x(5)W^{15}\ \ x(6)W^{18}\ \ x(7)W^{21}\}$

홀수와 짝수로 구분 : $\{x(0)\ \ x(2)W^6\ \ x(4)W^{12}\ \ x(6)W^{18}\}\ \{x(1)W^3\ \ x(3)W^9\ \ x(5)W^{15}\ \ x(7)W^{21}\}$

한번 더 구분 : $\{x(0)\ \ x(4)W^{12}\}\ \{x(2)W^6\ \ x(6)W^{18}\}\ \{x(1)W^3\ \ x(5)W^{15}\}\ \{x(3)W^9\ \ x(7)W^{21}\}$

회전인자로 정리 : $W^{12}=W^4=-1,\ \ W^{18}=W^2, W^{15}=W^7,\ \ W^9=W^1,\ \ W^{21}=W^5$

계산 :

$$x(0)-x(4),\ x(2)W^6+x(6)W^2=W^2[x(2)W^4+x(6)]=-W^2[x(2)-x(6)]$$

$$x(1)W^3+x(5)W^7=W^3[x(1)+x(5)W^4]=W^3[x(1)-x(5)]$$

$$x(3)W+x(7)W^5=W[x(3)+x(7)W^4]=W[x(3)-x(7)]$$

합산:

$$X(3)=[x(0)-x(4)]-W^2[x(2)-x(6)]+W^3[x(1)-x(5)]+W[x(3)-x(7)]$$

**DFT로부터의 데이터 추출 배열** : 그림 6-16의 마지막 합산식을 보면 처음의 시간 영역 데이터 $x(0), x(1),\cdots, x(7)$의 배열이 $x(0), x(4), x(2), x(6), x(1), x(5), x(3), x(7)$로 되어 있음을 볼 수 있다. $x(1), x(2),\cdots, x(7)$ 모두 이 배열이다. 이는 시간 영역신호 데이터를 불러들여 저장한 다음, FFT계산 시 배열 순서를 이와 같이 바꾸어 진행하는 것을 의미한다. 데이터가 8개 정도면 별 문제가 없으나 그 수가 수천이나 수만이 되면 이 배열을 찾는 것은 거의 불가능하다. 신호의 입력 배열을 구하는 방식으로 역비트법(bit-reverse)이 있다. 다음 그림 6-17에 그 방법을 자세히 보였다.

| $x(n)$의 $n$ | 421비트로 표시 | 비트의 순서를 뒤집는다 | 십진수로 변환 |
|---|---|---|---|
| 0 | 000 | 000 | 0 |
| 1 | 001 | 100 | 4 |
| 2 | 010 | 010 | 2 |
| 3 | 011 | 110 | 6 |
| 4 | 100 | 001 | 1 |
| 5 | 101 | 101 | 5 |
| 6 | 110 | 011 | 3 |
| 7 | 111 | 111 | 7 |

[그림 6-17]

### FFT의 특성

**$2^n$의 데이터를 필요로 한다** : FFT계산과 DFT계산의 차이점은 대상 데이터수가 FFT에서는 한정되어 있다. 앞의 계산요령에서 살펴보았듯이, FFT계산은 계속해서 홀수항들과 짝수항들을 나누게 되고, 최종적으로 2개씩 짝을 이룬다. 이는 FFT계산에 사용되는 데이터수는 $2^n$임을 의미한다. 즉 신호분석을 위해 입력시키는 데이터가 $2^n$인 32, 64, 128, 1024, 2048,…이다. 만약 어떤 계측기나 소프트웨어를 사용하여 임의의 데이터를 FFT하는 경우, 데이터의 개수를 지정하기도 하지만, 별지시가 없더라도, $2^n$개로 데이터를 한정하여 불러들여 분석한다.

**계산시간이 대폭 줄어든다** : FFT계산을 하는 이유는 계산시간 단축에 있다. 실제 계산시 DFT를 사용하는 예는 매우 드물다. $N$ 개의 데이터에 대하여 DFT와 FFT의 계산횟수를 비교해 보자.

(곱셈)

DFT : $N^2$

FFT : $\dfrac{\log_2 N}{2}$

**[이 유]**

DFT과정은 한번 계산에 $N$ 개의 곱셈이 필요하며 $k=N$개에 대해 $N\times N=N^2$의 곱셈을 한다. 반면에 FFT는 데이터 $N$ 개에 대하여, 한 개의 결과값을 얻는데 필요한 곱셈수가 $\log_2 N$이고 여기에 $N$을 곱하여 $N\log_2 N$회의 곱셈이 행하여지고, 마지막 단계에서 곱셈의 수가 절반으로 줄어들어 결국은 $\frac{(N\log_2 N)}{2}$회의 곱셈을 하는 셈이다.

**보기3** FFT계산을 위해 64(개) 데이터를 입력하였다. 곱셈의 횟수를 구하면, $N=64$이므로 곱셈의 계산수는 $\frac{64\log_2 64}{2}=192$(회) 이다.

이상에서 우리는 DFT로부터 FFT를 유추하되 시간 데이터로부터 계산하는 시간 추출 알고리즘을 살펴보았다. 이것 말고도 주파수 데이터로부터 역으로 알고리즘을 전개하는 주파수 추출 기법이 있는데, 이것은 다른 디지털 신호처리 관련 전문 서적을 참고하기 바란다.

이러한 접근을 2차원 영상데이터에도 적용하는 방법을 생각해보자. 일차원 신호도 무척 복잡하였는데 이차원 신호는 상상외로 복잡할 것이라 생각되는데, 사실이다. 전체는 너무 복잡해서 하기 어려우니 대강이라도 계산하면서 요령을 익히도록 한다. 일차원 신호가 FFT하려면 $2^n$의 데이터가 필요 하였는데 2차원 영상 데이터도 마찬가지이다. 데이터 배열의 행과 열이 각각 $2^n$이라는 조건을 만족해야 한다.

## Matlab

### A. 1차원신호 주파수 분석

여러 주파수 성분이 있는 1차원신호 $x(t)$를 만들고, 그 신호를 Matlab 함수 fft로 분석하여 주파수 평면에 제시한다.

**신호 제작** : $x(t)=\sin(120\pi t)+0.7\sin(200\pi t)+1.5\sin(300\pi t)$

이 신호는 주파수 $f_1=60(Hz)$, $f_2=100(Hz)$, $f_3=150(Hz)$의 세 정현파가 합성되어 있고 각각의 진폭이 1, 0.7, 1.5 이다.

$\omega=2\pi f$이므로 $\omega=120\pi$인 경우 $\omega=120\pi=2\pi\times 60$에 의해 $f=60(Hz)$이다.

일단 제작한 신호를 Matlab 프로그램으로 작성하고 결과를 그림으로 확인한다.

Program

```
% ==========================================================
% 파일명: PR_6_1.m
% 용도: 서로 다른 주파수 성분을 함성하여 1 차원신호를 만든다.
%    x(t)=sin(120*pi*t)+0.7*sin(200*pi*t)+1.5*sin(300*pi*t)
% ==========================================================
clear,clc
t = 0:0.001:0.5;          % 가로축을 만든다
% 주파수 f=60,100,150 인 세 정현파를 제작하고 합성한다
x1=sin(2*pi*60*t);        % 주파수 f=60
x2=0.7*sin(2*pi*100*t); % 주파수 f=100
x3=1.5*sin(2*pi*150*t); % 주파수 f=150
x =x1 + x2 + x3;    % 세 신호 합성
% 세가지 주파수 신호를 관측
k=1000*t;      % 앞에 t를 0.001이므로 1000을 곱해서 축을 만든다.
figure,subplot(211),plot(k,x1,'k',k,x2,':',k,x3,'r'),
       axis([0 50 -2 2]),grid
       subplot(212),plot(k,x,'k'),axis([0 50 -2.5 3.5]),grid
```

Result

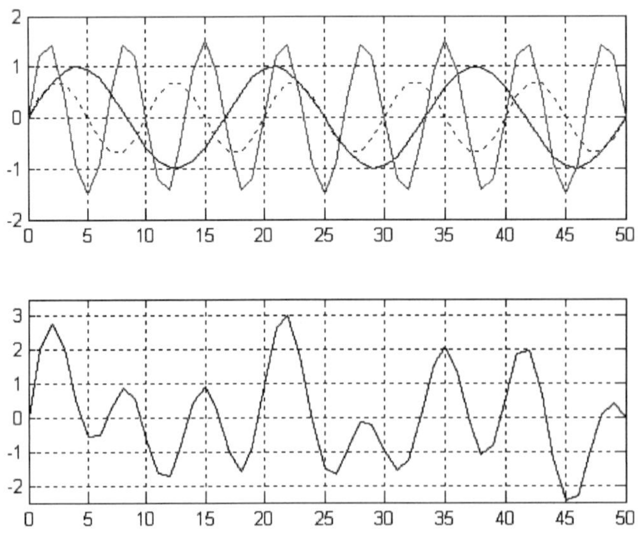

PR_6_1

h = fft(x) ;

h = fft(x, m) ; 여기서 m=가로축 데이터수로서 $2^n$이다.

m = 256, 512, 1024 와 같은 수이다.

이때 fft처리한 결과는 복소수이기 때문에 그 값을 그대로 그림으로 나타낼 수 없다. 전력스펙트럼 형태로 나타내려면 h의 절대값을 구하고 가로축 데이터수 m으로 나눈 다음, 이를 주파수축에서 표현해야 한다.

주파수축 제작 : f=s/m ; 여기서 s는 가로축을 세분하였을 때 값의 역수이다.

PR_6_1에서 $t = 0 : 0.001 : 0.6$ ; 이므로 세분화 값은 0.001이고 $s = 1000$이다.

세로축(크기)제작 : y = abs(h)/m ;

Program

```
% ==========================================================
% 파일명: PR_6_2.m
% 용도: 1차원신호 x(t)의 주파수분석
%   x(t)=sin(120*pi*t)+0.7*sin(200*pi*t)+1.5*sin(300*pi*t)
%   h=fft(x)
% ==========================================================
clear,clc
t = 0:0.001:0.5;          % 가로축을 만든다
% 주파수 f=60,100,150 인 세 정현파를 제작하고 합성한다
x1=sin(2*pi*60*t);        % 주파수 f=60
x2=0.7*sin(2*pi*100*t); % 주파수 f=100
x3=1.5*sin(2*pi*150*t); % 주파수 f=150
x =x1 + x2 + x3;   % 세 신호 합성
% 주파수분석
h = fft(x,1024);
% 그래프 그리기
Ph = abs(h)/225;
f = 1000*(0:350)/1024;
plot(f,Ph(1:351)),title('Frequency content of y')
xlabel('frequency (Hz)'),grid
```

Result

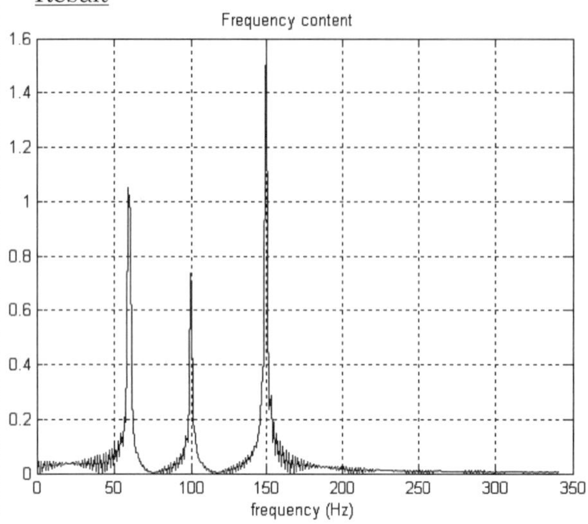


PR_6_2

## 2차원 영상 데이터의 FFT

앞에서 일차원 신호에 대하여 DFT로 부터 FFT계산을 이끌어내는 기법을 살펴보았다. 2차원 영상 데이터의 FFT는 2차원 DFT로부터 이끌어 낸다. 단지 그 계산과정이 복잡한 것이 흠이다. 전체과정을 모두 소개하는 것은 지면 관계상 곤란하고 4×8행렬인 영상데이터를 예로서 설명한다. 식 (6.1)의 DFT 알고리즘에서 $M=4$, $N=8$로 수식을 아래와 같이 세운다.

$$F(k,s)=\frac{1}{4\times 8}\sum_{x=0}^{4-1}\sum_{y=0}^{8-1}a_{xy}\,e^{-j\frac{2\pi}{4}xk}\,e^{-j\frac{2\pi}{8}ys} \quad ①$$

회전인자 $W_1=e^{-j\frac{2\pi}{4}}=-j$

$$W_2=e^{-j\frac{2\pi}{8}}=\frac{\sqrt{2}}{2}-j\frac{\sqrt{2}}{2}$$

로 식 ①을 정리한다.

$$F(k,s)=\frac{1}{32}\sum_{x=0}^{3}\sum_{y=0}^{7}a_{xy}\,W_1^{xk}\,W_2^{ys} \quad ②$$

식 ②의 $a_{xy}$는 $x=0,\ 1,\ 2,\ 3$ , $y=0,\ 1,\ 2,\cdots,7$에 대하여 그림 6-18과 같이 화소의 값이다.

| $a_{00}$ | $a_{01}$ | $a_{02}$ | $a_{03}$ | $a_{04}$ | $a_{05}$ | $a_{06}$ | $a_{07}$ |
|---|---|---|---|---|---|---|---|
| $a_{10}$ | $a_{11}$ | $a_{12}$ | $a_{13}$ | $a_{14}$ | $a_{15}$ | $a_{16}$ | $a_{17}$ |
| $a_{20}$ | $a_{21}$ | $a_{22}$ | $a_{23}$ | $a_{24}$ | $a_{25}$ | $a_{26}$ | $a_{27}$ |
| $a_{30}$ | $a_{31}$ | $a_{32}$ | $a_{33}$ | $a_{34}$ | $a_{35}$ | $a_{36}$ | $a_{37}$ |

[그림 6-18]

주파수 특성을 구하기 위해 식 ②의 DFT의 $\sum\sum$를 풀면 모두 32(개)의 항이 나온다.

$$\begin{aligned}F(k,s)=\frac{1}{32}\{&a_{00}W_1^0W_2^0+a_{01}W_1^0W_2^s+a_{02}W_1^0W_2^{2s}+a_{03}W_1^0W_2^{3s}+a_{04}W_1^0W_2^{4s}+a_{05}W_1^0W_2^{5s}\\&+a_{06}W_1^0W_2^{6s}+a_{07}W_1^0W_2^{7s}\\&+a_{10}W_1^kW_2^0+a_{11}W_1^kW_2^s+a_{12}W_1^kW_2^{2s}+a_{13}W_1^kW_2^{3s}+a_{14}W_1^kW_2^{4s}+a_{15}W_1^kW_2^{5s}+a_{16}W_1^kW_2^{6s}\\&+a_{17}W_1^kW_2^{7s}+\cdots\cdots\\&\cdots\cdots\cdots\cdots\\&\cdots\cdots\cdots\cdots\\&+a_{30}W_1^{3k}W_2^0+a_{31}W_1^{3k}W_2^s+a_{32}W_1^{3k}W_2^{2s}+a_{33}W_1^{3k}W_2^{3s}+a_{34}W_1^{3k}W_2^{4s}+a_{35}W_1^{3k}W_2^{5s}\\&+a_{36}W_1^{3k}W_2^{6s}+a_{37}W_1^{3k}W_2^{7s}\}\end{aligned} \qquad ③$$

식 ③에 대하여 $k=0,\ 1,\ 2,\ 3$과 $s=0,\ 1,\ 2,\cdots,7$을 차례로 대입하면서 $F(0,0)$에서부터 $F(3,7)$까지 32(개) 항에 대한 계산을 수행한다. 이 DFT로부터 FFT 계산은 회전인자를 별도 분리하여 계산한다. 예를 들어 식 ③의 마지막 8(개)항을 FFT 하면, 일단 $W_1^{3k}$로 묶는다.

$$W_1^{3k}(a_{30}W_2^0+a_{31}W_2^s+a_{32}W_2^{2s}+a_{33}W_2^{3s}+a_{34}W_2^{4s}+a_{35}W_2^{5s}+a_{36}W_2^{6s}+a_{37}W_2^{7s}) \qquad ④$$

만약 $k=1,\ s=2$인 $F(1,2)$에 해당하는 항이라면 식 ④는 $k$와 $s$를 대입하여

$$W_1^3(a_{30}W_2^0+a_{31}W_2^2+a_{32}W_2^4+a_{33}W_2^6+a_{34}W_2^8+a_{35}W_2^{10}+a_{36}W_2^{12}+a_{37}W_2^{14}) \qquad ⑤$$

FFT 알고리즘은 식 ⑤의 ( )안에 적용된다. 앞 절의 FFT 계산과 마찬가지로 짝수항과 홀수항을 반복해서 나누면서 계산을 간략히 한다. 이때 회전인자 $W_2$의 계산은 데이터가 8(개)이므로 그림 6-9를 활용한다. 식 ⑤의 ( )안만 한번 FFT하면 다음과 같다.

$$
\begin{aligned}
& a_{30} W_2^0 + a_{31} W_2^2 + a_{32} W_2^4 + a_{33} W_2^6 + a_{34} W_2^8 + a_{35} W_2^{10} + a_{36} W_2^{12} + a_{37} W_2^{14} \\
&= a_{30} W_2^0 + a_{32} W_2^4 + a_{34} W_2^8 + a_{36} W_2^{12} + a_{31} W_2^2 + a_{33} W_2^6 + a_{35} W_2^{10} + a_{37} W_2^{14} \\
&= a_{30} W_2^0 + a_{34} W_2^8 + a_{32} W_2^4 + a_{36} W_2^{12} + a_{31} W_2^2 + a_{35} W_2^{10} + a_{33} W_2^6 + a_{37} W_2^{14} \qquad ⑥
\end{aligned}
$$

아래 그림 6-19의 회전인자 계산 결과를 식 ⑥에 적용한다.

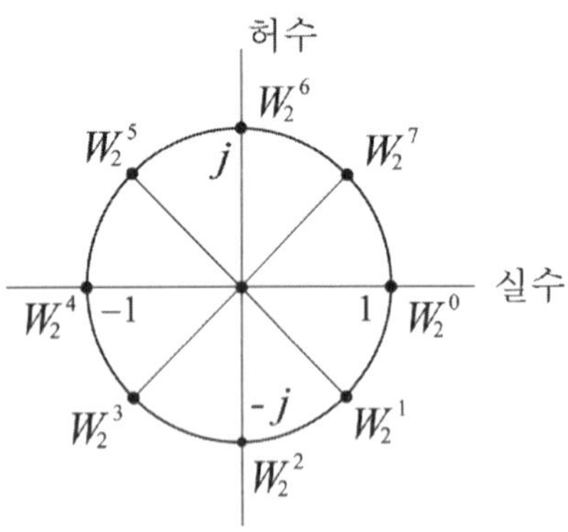


$$W_2^0 = 1,\ \ W_2^1 = \frac{\sqrt{2}}{2} - j\frac{\sqrt{2}}{2},$$

$$W_2^2 = -j,\ \ W_2^3 = -\frac{\sqrt{2}}{2} - j\frac{\sqrt{2}}{2}$$

$$W_2^4 = -1,\ \ W_2^5 = -\frac{\sqrt{2}}{2} - j\frac{\sqrt{2}}{2},$$

$$W_2^6 = j,\ \ W_2^7 = \frac{\sqrt{2}}{2} + j\frac{\sqrt{2}}{2}$$

[그림 6-19 ]

$$
\begin{aligned}
& a_{30} + a_{34} - (a_{32} + a_{36}) + W_2^2(a_{31} + a_{35} W_2^8 + a_{33} W_2^4 + a_{37} W_2^{12}) \\
&= a_{30} + a_{34} - (a_{32} + a_{36}) + (-j)\left[a_{31} + a_{35} - (a_{33} + a_{37})\right] \qquad ⑦
\end{aligned}
$$

결국 식 ⑦과 같이 간단한 계산식이 되었다. 이러한 FFT의 계산 원리를 식 ③의 항들에 적용하여 계산을 간단히 그리고 신속히 수행한다. 실제 계산은 컴퓨터의 몫이다. 이때 2차원 영상 데이터의 FFT 역시 행렬 가로와 세로의 화소수가 $2^n$이 되어야 한다. 그림 6-20은 FFT를 통해 대상영상의 주파수 특성을 색깔로 표시한 것이다. 파란색은 저주파이고 붉은 색으로 갈수록 고주파이다. 그림 6-20(c)에는 FFT 분석결과 수치 일부를 보이고 있다. 복소수로 계산되었음을 알 수 있다.

(a) 대상영상

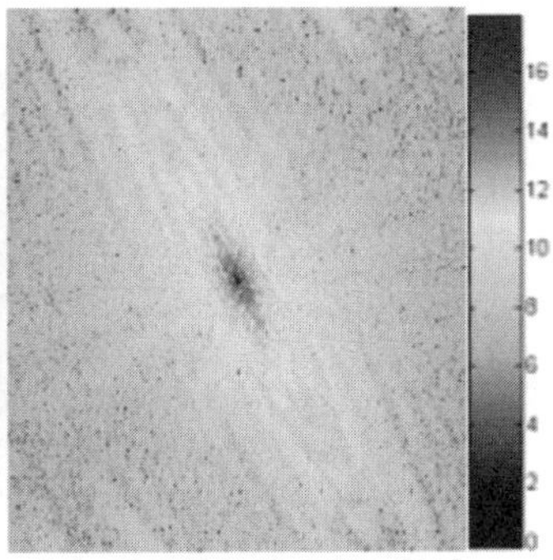


(b) 대상영상의 FFT 결과

| 1212.5 + 483.9i | 358.57 + 260.41i | -498.54 - 343.02i | -707.25 - 841.64i |
|---|---|---|---|
| -915.85 - 339.97i | 289.59 + 4.5562i | 874.52 + 596.53i | 591.69 + 539.82i |
| -15.536 + 25.306i | -812.97 - 372.83i | -816.7 - 705.17i | -54.037 - 73.972i |
| 714.99 + 306.26i | 864.08 + 488.63i | 287.76 + 461.51i | -666.72 - 475.34i |
| -806.08 - 328.22i | -421.21 - 259.63i | 346.11 + 118.63i | 1103.3 + 800.45i |
| 495.36 + 114.06i | -164.01 + 72.241i | -818.25 - 545.9i | -910.28 - 558.14i |
| 119.24 + 45.056i | 607.59 + 43.964i | 936.41 + 549.34i | 156.48 + 38.698i |

(c) FFT 결과 일부

[그림 6-20]

**Matlab**

### A. 영상데이터의 수파수 분석

영상데이터는 행렬형태의 2차원 데이터이므로 Matlab함수 fft2를 사용한다. 이때 fft2는 그 결과가 복소수이고 데이터처리 그대로의 형태를 갖고 있으므로 이의 중심축을 fftshift로 이동하고 절대값을 취하여 신폭을 구한 다음, 다시 log눈금의 영상으로 주파수 특성을 제시한다.

fft2 → fftshift → abs → log

주파수 특성 역시 2차원 데이터이다. 따라서 이를 영상으로 나타낼 필요가 있으며, 그렇게 하였을 때 저주파에서 고주파까지 파란색에서 붉은색으로 표현하여 시각적 효과를 높일 수 있다.

Matlab함수 colormap과 colorbar를 사용하여 주파수분석결과가 컬러로 보이게 한다.

Program

```
% ================================================================
% 파일명: PR_6_3.m
% 용도: 2차원 영상의 주파수분석
%  fft2, fftshift, abs, log, colormap, colorbar
% ================================================================
clear,clc
% 직류영상 만들기
x1=uint8(ones(250,300)*0);
x2=uint8(ones(250,300)*150);
% 두가지 색이 있는 영상 만들기
x3=uint8(ones(250,300)*40); x3(50:200,70:230)=130;
x3(100:150,140:170)=200;
% 주파수분석
y1=fftshift(fft2(x1)); y1=log(abs(y1));
y2=fftshift(fft2(x2)); y2=log(abs(y2));
y3=fftshift(fft2(x3)); y3=log(abs(y3));
% 직류영상의 주파수분석 결과를 영상으로 표현
% 영상의 색이 일정하면 모두 직류인 파랑색이 된다.
figure,imshow(x1)
figure,imshow(y1,[],'InitialMagnification','fit'),
      colormap(jet(64)),colorbar
figure,imshow(x2)
figure,imshow(y2,[],'InitialMagnification','fit'),
      colormap(jet(64))
figure,imshow(x3)
figure,imshow(y3,[],'notruesize'),colormap(jet(64)),colorbar
```

Result

주파수분석 결과: 모두 직류로서 동일하다.

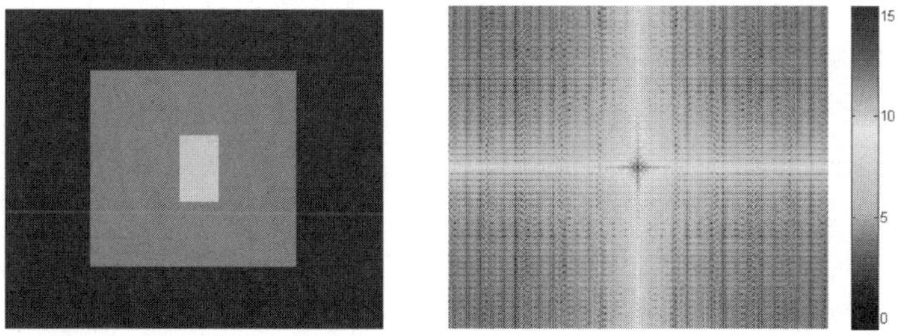


PR_6_3

Program

```
% ==========================================================
% 파일명: PR_6_4.m
% 용도: 2차원 영상의 주파수분석
%  fft2, fftshift, abs, log, colormap, colorbar
% ==========================================================
clear,clc
% 영상 불러오기
x=imread('a2.jpg');
% 주파수분석
y=fftshift(fft2(x)); y=log(abs(y));
%  결과를 영상으로 표현
figure,imshow(x)
figure,imshow(y,[],'InitialMagnification','fit'),
      colormap(jet(64)),colorbar
```

Result

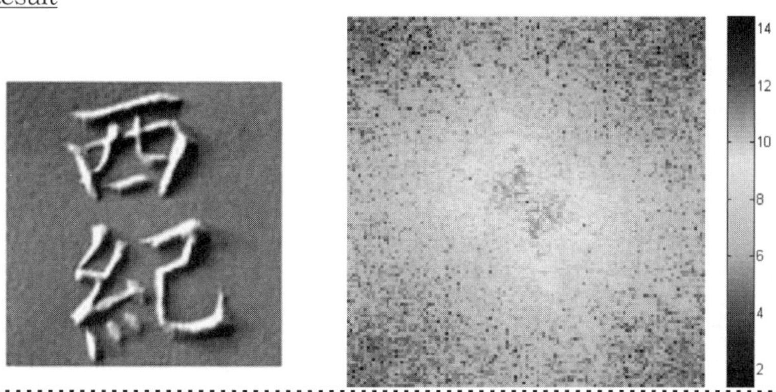


PR_6_4

다음의 프로그램은 1차원 신호와 2차원 영상신호의 주파수 분석을 하나의 함수로 제작한 것이다. 대상 데이터가 함수로 끌려 들어오면서 프로그램을 실행하여 그래프나 그림으로 나타난다.

```
Program
function fft_order1(x,h,t)
% 함수명: fft_order1.m
% 용도: 1차원신호 x(t)의 주파수분석
% 입력데이터는 x, h는 fft 하는 데이터수 선택
%  h는 2의 n승. 64,128,256,512,1024,......
% t는 그래프로 나타내는 데이터범위
% 주파수분석
fh = fft(x,h);
% 그래프 그리기
Ph = abs(fh);
f = 1000*(0:t)/h;
plot(f,Ph(1:(t+1))),title('Frequency content of y')
xlabel('frequency (Hz)'),grid
```

PR_6_5

```
Program
function fft_order2(x)
% 함수명: fft_order2.m
% 용도: 2차원 영상의 주파수분석
y=fftshift(fft2(x)); y=log(abs(y));
%  결과를 영상으로 표현
figure,imshow(x)
figure,imshow(y,[],'InitialMagnification','fit'),
      colormap(jet(64)),colorbar
```

PR_6_6

제 7 장

# 영상의 형태론적 처리 (Morphology Technique)

## 들어가는 말

영상의 형태론적 처리는 일종의 마스크처리로서 매우 기발한 아이디어의 산물이다. 마스크처리가 마스크의 공간적 진행에 따라 마스크 내에 들어온 영상데이터들에 모종의 수학적 셈을 시켜 그 결과가 현재 고려중인 화소의 값을 결정케 하고 이를 순차적으로 전체 화소들에 적용하는 것에 비해 형태론적 처리는 마스크 진행이나 마스크의 유무에 따라 현재 화소를 제거하거나 부풀리는 작업이다. 가장 손쉽게는 이진 영상에서 마스크의 진행에 따른 포함 유무를 단순히 판별하는 것으로부터 일반영상에서조차 그 원리를 적용하여 영상데이터들을 나타나게도 사라지게도 한다. 마치 숨겨져 있거나 사라졌던 것을 보이게 할 수도 있고 계속 줄여나가서 영상의 골격만 게 할 수도 있다. 이 기법은 아이디어는 간단하나 이를 수학적으로 규명하고 풀어나가는 것은 그리 간단치 않다. 본 장에서는 어려운 수학은 가급적 생략하고 아이디어 위주로 설명한다.

**내 용**

## 7.1 형태론적 처리의 기본 아이디어 : 침식(Erosion)과 팽창(Dilation)

### (1) 침식(Erosion)

**수 식** : $A \ominus M = \{x|(M)_x \cap A^c = \varnothing\}$

**(설명)** M은 이동하고 움직이는 마스크로서 화소의 수가 많지 않다. A는 처리하고자 하는 영상으로서 일단은 이진영상이라 하자. 수식의 내용은 마스크의 화소들 $x$가 영상 A에 얹혀졌을 때 마스크 화소들 모두가 영상 A에 들어가지 않으면 마스크에서 지정한 화소에 해당하는 영상 A의 화소를 지워버린다. 반대로 마스크 화소들이 모두 영상 A에 들어가서 꽉 차게 되며 그 해당 화소는 그대로 둔다.

**(그림을 통한 이해)**

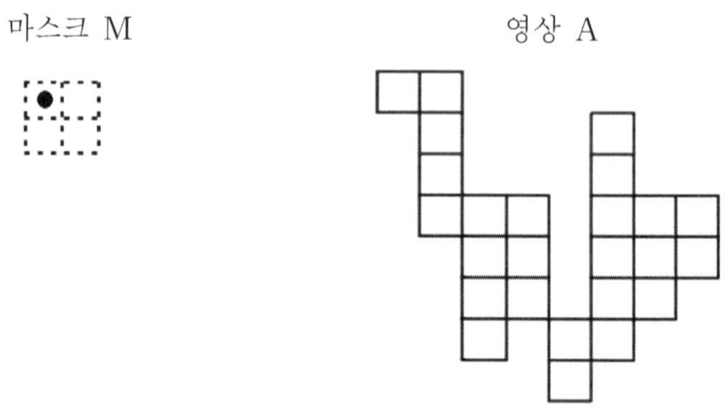


[그림 7-1]

마스크와 영상 A가 그림 7-1과 같이 주어졌다. 마스크 M 가운데 있는 점(•)은 매우 중요하다. 마스크가 영상 A에 모두 들어가면 마스크 M의 점에 해당하는 영상 A의 화소는 남는다. 반대로 마스크가 영상 A에 하나라도 들어가지 않으면 마스크 M의 점에 해당하는 영상 A의 화소는 사라진다. 이진영상이므로 사라지는 것은 0이고 남는 것은 1이다.

다음 그림에서 그 과정을 자세히 보였다.

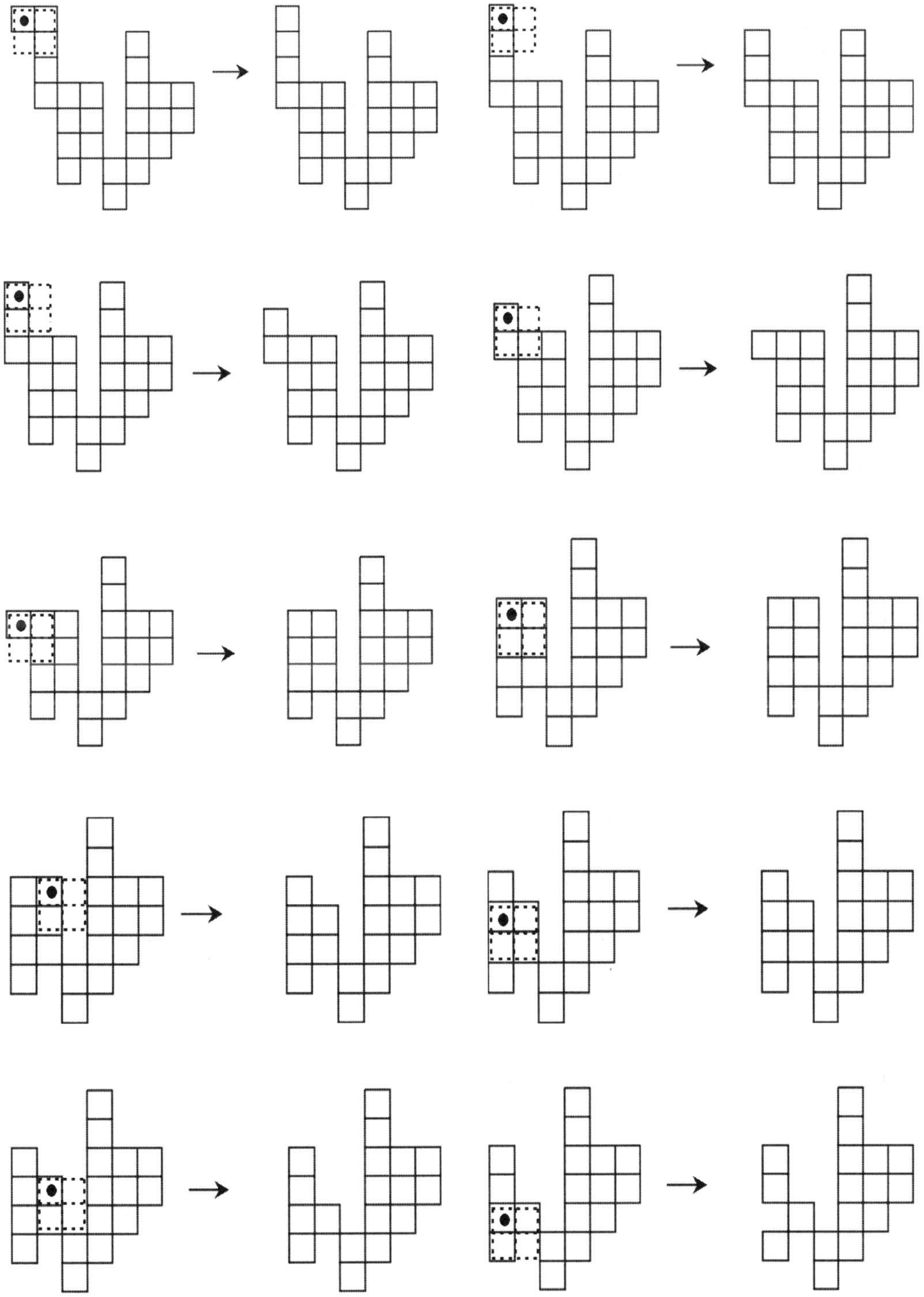

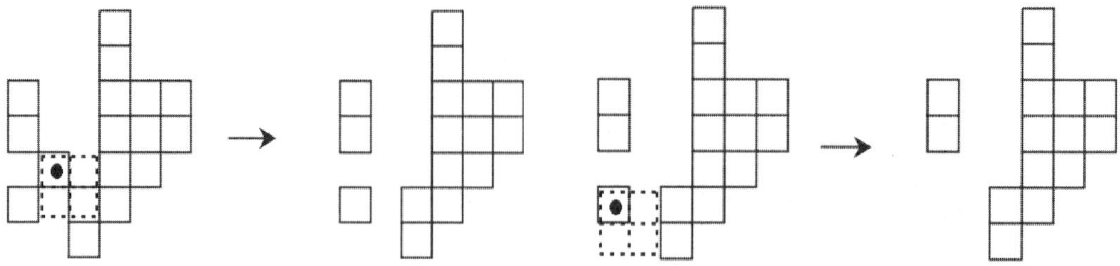

<최종결과>

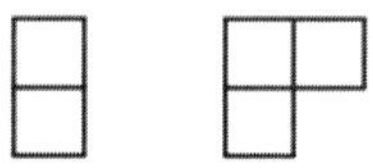

[그림 7-2]

그림 7-2에서 마스크의 점의 위치가 달라지면 다른 결과가 나온다. 점의 위치를 바꾸어서 연습해보기 바란다.

## Matlab

침식 작용의 Matlab함수는 bwmorph와 erode이다.

```
y=bwmorph(x, 'erode') ;
```

마스크는 3×3인 ones(3)을 사용한다. 대상영상 x는 이진영상이다.
이진영상은 graythresh와 im2bw로 만든다.

Program

```
% ==========================================================
% 파일명: PR_7_1.m
% 용도: 형태론적영상처리_침식(Erosion)
% Matlab함수: bwmorph, erode
% ==========================================================
clear,clc
% 영상을 불러들여 gray로 바꾼다.
x=rgb2gray(imread('a1_1.jpg'));
% 문턱치값으로 이진영상으로 전환
x1=im2bw(x,graythresh(x));
% 형태론적 처리(침식)
y=bwmorph(x1,'erode');
% 입출력영상보기
imshow(x1),figure, imshow(y)
```

Result

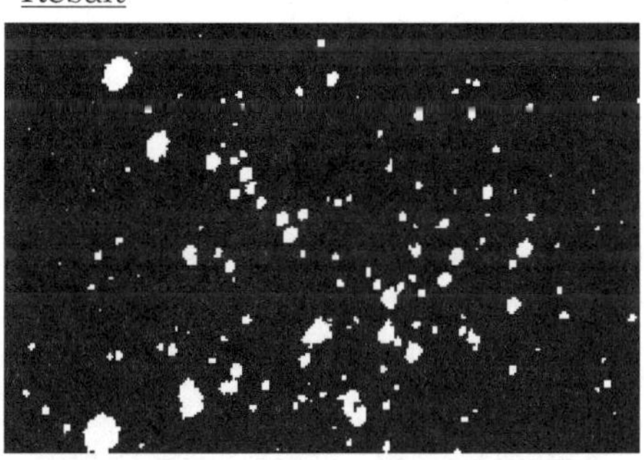

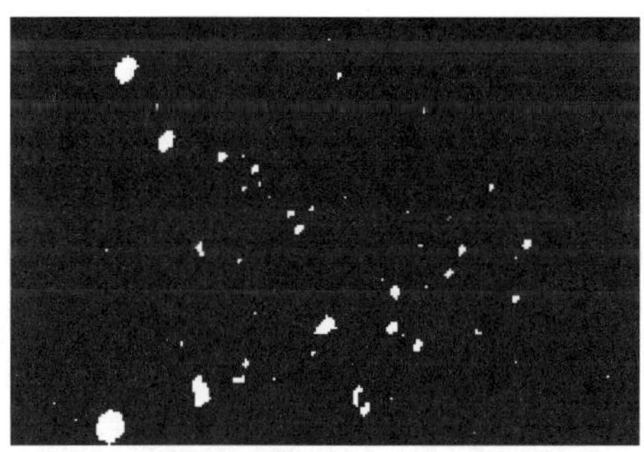

PR_7_1

### (2) 팽창(Dilation)

**수 식** : $A \oplus M = \{x | (M)_x \cap A \neq \varnothing\}$

**(설명)** 팽창은 침식과 반대이다. 침식이 마스크가 모두 영상 안에 들어가야 마스크에 표시한 화소에 해당하는 영상의 화소만 남고 그렇지 않으면 지워버린데 비해, 팽창은 마스크의 어느 한 화소만 영상 A에 속해도 해당 화소가 살아남는다. 팽창작용역이 0과 1의 이진영상과 논리판단에 근거하기 때문에 마스크의 진행에 따라 영상 A의 형태가 변한다. 침식이 본래 영상 형태가 깎아져 작게 되는데 반해 팽창은 부풀려져서 형태가 커지는게 특징이다.

**(그림을 통한 이해)**

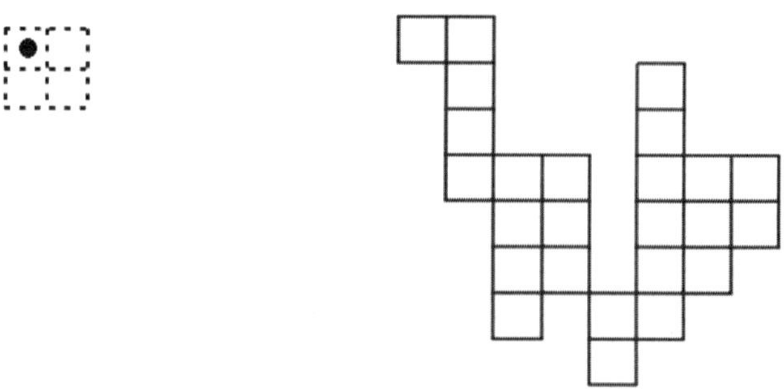

[그림 7-3]

그림 7-3은 앞의 그림 7-1과 동일하다. 동일한 경우에 마스크 진행에 따라 어떻게 팽창 작용이 일어나는가를 살펴보자. 마스크의 화소 하나라도 영상 A의 화소와 만나면 마스크 점(•)에 해당하는 위치의 화소가 살아난다. 그 위치의 화소가 있는 것이라면 (논리1) 그대로 두면 된다. 이러한 작용을 영상 A 전체 화소에 마스크를 씌우면서 계속한다.

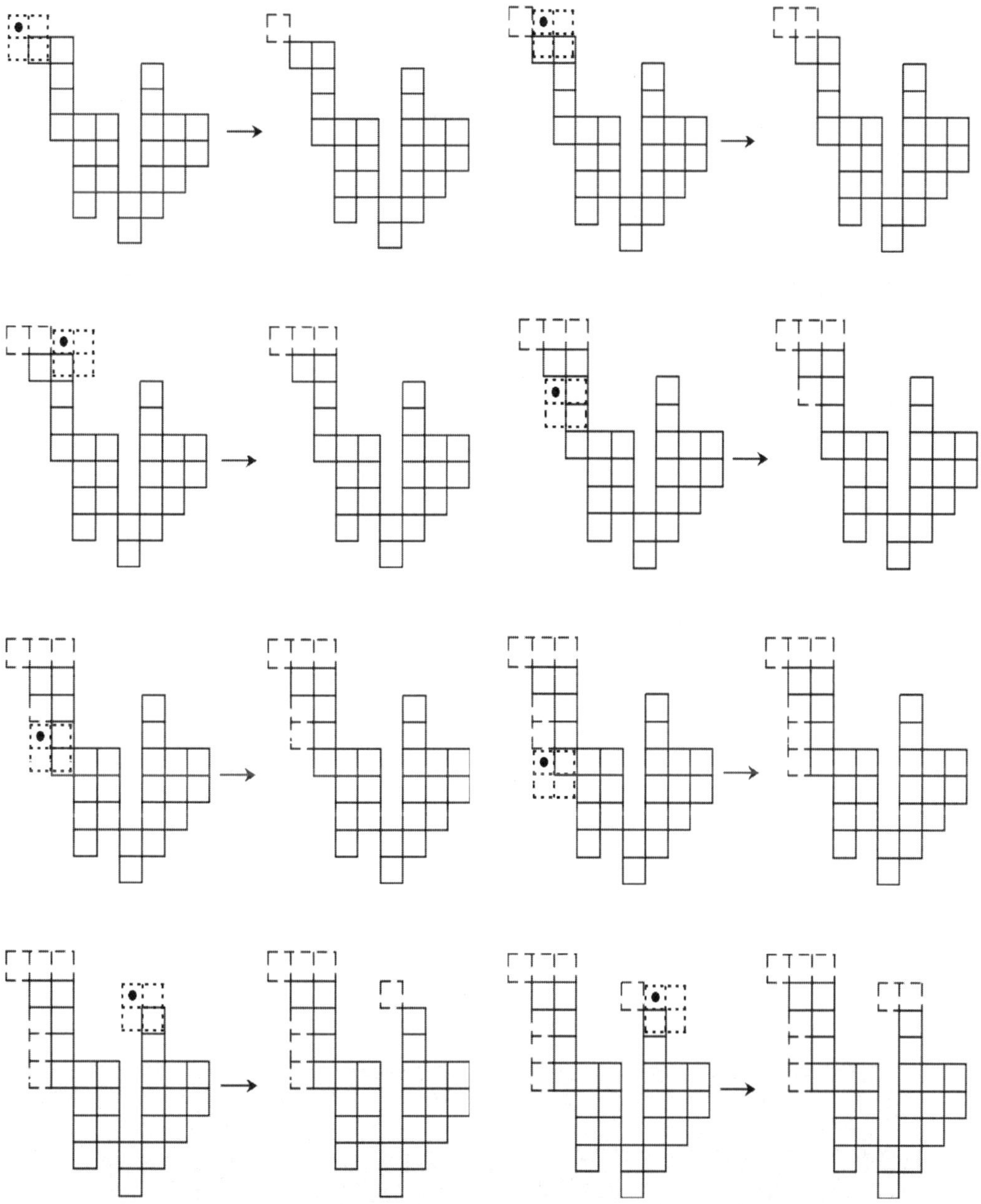

[그림 7-4]

여기서 마스크의 형태나 크기 및 점의 위치와 개수는 설계자가 설계하는 대로 정한다.

## Matlab

팽창작용의 Matlab함수는 bwmorph와 dilate이다.

y = bwmorph(x, 'dilate') ;

x는 대상영상으로서 이진영상이다.

Program

```
% ================================================================
% 파일명: PR_7_2.m
% 용도: 형태론적영상처리_팽창(Dilation)
% Matlab함수: bwmorph, dilate
% ================================================================
clear,clc
% 영상을 불러들여 gray로 바꾼다.
x=rgb2gray(imread('a1_1.jpg'));
% 문턱치값으로 이진영상으로 전환
x1=im2bw(x,graythresh(x));
% 형태론적 처리(침식)
y=bwmorph(x1,'dilate');
% 입출력영상보기
imshow(x1),figure, imshow(y)
```

Result

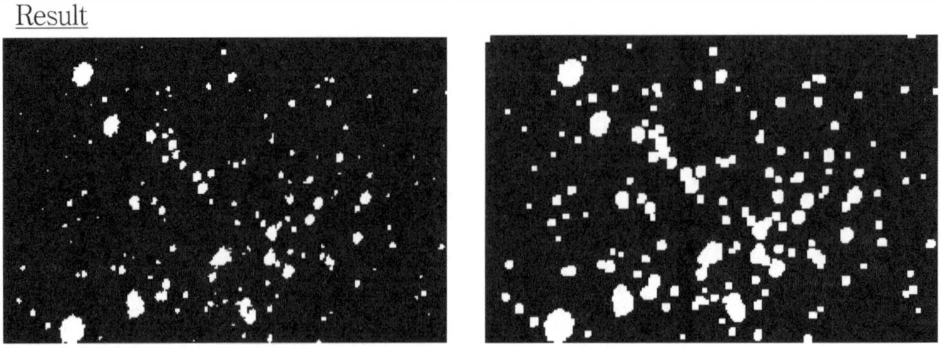

PR_7_2

### (3) 마스크 만들기

형태론적 영상처리의 기본이 되는 마스크는 여러 형태와 크기로 제작이 가능하다. 사각형, 원형, 다이아몬드형, 8각형, 또는 임의 형태 등 다양하다. 그림 7-5에 마스크의 다양한 형태와 이진 논리의 행렬 형태를 보이고 있다.

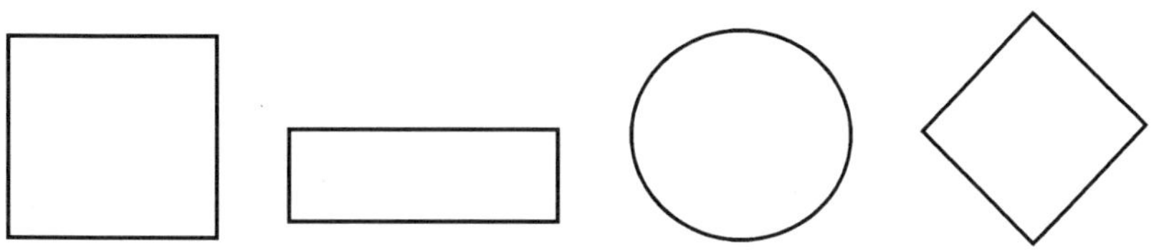

| 0 | 0 | 0 | 1 | 0 | 0 | 0 |
|---|---|---|---|---|---|---|
| 0 | 0 | 1 | 1 | 1 | 0 | 0 |
| 0 | 1 | 1 | 1 | 1 | 1 | 0 |
| 1 | 1 | 1 | 1 | 1 | 1 | 1 |
| 0 | 1 | 1 | 1 | 1 | 1 | 0 |
| 0 | 0 | 1 | 1 | 1 | 0 | 0 |
| 0 | 0 | 0 | 1 | 0 | 0 | 0 |

<다이아몬드형>

| 0 | 0 | 1 | 1 | 1 | 1 | 1 | 0 | 0 |
|---|---|---|---|---|---|---|---|---|
| 0 | 1 | 1 | 1 | 1 | 1 | 1 | 1 | 0 |
| 1 | 1 | 1 | 1 | 1 | 1 | 1 | 1 | 1 |
| 1 | 1 | 1 | 1 | 1 | 1 | 1 | 1 | 1 |
| 1 | 1 | 1 | 1 | 1 | 1 | 1 | 1 | 1 |
| 1 | 1 | 1 | 1 | 1 | 1 | 1 | 1 | 1 |
| 1 | 1 | 1 | 1 | 1 | 1 | 1 | 1 | 1 |
| 0 | 1 | 1 | 1 | 1 | 1 | 1 | 1 | 0 |
| 0 | 0 | 1 | 1 | 1 | 1 | 1 | 0 | 0 |

<원형, Disk>

| 0 | 0 | 1 | 1 | 1 | 0 | 0 |
|---|---|---|---|---|---|---|
| 0 | 1 | 1 | 1 | 1 | 1 | 0 |
| 1 | 1 | 1 | 1 | 1 | 1 | 1 |
| 1 | 1 | 1 | 1 | 1 | 1 | 1 |
| 1 | 1 | 1 | 1 | 1 | 1 | 1 |
| 0 | 1 | 1 | 1 | 1 | 1 | 0 |
| 0 | 0 | 1 | 1 | 1 | 0 | 0 |

<팔각형>

[그림 7-5]

**Matlab**

Matlab에서는 형태론적 영상처리를 위한 마스크를 만드는 함수가 있다. strel함수를 사용한다.

m = strel('형태', 크기) ;

m = strel('arbitary', W) ; 임의의 형태와 크기를 정한다. 이때 마스크는 W가된다. 또는 strel(W)로 할 수도 있다.

m = strel('diamond', R) ; 다이아몬드 형태로서 중심화소로부터의 반경이 R(개)의 화소이다.

예를 들어 R=3 이면 7×7 행렬이다.

| 0 | 0 | 0 | 1 | 0 | 0 | 0 |
|---|---|---|---|---|---|---|
| 0 | 0 | 1 | 1 | 1 | 0 | 0 |
| 0 | 1 | 1 | 1 | 1 | 1 | 0 |
| 1 | 1 | 1 | 1 | 1 | 1 | 1 |
| 0 | 1 | 1 | 1 | 1 | 1 | 0 |
| 0 | 0 | 1 | 1 | 1 | 0 | 0 |
| 0 | 0 | 0 | 1 | 0 | 0 | 0 |

[그림 7-6]

m = strel('disk', R, n) ; 원형태이다. R은 반경이고 n은 원의 근사 형태를 규정한다. n을 지정하지 않으면 default값으로 4가 주어진다. R은 마스크의 중심으로부터의 반경이다. n에 따라 disk형태에 차이가 있다. 그림 7-7은 (R=5, n=0)과 (R=5, n=4)일 때의 마스크를 비교하였다.

| 0 | 0 | 0 | 0 | 0 | 1 | 0 | 0 | 0 | 0 | 0 |
|---|---|---|---|---|---|---|---|---|---|---|
| 0 | 0 | 1 | 1 | 1 | 1 | 1 | 1 | 1 | 0 | 0 |
| 0 | 1 | 1 | 1 | 1 | 1 | 1 | 1 | 1 | 1 | 0 |
| 0 | 1 | 1 | 1 | 1 | 1 | 1 | 1 | 1 | 1 | 0 |
| 0 | 1 | 1 | 1 | 1 | 1 | 1 | 1 | 1 | 1 | 0 |
| 1 | 1 | 1 | 1 | 1 | 1 | 1 | 1 | 1 | 1 | 1 |
| 0 | 1 | 1 | 1 | 1 | 1 | 1 | 1 | 1 | 1 | 0 |
| 0 | 1 | 1 | 1 | 1 | 1 | 1 | 1 | 1 | 1 | 0 |
| 0 | 1 | 1 | 1 | 1 | 1 | 1 | 1 | 1 | 1 | 0 |
| 0 | 0 | 1 | 1 | 1 | 1 | 1 | 1 | 1 | 0 | 0 |
| 0 | 0 | 0 | 0 | 0 | 1 | 0 | 0 | 0 | 0 | 0 |

(a) strel('disk', 5, 0)

| 0 | 0 | 1 | 1 | 1 | 1 | 1 | 0 | 0 |
|---|---|---|---|---|---|---|---|---|
| 0 | 1 | 1 | 1 | 1 | 1 | 1 | 1 | 0 |
| 1 | 1 | 1 | 1 | 1 | 1 | 1 | 1 | 1 |
| 1 | 1 | 1 | 1 | 1 | 1 | 1 | 1 | 1 |
| 1 | 1 | 1 | 1 | 1 | 1 | 1 | 1 | 1 |
| 1 | 1 | 1 | 1 | 1 | 1 | 1 | 1 | 1 |
| 1 | 1 | 1 | 1 | 1 | 1 | 1 | 1 | 1 |
| 0 | 1 | 1 | 1 | 1 | 1 | 1 | 1 | 0 |
| 0 | 0 | 1 | 1 | 1 | 1 | 1 | 0 | 0 |

(b) strel('disk', 5, 4)

[그림 7-7]

m = strel('ball', R, H, n) ; 타원형이다. R은 큰 반경, H는 높이이고 n은 근사형태를 규정한다. 그림 7-8은 R=5, H=2, n=0 일 때의 마스크 형태를 보였다.

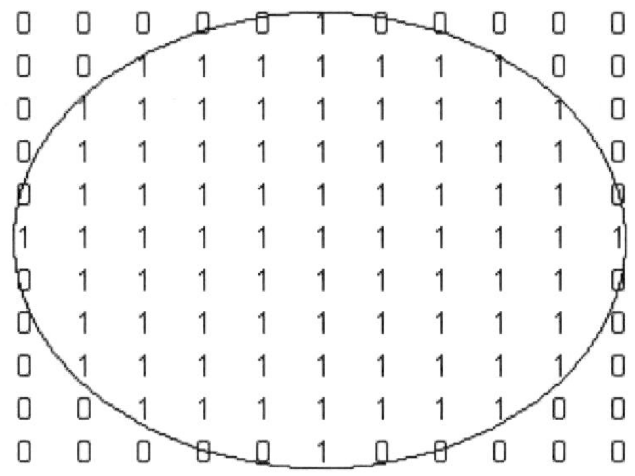

[그림 7-8]

m = strel('line', Len, Deg) ; Deg) ; 라인형태의 마스크이다. len 논리 "1"이 한 줄로 늘어서있는 화소의 수이고, Deg는 그 한 줄의 기울기이다. Deg는 각도로 표시한다.

(a) strel('line',10,0)

(b) strel('line',10,15): $15^{\circ}$ 기울기

[그림 7-9]

m = strel('octagon', R) ; 팔각형으로 반경이 R이다.

m = strel('pair', offset) ; 마스크 안에 논리 "1"이 두개 있고 나머지는 모두 "0"이다. 마스크 중심에 1이 있고 나머지 하나는 offset : $[a_1\ a_2]$이 지정하는 곳에 있다. offset이 [2 3]이면 중심으로부터 아래로 두 칸, 오른쪽으로 세 칸 간곳에 "1"이 있다. 그림 7-10에 offset을 어떻게 지정하는가 요령이 제시되어 있다.

| | | | | | | |
|---|---|---|---|---|---|---|
| 0 | 0 | 0 | 0 | 0 | 0 | 0 |
| 0 | 0 | 0 | 0 | 0 | 0 | 0 |
| 0 | 0 | 0 | 1 | 0 | 0 | 0 |
| 0 | 0 | 0 | 0 | 0 | 0 | 0 |
| 0 | 0 | 0 | 0 | 0 | 0 | 1 |

(a) strel('pair',[2 3]) ;

| | | | | | | | | |
|---|---|---|---|---|---|---|---|---|
| 0 | 0 | 0 | 0 | 0 | 0 | 0 | 0 | 1 |
| 0 | 0 | 0 | 0 | 1 | 0 | 0 | 0 | 0 |
| 0 | 0 | 0 | 0 | 0 | 0 | 0 | 0 | 0 |

(b) strel('pair',[-1 4]) ;

[그림7-10]

이 밖에도 여러 형태가 있다.

strel('periodicline', P, V) ; 2 × P + 1 구조, V는 offset을 결정하는 벡터

strel('rectangle', [$n_1$ $n_2$]) ; $n_1 \times n_2$구조의 사각형

strel('square', W) ; 크기 W인 정사각형

이러한 여러 형태의 마스크로 형태론적 영상처리를 하려면 앞에서 제시한 Matlab함수 bwmorph('형태') 보다는 형태이름 앞에 im을 붙인 함수를 사용한다.

| 형 태 | Matlab함수, x : 대상영상, m : 마스크 |
|---|---|
| 침식(Erosion) | imerode(x, m) |
| 팽창(Dilation) | imdilate(x, m) |
| 열림(Open) | imopen(x, m) |
| 닫힘(Close) | imclose(x, m) |

[표 A1]

Program

```
% ==============================================================
% 파일명: PR_7_3.m
% 용도: 형태론적영상처리_마스크에 의한
% Matlab함수: imerode, imdilate
% ==============================================================
clear,clc
% 영상을 불러들여 gray로 바꾼다.
x=rgb2gray(imread('a1_1.jpg'));
% 문턱치값으로 이진영상으로 전환
x1=im2bw(x,graythresh(x));
% 형태론적 처리(침식)
m1=strel('diamond',2);  % 마스크 설계
m2=strel('line',7,15);
y1=imerode(x1,m1);
y2=imdilate(x1,m2);
% 입출력영상보기
imshow(x1),figure, imshow(y1),figure,imshow(y2)
```

Result

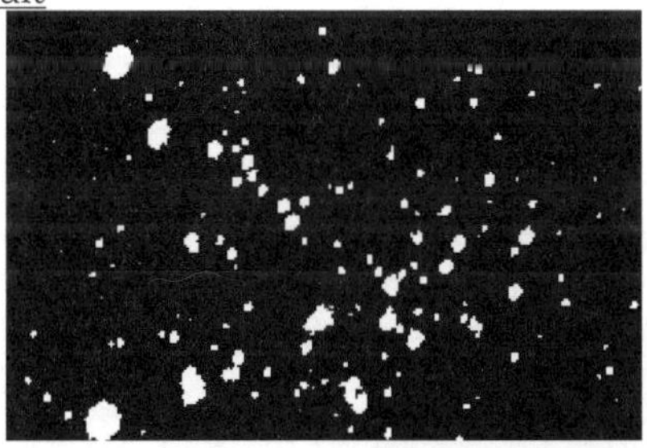

x1

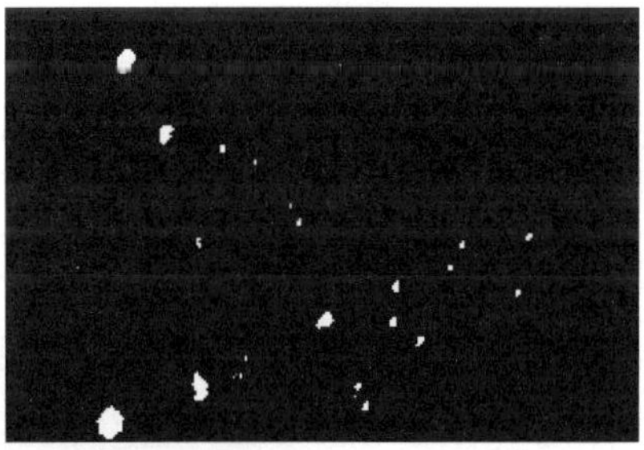

y1

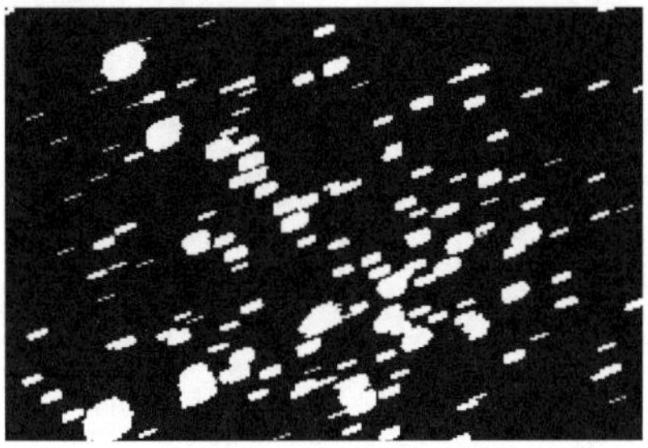

y2

PR_7_3

다음은 마스크에 의한 침식과 팽창을 연습하는 그림이다. 마스크에 비닐을 대고 본을 떠서 영상 위를 이리저리 옮겨가면서 침식과 팽창을 연습하기 바란다.

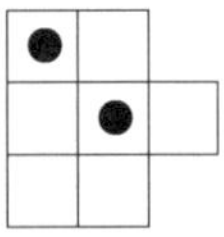

마스크

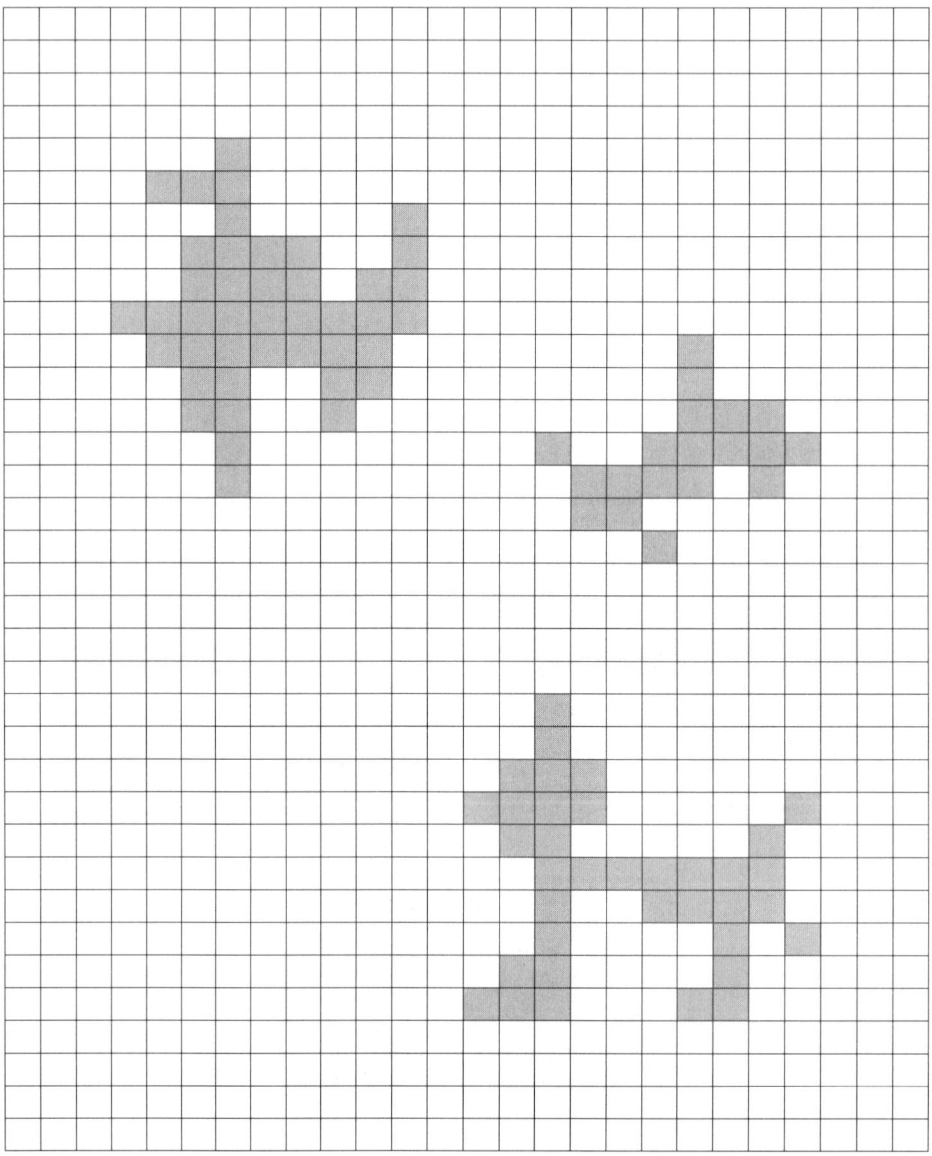

[그림 7-11]

## 7.2 형태론적 영상처리 기법들

### (1) 열기(Open) 와 닫기(Close)

앞의 침식과 팽창은 형태론적 영상처리의 기본 기술이다.

**열 기** : 마스크에 의해 대상영상을 침식한 후 그 결과를 그대로 팽창한다.

**닫 기** : 마스크에 의해 대상영상을 먼저 팽창시킨 후 그 결과를 그대로 침식한다.

이 과정을 수식으로 쓰면 마스크 M과 대상영상 A에 대하여

열기(open) : $(A \ominus M) \oplus M$

닫기(close) : $(A \oplus M) \ominus M$

이다. 열기는 침식을 먼저 하기 때문에 영상의 불필요한 잡음이나 잡티를 먼저 제거하고 이어서 팽창을 통해 영상의 거칠어진 부분을 부드럽게 한다. 닫기는 일단 팽창으로 필요한 부분들을 채운 연후에 침식으로 다듬는다. 다음 그림은 열기와 닫기 동작을 한 결과 영상들이다.

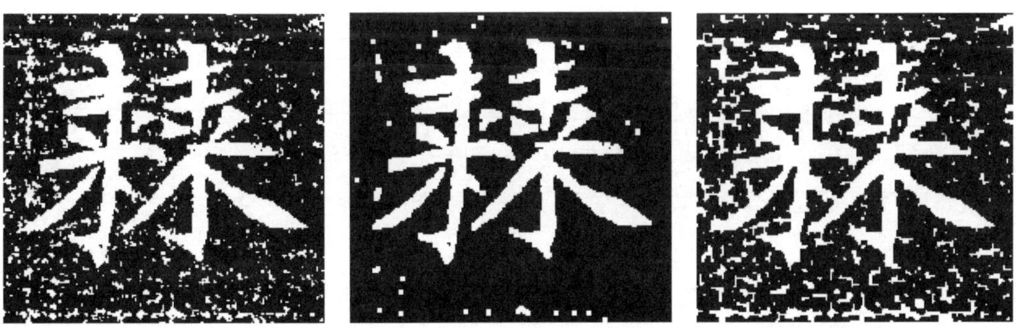

(a) 본래 이진영상　(b) 열림(open) 동작 결과　(c) 닫힘(close) 동작 결과

[그림 7-12]

## Matlab

열기와 닫기는 다음 두 가지 방법으로 프로그램을 실행할 수 있다. 먼저 bwmorph함수를 쓰는 경우

y = bwmorph(x, 'open') ;
y = bwmorph(x, 'close') ;

이때 마스크는 default로 주어진다. 다음은 open과 close전용함수인 imopen, imclose를 마스크와 함께 쓴다.

m = strel('형태', 크기) ;
y = imopean(x, m) ;
y = imclose(x, m) ;

이 경우는 마스크를 임의로 조정하면서 열림과 닫힘을 실행한다.

Program

```
% ==============================================================
% 파일명: PR_7_4.m
% 용도: 형태론적영상처리_open, close
% Matlab함수: bwmorph,imopen,imclose
% ==============================================================
clear,clc
x=imread('cc.jpg');
x1=im2bw(x,graythresh(x)); % 이진영상으로 만든다.
%m=strel('disk',3);
%y1=imopen(x1,m);
%y2=imclose(x1,m);
```

```
y1=bwmorph(x1,'close');
y2=bwmorph(x1,'open');
%
imshow(x1),figure,imshow(y1),figure,imshow(y2)
```

Result

본래 이진영상 close결과 open결과

PR_7_4

### (2) 여러 가지 형태론적 영상처리 기법들

영상신호처리 이론이 한동안 형태론적 처리에 관심이 쏠리면서 여러 다양한 기법과 아이디어들이 쏟아져 나왔다. 여기서는 대표적인 것 몇 가지를 소개한다.

① Bottom hat

형태론적 닫기(close) 동작을 한 다음 본래 영상에서 닫기한 영상을 제거한다. 회색조 영상이나 이진영상에서 사용한다.

## Matlab

사용하는 Matlab함수는 imbothat이다.

y = imbothat(x, m) ;
y = imbothat(x, w) ;

여기서 m은 함수 strel로 만든 마스크이고, w는 설계자가 만든 행렬형태의 마스크이다.

Program

```
% ================================================================
% 파일명: PR_7_5.m
% 용도: 형태론적영상처리_bottom hat
% Matlab함수: imbothat
% ================================================================
clear,clc
% 컬러영상을 불러들여 gray영상으로 변환
x=rgb2gray(imread('a16.jpg'));
% 마스크 제작
m=strel('disk',5,0);
% bottom hat 동작
y=imbothat(x,m);
% 본래영상에서 뺀다.
s=imsubtract(x,y);
imshow(x),figure,imshow(y),figure,imshow(s)
```

Result

본래영상

bottom hat 처리영상

본래영상에서 처리영상을 뺀 결과

PR_7_5

② Bridge

서로 연결되어 있지 않는 화소들을 잇는다.

Matlab함수 : y = bwmorph(x, 'bridge', n) ; n은 횟수

③ Clean

고립된 원소를 제거한다.

Matlab함수 : y = bwmorph(x, 'clean', n) ;

④ 기타 여러 유형

'diag' : 행렬의 대각선 원소를 생성한다.

'fill' : 둘러싸여있는 빈 공간을 채운다.
'hbreak' : H형태로 서로 연결된 화소들의 중간을 끊는다.
'shrink' : 동작횟수 n을 무한대로 하여 영상을 점으로 축소시킨다.
'thin' : 동작횟수 n을 무한대로 하여 영상의 골격을 생성한다.
'skel' : 동작횟수 n을 무한대로 하여 윤곽선을 제거한다.

Program

```
% ===========================================================
% 파일명: PR_7_6.m
% 용도: 형태론적영상처리
% Matlab함수: bwmorph
% ===========================================================
clear,clc
x=imread('a22.tif');
x1=im2bw(x,graythresh(x)); % 이진영상으로 만든다.
x1=imcomplement(x1);
%
y1=bwmorph(x1,'remove');
y2=bwmorph(x1,'skel',Inf);
y3=bwmorph(x1,'thin',3);
%
imshow(x1),figure,imshow(y1),figure,imshow(y2)
figure,imshow(y3)
```

Result

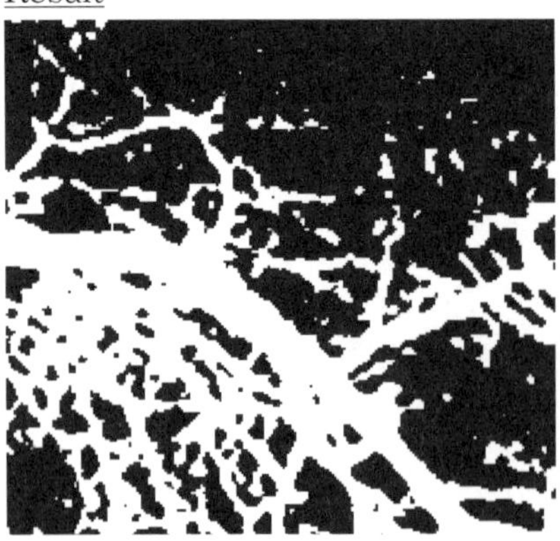
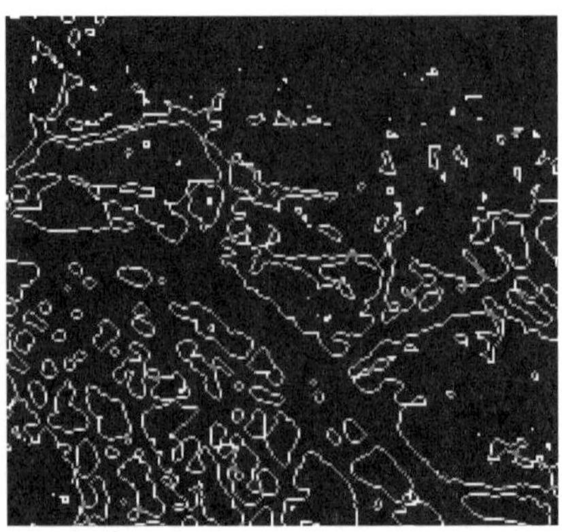

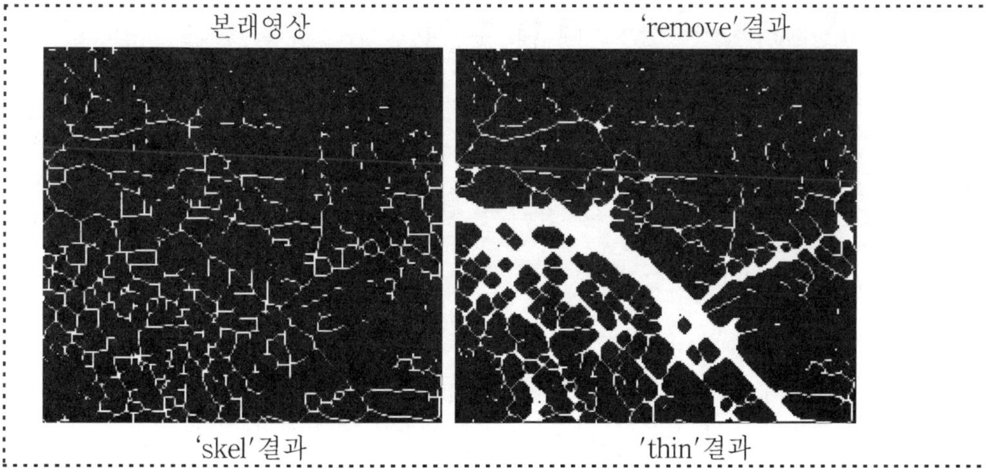


PR_7_6

## 연 습 문 제

1. 주어진 마스크로 대상 영상을 침식과 팽창시킨 결과를 제시하라.

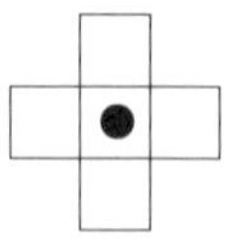

마스크

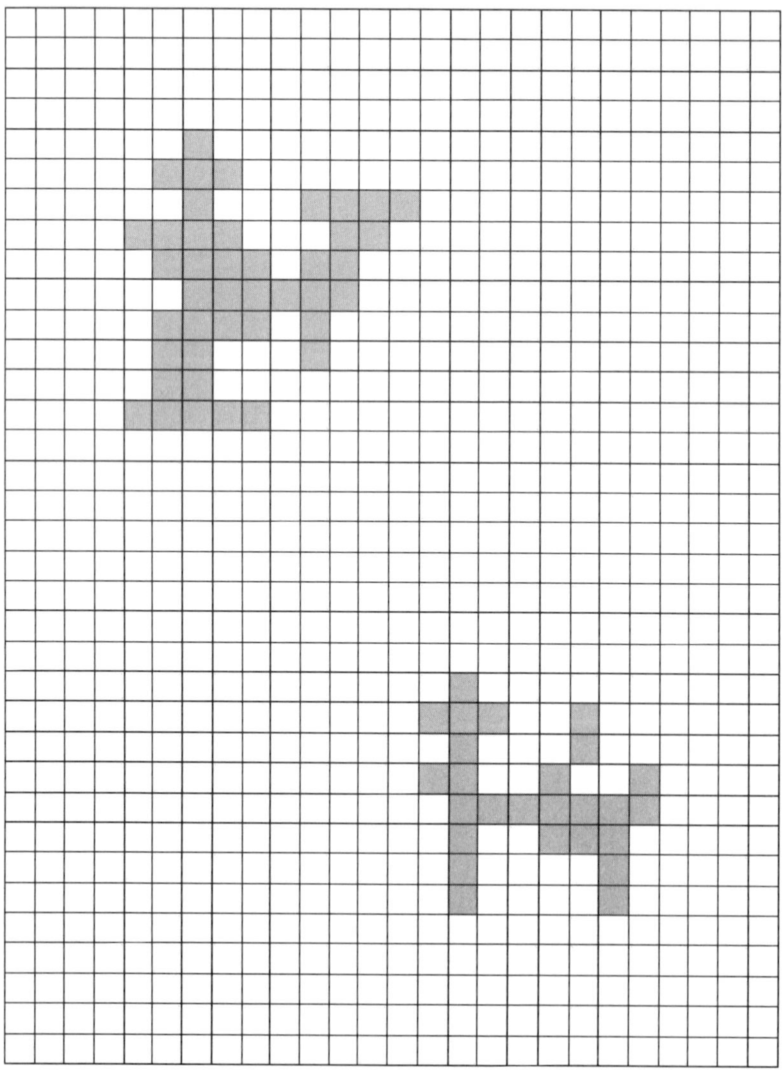

[그림 7-13]

2. 주어진 마스크로 문제 1의 영상을 열기(open)와 닫기(close) 한 결과를 제시하라.

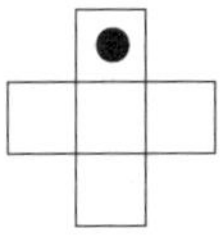
마스크

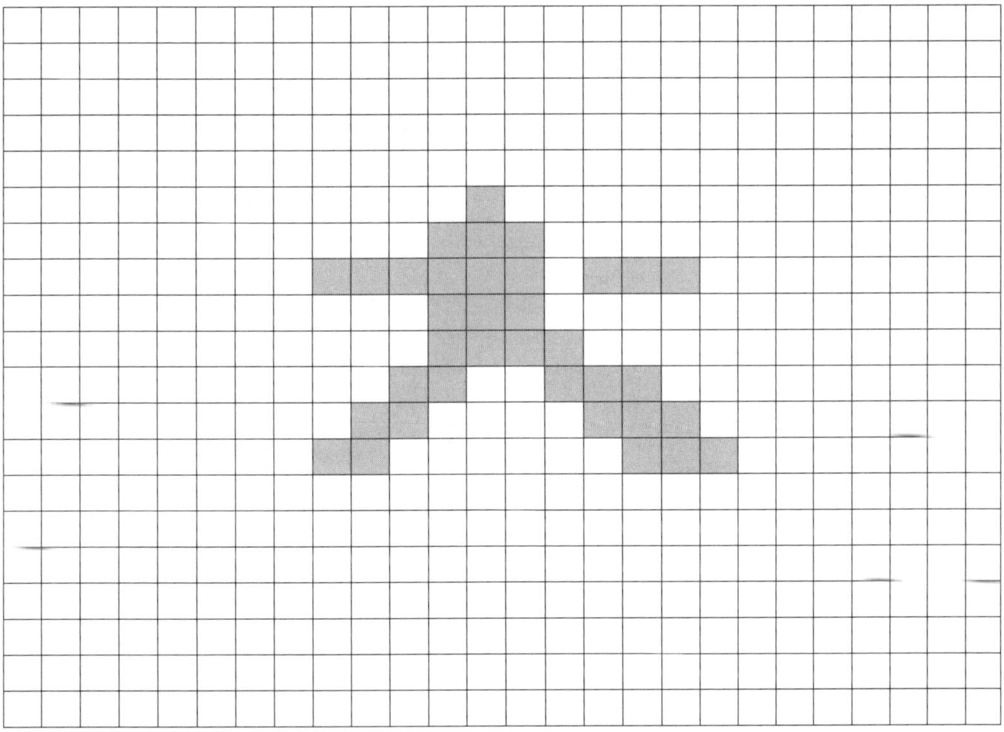

(open)

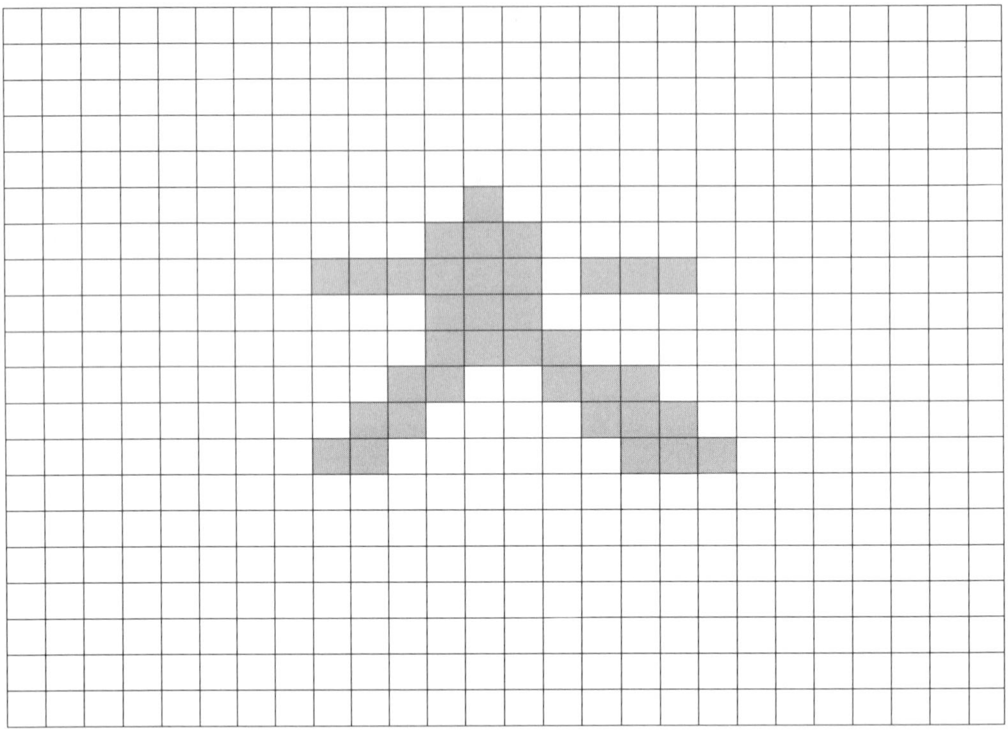

(close)

[그림 7-14]

# 부록 I. Matlab 사용법

## 1. 기본 명령어

자주 사용하는 기본명령어이다.

| 명 령 어 | 설 명 |
|---|---|
| help | 명령어 사용에 대한 정보 예) help imadd : imadd에 관한 설명 |
| clear 또는<br>clear all | 앞의 내용을 모두 지움. 변수와 실행했던 모든 것이 삭제된다. 새로 시작한다. |
| clc | 화면만 지운다. 앞에 실행되었던 것들은 그대로 있다. |
| who | 사용된 변수들에 대한 정보 |
| whos | 사용된 변수들에 대한 자세한 정보 |

## 2. 출력 형식, 숫자의 소수점 출력형식

- 사용법: "format ---"

| 형 식 | 설 명 |
|---|---|
| format | Default. Same as SHORT. |
| format short | Scaled fixed point format with 5 digits. |
| format long | Scaled fixed point format with 15 digits. |
| format short e | Floating point format with 5 digits. |
| format long e | Floating point format with 15 digits. |
| format short g | Best of fixed or floating point format with 5 digits. |
| format long g | Best of fixed or floating point format with 15 digits. |
| format hex | Hexadecimal format. |
| format + | The symbols +, - and blank are printed for positive, negative and zero elements. Imaginary parts are ignored. |
| format bank | Fixed format for dollars and cents. |
| format rat | Approximation by ratio of small integers. |

Program

```
» x=pi
x =
    3.1416
» format long
» x
x =
   3.14159265358979
» format short
» x
x =
    3.1416
» format short e
» x
x =
  3.1416e+000
» format long e
» x
x =
    3.141592653589793e+000
```

## 3. 변수의 발생

Matlab 계산은 행렬계산에 의한다. 따라서 변수도 행렬 형태이다. 행렬은 다음 두 가지 형태로 발생시킨다.

▪ 유형 1:

```
a=[1  2  3  4  5;
   6  7  8  9  7;
   9  8  7  6  5;
   3  4  5  6  7
   5  4  3  2  1];
```

▪ 유형 2:

```
a=[1 2 3 4 5 ;6 7 8 9 7; 9 8 7 6 5; 3 4 5 6 7; 5 4 3 2 1];
```

Program

```
>> a=[1   2   3   4   5;
      6   7   8   9   7;
      9   8   7   6   5;
      3   4   5   6   7;
      5   4   3   2   1];
```

```
>> a
a =
      1     2     3     4     5
      6     7     8     9     7
      9     8     7     6     5
      3     4     5     6     7
      5     4     3     2     1
>>  a=[1  2  3  4  5 ;6  7  8  9  7; 9  8  7  6  5; 3  4  5  6  7; 5  4  3  2  1];
>> a
a =
      1     2     3     4     5
      6     7     8     9     7
      9     8     7     6     5
      3     4     5     6     7
      5     4     3     2     1
```

### 4. 숫자 처리

double, unit8, uint32, uint64, int, int8, int16, int64

① double: 일반적인 숫자 계산할 때 가장 많이 쓴다. Matlab에서 그냥 숫자를 계산하거나 변수를 설정하여 숫자를 넣을 때 모두 double이다. 정수, 소수 모두 사용한다.

② unit8 : 영상을 읽어 들이거나 볼 때 사용한다. 8 비트로 나타내는 0~255의 양의 정수이다. 8 비트로 표현 가능한 수는 0,1,2, ..., $2^8$ 까지이다. 영상 화소를 나타내는 숫자가 8 비트 양의 정수로서 이 형식은 영상데이터를 표현할 때 사용한다.

③ uint16, uint32, uint64: 양의 정수들로서 각각은 16 비트, 32 비트, 64 비트로 숫자를 표현한다. $2^{16}$, $2^{32}$, $2^{64}$의 수의 체계를 갖는다. uint16은 0에서 65, 535 까지, uint32는 0에서 4, 294, 967, 295 까지 그리고 uint64는 0에서 18, 446, 744, 073, 709, 551, 615 까지이다.

④ int8, int16, int32, int64 : uint가 0과 양의 정수인데 반해 int는 음과 양의 정수 모두를 처리할 때 사용한다.

이들 상호간의 변환은 해당 형식 다음에 변수를 넣으면 된다. 즉 uint8을 double로 전환하려면 해당 변수가 x라 할 때, double(x) 하면 된다. 다른 경우도 마찬가지이다. 숫자형식이 있는 변수 x에 대하여

double(x), uint8(x), uint16(x), uint32(x), int8(x), int16(x), …

과 같이 하면 된다. 매우 간단하다.

Program

```
>> x=-1:0.5:1
x =
   -1.0000   -0.5000         0    0.5000    1.0000
>> x1=uint8(x)
x1 =
    0    0    0    1    1
>> x2=int8(x)
x2 =
   -1   -1    0    1    1
>> a=[-634  -245  12  0  98  223  734]
a =
  -634  -245    12     0    98   223   734
>> a1=uint8(a)
a1 =
    0    0   12    0   98  223  255
>> a2=uint16(a)
a2 =
      0      0     12      0     98    223    734
>> a3=int8(a)
a3 =
 -128 -128   12    0   98  127  127
>> a4=int16(a)
a4 =
   -634   -245     12      0     98    223    734
>> aa=double(a3)
aa =
  -128  -128    12     0    98   127   127
```

## 5. 배 열(Array)

(1) 숫자의 발생

① n=[a:b];   a에서 b까지 간격이 1씩 발생한 행렬

예) » n=[1:10]

```
n =
    1    2    3    4    5    6    7    8    9    10
```

② t=a:b;   a에서 b까지 간격이 1씩 발생

예) » t=2:9

```
t =
    2    3    4    5    6    7    8    9
```

③ t=a:n:b; a에서 b까지 간격이 n씩 증가

예) » t=0:0.1:1

```
t =
    0  0.1  0.2  0.3  0.4  0.5  0.6  0.7  0.8  0.9 1.0
```

④ x 축 발생

명령어: linspace, logspace

t = linspace(a,b)   : a에서 b 까지 100개 발생

t = linspace(a,b,n)   : a에서 b 까지 n 개 발생

t = logspace(a,b)   : $10^a$ 과 $10^b$ 사이에 log 눈금으로 50개 발생

t = logspace(a,b,n)   : $10^a$과 $10^b$ 사이에 log 눈금으로 n개 발생

Program

```
% ==========================================================
% 파일명: PR_8_1.m
% 용도: x축 발생 예
% Matlab함수: linspace
% ==========================================================
clear,clc
t=linspace(-3,20);  % -2에서 4까지 100개를 발생
x=sin(t);           % sin의 그래프를 그린다.
plot(t,x),grid,axis([-3 20 -1.4 1.4])
```

Result

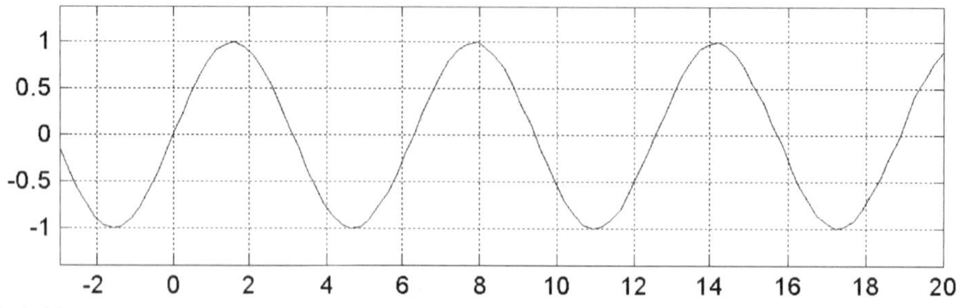


⑤ random(난수) 숫자 발생
명령어: rand(n), randn(n), rand(n,m), randn(n,m)
n만 있는 경우는 n×n개의 정방행렬을 의미한다. (n,m)은 n×m 행렬이다.

rand: 0에서 1사이의 random수를 발생한다.
randn: 평균이 0이고 표준편차가 1인 random수를 발생한다.

Program
```
>> rand(3)
ans =
    0.1538    0.4886    0.9254
    0.9618    0.4071    0.0056
    0.8763    0.1266    0.1864
>> randn(3)
ans =
   -0.4326    0.2877    1.1892
   -1.6656   -1.1465   -0.0376
    0.1253    1.1909    0.3273
>> rand(1,5)
ans =
    0.7294    0.4823    0.3381    0.2368    0.4509
>> randn(1,5)
ans =
   -0.5883    2.1832   -0.1364    0.1139    1.0668
>> randn(2,7)
ans =
   -0.0538   -2.0800   -0.4568    0.8895   -0.3220   -0.7443    1.4373
    0.4725   -0.8025    0.1939   -1.5917   -0.7038    0.3713    0.4599
```

(2) 숫자의 나열과 재배치

① x(:) 한 줄로 늘어놓기, 세로줄이 된다.

```
Program
>> x=int8(rand(2,3)*10)
x =
   10    5    8
    7    1   10
>> y=x(:)
y =
   10
    7
    5
    1
    8
   10
```

② 크기순대로 배열하기

명령어: sort(x). default로서 변수 x에 있는 수들을 작은 순서대로 배열한다.

```
Program
>> x=[1 2 5;4 7 3;8 9 6]
x =
     1     2     5
     4     7     3
     8     9     6
>> sort(x)
ans =
     1     2     3
     4     7     5
     8     9     6
>> sort(x,'descend')
ans =
     8     9     6
     4     7     5
     1     2     3
```

```
>> sort(x(:))
ans =
     1
     2
     3
     4
     5
     6
     7
     8
     9
```

sort(x,'descend'); 변수 x에 있는 수들을 큰 순서대로 배열한다.

(3) 배열찾기, find를 사용

Program
```
>> x=-4:4
x =
    -4    -3    -2    -1     0     1     2     3     4
>> k=find(abs(x)>2)     % x의 절대값이 2보다 큰 배열을 찾아라.
k =
     1     2     8     9
>> y=x(k)       % 그 배열에 해당하는 원소를 제시하라
y =
    -4    -3     3     4
```

## 6. 행렬

(1) 크기 산출

명령어: size(x), length(x)

① size(x)는 행렬의 행과 열을 구한다. 계산 결과는 [행의수 열의수]로 나타난다. 이 명령어는 데이터가 행렬형태인 경우 행의 수나 열의 수에 따른 데이터 처리를 할 때 매우 쓸모가 많다.

size(x, 1): 행렬 x의 행의 수, size(x, 2): 행렬 x의 열의 수

② length(x)는 행렬의 행과 열 가운데 가장 큰 것을 가리킨다.

Program
```
>> x=[1 2 5 0;4 7 3 -3;8 9 -6 1]
x =
     1     2     5     0
     4     7     3    -3
     8     9    -6     1
>> size(x)
ans =
     3     4
>> size(x,1)
ans =
     3
>> size(x,2)
ans =
     4
>> length(x)
ans =
     4
```

(2) 행렬 특성 연산

명령어: rank(x), det(x), trace(x), eig(x), norm(x), inv(a)

| 명 령 어 | 설 명 과 예 제 |
|---|---|
| rank(x) | 행렬의 랭크를 계산한다. 랭크는 행렬의 독립된 행이나 열의 개수 가운데 작은 것을 가리킨다. |
| | x =<br>1 2 5 0<br>4 7 3 -3<br>8 9 -6 1<br>>> rank(x)<br>ans =<br>3 |
| det(x) | 정방행렬의 행렬식(Determinant)을 계산한다. |
| | >> A=[2 1 5;4 6 9;0 7 -3];<br>>> A<br>A =<br>2 1 5<br>4 6 9<br>0 7 -3<br>>> det(A)<br>ans =<br>-10 |
| trace(x) | 행렬의 대각선(diagonal)에 늘어선 원소들의 합을 계산한다. |
| | >> A=[2 1 5;4 6 9;0 7 -3];<br>>> A<br>A =<br>2 1 5<br>4 6 9<br>0 7 -3<br>>> trace(A)<br>ans =<br>5 |
| eig(x) | 행렬의 고유값(eigen value)를 계산한다. |
| | >> eig(A)<br>ans =<br>11.6866<br>0.1256<br>-6.8122 |
| norm(x) | 행렬의 norm를 계산한다. norm은 행렬 원소들의 유클리디안 값으로 원소들을 자승하여 합한 값의 $\sqrt{\ }$ 값이다. 가령 행렬 B=[4 2 6 9] 의 norm은<br>norm(B)= $\sqrt{4^2+2^2+6^2+9^2} = \sqrt{137} = 11.7$ 이다. |

<table>
<tr><td></td><td>

```
>> B=[2 6 1 7;-2 5 0 9];
>> norm(B)
ans =
   13.7681
```

</td></tr>
<tr><td rowspan="2">inv(x)</td><td>역행렬을 계산한다.</td></tr>
<tr><td>

```
>> A=[2 1 5;4 6 9;0 7 -3];
>> A
A =
     2     1     5
     4     6     9
     0     7    -3
>> inv(A)
ans =
    8.1000   -3.8000    2.1000
   -1.2000    0.6000   -0.2000
   -2.8000    1.4000   -0.8000
```

</td></tr>
</table>

(3) 행렬 표현과 처리

명령어: zeros(n), zeros(n,m), ones(n), ones(n,m), eye(n), eye(n,m)

① zeros; null 행렬, 모든 원소가 0,

zeros(a):정방행렬, zeros(a,b):a×b 행렬

Program

```
>> zeros(3)
ans =
     0     0     0
     0     0     0
     0     0     0
>> zeros(2,5)
ans =
     0     0     0     0     0
     0     0     0     0     0
```

② ones; 모든 원소가 1인 행렬, ones(a):정방행렬, ones(a,b):a×b 행렬

```
Program
>> ones(3)
ans =
     1     1     1
     1     1     1
     1     1     1
>> ones(2,5)
ans =
     1     1     1     1     1
     1     1     1     1     1
```

③ eye; 단위행렬, eye(a):정방행렬, eye(a,b): a×b 행렬

```
Program
>> eye(3)
ans =
     1     0     0
     0     1     0
     0     0     1
>> eye(3,5)
ans =
     1     0     0     0     0
     0     1     0     0     0
     0     0     1     0     0
```

(4) 원소 찾기와 원소값 변경

a(n,m), a(:,m), a(n,:), a(n:m,:), a(:,n:m)

a(n,m) : 행렬 a의 행n 과 열m의 원소 a(n:m,:) : n에서m까지 행과 모든 열
a(:,m) : 모든 행과 m번째 열(세로줄) a(:,n:m) : 모든 행과 n에서m까지 열
a(n,:) : n번째 행과 모든 열(가로줄) a(a:b,n:m) : a에서b까지 행과 n에서 m까지 열
a(n,m)=b: a(n,m)의 원소값을 b로 변경

Program
```
>> a=[3 6 8 2 -1;4 2 0 -5 9;6 2 8 0 1];
>> a
a =
     3     6     8     2    -1
     4     2     0    -5     9
     6     2     8     0     1
>> a(2,3)
ans =
     0
>> a(:,2)
ans =
     6
     2
     2
>> a(3,:)
ans =
     6     2     8     0     1
>> a(1:2,:)
ans =
     3     6     8     2    -1
     4     2     0    -5     9
>> a(:,3:4)
ans =

     8     2
     0    -5
     8     0
>> a(2:3,3:5)
ans =
     0    -5     9
     8     0     1
>> a1=a;   % 원소 변경하기
>> a1(3,4)=143
```

```
a1 =
     3     6     8     2    -1
     4     2     0    -5     9
     6     2     8   143     1
```

(5) 행렬 연산

| | | | |
|---|---|---|---|
| **+, −, *** | : 덧셈, 뺄셈, 곱셈 | **** | : 왼쪽 나눗셈 |
| **A^2** | : 거듭제곱, $A^2$ | **/** | : 오른쪽 나눗셈 |
| **A′** | : 전치행렬(Transpose), $A^T$ | **.** | : 배열연산 |

① 덧셈, 뺄셈, 곱셈

Matlab에서의 덧셈, 뺄셈, 곱셈은 +, −, * 에 의한다.

행렬의 연산법칙을 그대로 따르나 덧셈과 뺄셈에서 숫자와 그대로 더하거나 뺄 수 있다. 이 과정에서 숫자는 더하거나 빼려는 행렬의 행과 열에 해당하는 원소값이 1인 행렬을 발생시켜 연산한다.

예를 들어

$A=\begin{pmatrix} 3 & -1 & 7 \\ 5 & 0 & 9 \\ -4 & 8 & 2 \end{pmatrix}$ 에서 $A+4=\begin{pmatrix} 3 & -1 & 7 \\ 5 & 0 & 9 \\ -4 & 8 & 2 \end{pmatrix}+\begin{pmatrix} 4 & 4 & 4 \\ 4 & 4 & 4 \\ 4 & 4 & 4 \end{pmatrix}=\begin{pmatrix} 7 & 3 & 11 \\ 9 & 4 & 13 \\ 0 & 12 & 6 \end{pmatrix}$ 이고

$A-4=\begin{pmatrix} 3 & -1 & 7 \\ 5 & 0 & 9 \\ -4 & 8 & 2 \end{pmatrix}-\begin{pmatrix} 4 & 4 & 4 \\ 4 & 4 & 4 \\ 4 & 4 & 4 \end{pmatrix}=\begin{pmatrix} -1 & -5 & 3 \\ 1 & -4 & 5 \\ -8 & 4 & -2 \end{pmatrix}$ 이다.

```
Program
>> A=[4 3 5;6 -1 0];B=[-1 6 3;8 2 5];
>> A
A =
     4     3     5
     6    -1     0
>> B
B =
    -1     6     3
     8     2     5
>> A+B
ans =
     3     9     8
```

```
     14     1     5
>> A-B
ans =
      5    -3     2
     -2    -3    -5
>> A*B'
ans =
     29    63
    -12    46
>> A*2
ans =
      8     6    10
     12    -2     0
>> A+1
ans =
      5     4     6
      7     0     1
>> A-5
ans =
     -1    -2     0
      1    -6    -5
```

② 거듭제곱 $A^2$, $A^4$, $A^{-3}$, 또는 A^B

행렬 A가 정방행렬이면 $A^2$, $A^4$, $A^{-3}$하여 행렬을 계속 곱셈한다. 행렬 A가 정방행렬이 아니고 행렬을 구성하는 각 원소들을 거듭제곱하려면 $A.\hat{}2$, $A.\hat{}4$, $A.\hat{}{-3}$와 같이 행렬 오른쪽 바로 옆에 점(.)을 찍은 후 거듭제곱(^)을 작용시킨다. 또한 행렬끼리 거듭제곱도 가능하다. 이 때 거듭제곱하는 행렬의 원소들의 값으로 앞 행렬의 원소를 거듭제곱한다.

예를 들어

$$A=\begin{pmatrix} 5 & -7 & 9 \\ 1 & 4 & 3 \end{pmatrix},\quad B=\begin{pmatrix} 2 & 3 & -2 \\ 6 & 4 & 2 \end{pmatrix} \text{ 일 때, } A\hat{}B=\begin{pmatrix} 5^2 & (-7)^3 & 9^{(-2)} \\ 1^6 & 4^4 & 3^2 \end{pmatrix}$$

이다. 이 때 연산은 $A.\hat{}B$와 같이 A 오른쪽 옆에 점(.)을 찍어 계산한다.

Program

```
>> A=[4 2 6;-1 8 3;0  -3 7]; B=[-1 6 3;8 2 5]; C=[2 3 2;-2 4 5];
>> A
A =
     4     2     6
    -1     8     3
     0    -3     7
>> B
B =
    -1     6     3
     8     2     5
>> A^2
ans =
    14     6    72
   -12    53    39
     3   -45    40
>> A^(-3)
ans =
    0.0087   -0.0106   -0.0089
    0.0015   -0.0011   -0.0032
    0.0013    0.0006    0.0000
>> B.^2
ans =
     1    36     9
    64     4    25
>> B.^(-2)
ans =
    1.0000    0.0278    0.1111
    0.0156    0.2500    0.0400
>> B.^C
ans =
  1.0e+003 *
    0.0010    0.2160    0.0090
    0.0000    0.0160    3.1250
```

③ 전치행렬 A′

```
Program
>> a=[1 2 3; 4 5 6; 7 8 9;10 11 12]


a =
     1    2    3
     4    5    6
     7    8    9
    10   11   12
>> a'
ans =
     1    4    7   10
     2    5    8   11
     3    6    9   12
```

* 복소수의 전치행렬은 공액복소수가 된다. 이를 막기 위해서는 A.′를 사용한다.

```
Program
>> A=[1+4i  6  8+2i; 3-5i 2+8i 9i];
>> A
A =
   1.0000 + 4.0000i   6.0000                  8.0000 + 2.0000i
   3.0000 - 5.0000i   2.0000 + 8.0000i             0 + 9.0000i
>> A'
ans =
   1.0000 - 4.0000i   3.0000 + 5.0000i
   6.0000              2.0000 - 8.0000i
   8.0000 - 2.0000i         0 - 9.0000i
>> A.'
ans =
   1.0000 + 4.0000i   3.0000 - 5.0000i
   6.0000              2.0000 + 8.0000i
   8.0000 + 2.0000i         0 + 9.0000i
```

④ 행렬 합성,  [A;B;C], [A B C]

행렬끼리 위치를 정하여 합성할 수 있다.

```
Program
>> A=[1 2 3; 4 5 6];  B=[3 6 2];
>> A
A =
     1     2     3
     4     5     6
>> B
B =
     3     6     2
>> [A;B]
ans =
     1     2     3
     4     5     6
     3     6     2
>> [A' B']
ans =
     1     4     3
     2     5     6
     3     6     2
```

⑤ 배열연산과 오른쪽/왼쪽 나눗셈

배열연산은 각 행렬의 같은 위치의 원소들끼리 연산하는 것으로 연산하려는 앞의 행렬 오른쪽 아래에 점(.)을 찍어 표시한다. 오른쪽/왼쪽 나눗셈은 /과 \으로 표시하는데 A./B는 A÷B이고 A.\B (왼쪽 나눗셈)는 B÷A 이다.

```
Program
>> A=[1 2 3;4 5 6]; B=[2 1 4;3 2 1];
>> A
A =
     1     2     3
     4     5     6
>> B
B =
```

```
     2    1    4
     3    2    1
>> A.*B
ans =
     2    2   12
    12   10    6
>> A./B       % 오른쪽 나눗셈   A÷B
ans =
    0.5000    2.0000    0.7500
    1.3333    2.5000    6.0000
>> A.\B       % 왼쪽 나눗셈   B÷A
ans =
    2.0000    0.5000    1.3333
    0.7500    0.4000    0.1667
```

## 7. 통계 분석용

| | | | | | |
|---|---|---|---|---|---|
| max(a) | : 최대값 | min(a) | : 최소값 | sum(a) | : 원소합 |
| cumsum(a) | : 원소 누적합 | mean(a) | : 평균값 | sort(a) | : 오름차순 정렬 |
| prod(a) | : 원소 곱 | cumprod(a) | : 원소 누적곱 | median(a) | : 중간값 |
| std(a) | : 표준편차 | | | | |

```
Program
>> k1=[1 3 5 7 9;9 7 5 0 2]
k1 =
     1    3    5    7    9
     9    7    5    0    2
>> max(k1),min(k1),sum(k1),mean(k1),median(k1), prod(k1), std(k1)
ans =
     9    7    5    7    9                    % max(k1)
ans =
     1    3    5    0    2                    % min(k1)
ans =
    10   10   10    7   11                    % sum(k1)
ans =
```

```
     5.0000    5.0000    5.0000    3.5000    5.5000        % mean(k1)
ans =
     5.0000    5.0000    5.0000    3.5000    5.5000        % median(k1)
ans =
      9    21    25     0    18                          % prod(k1)
ans =
     5.6569    2.8284         0    4.9497    4.9497       % std(k1)
>> max(k1'),min(k1'),sum(k1'),mean(k1'),median(k1'), prod(k1'), std(k1')
ans =
      9     9
ans =
      1     0
ans =
     25    23
ans =
     5.0000    4.6000
ans =
      5     5
ans =
    945     0
ans =
     3.1623    3.6469
```

## 8. 관계 논리연산자

| | | | | | |
|---|---|---|---|---|---|
| < , > | : 부등호 | >= | : ≧ | <= | : ≦ |
| == | : 조건(같으면) | ~= | :조건(같지 않으면) | | |

관계 연산은 논리적으로 성립하면 “1”, 아니면 “0”이 나온다.

```
Program
>> a=1:5,  b=6-a
a =
      1     2     3     4     5
b =
      5     4     3     2     1
```

```
>> x1=a>3
x1 =
     0     0     0     1     1
>> x2=a<3
x2 =
     1     1     0     0     0
>> x3=a==b
x3 =
     0     0     1     0     0
>> x4= a~=b
x4 =
     1     1     0     1     1
```

## 9. 흐름 제어문

"for　　end", "while　　end"

(1) for ...... end

for 다음에 사용할 변수의 index를 순차적으로 적용하면서 프로그램을 순환시킨다.

Program

```
[Ex.1]
for i=1:800;
    x(i)=cos(i*pi/180);
end
plot(x),grid
```

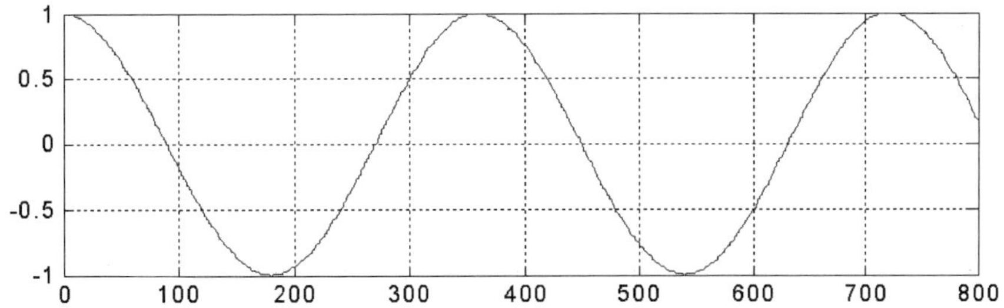

```
[Ex.2]
k=ones(2,6);
for i=1:6;
     y=i^3-0.5*i^2+exp(i)+20*sin(i*pi/180);
     k(:,i)=[i y]';
end
------------------------------------------------

>> k
k =
    1.0000    2.0000    3.0000    4.0000    5.0000    6.0000
    3.5673   14.0870   43.6323  111.9933  262.6563  603.5194
```

```
[Ex.3]
a=[1 6 3;4 5 7];
for n=a
     x=n(1)-n(2)
end
------------------------------------------------
x =
    -3
x =
     1
x =
    -4
```

```
[Ex.4]
for i=1:5
    for j=1:5
        x(i,j)=i^2-2*j;
    end
    x1=x';
end
------------------------------------------------
>> x
```

```
x =
    -1    -3    -5    -7    -9
     2     0    -2    -4    -6
     7     5     3     1    -1
    14    12    10     8     6
    23    21    19    17    15
>> x1
x1 =
    -1     2     7    14    23
    -3     0     5    12    21
    -5    -2     3    10    19
    -7    -4     1     8    17
    -9    -6    -1     6    15
```

(2) while ...... end

Program: 2차원 영상데이터의 마스크 처리

```
% Masking 처리의 기초 연산. 3*3 마스크 사용
a=imread('a19.jpg');   % gray영상을 읽는다.
x=double(a);   % image read, double array 로 변환하여 읽음
x1=x;   % 변수조정
m=[1 1 1;1 1 1;1 1 1]/9; % 평균필터
s=size(x1);
sx=s(1,1);sy=s(1,2);
for i=1:(sx-2)    % 이미지의 범위를 설정한다.
    for j=1:(sy-2)
        x2(i+1,j+1)=sum(sum(x1(i:i+2,j:j+2).*m));   % Masking 과정
    end
end
x3=uint8(x2);  % double형식의 결과를 영상으로 보기위해 uint8로 변환
imshow(a),figure, imshow(x3)
```

Result

<처리 전>

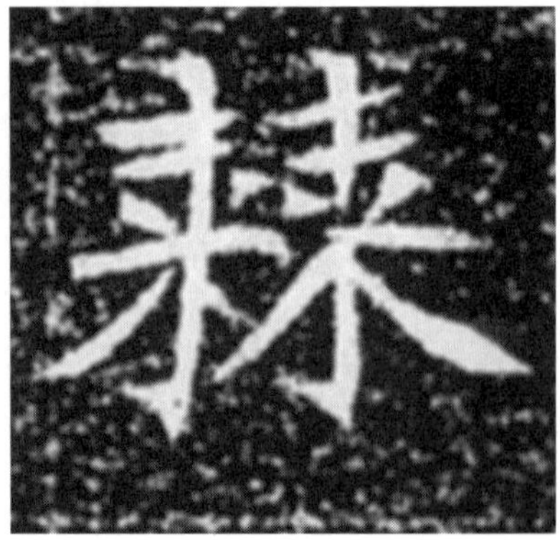

<처리 후>

while 앞에 while 내부로 끌고 들어올 변수를 미리 설정하여 순서의 초기치를 설정하고 while로 들어와 index를 순차적으로 적용하면서 프로그램을 순환시킨다.

Program

```
% 문제: 주어진 데이터의 평균과 표준편차를 구하고 평균의 일정 표준편차 범위
% 안의 데이터와 그 범위를 벗어난 데이터를 분류하라
% 주어진 데이터: tk
tk=[23  339  19  23  23  20  19  234  19  19  219  56  19  63  19  19
19  19];
mtk=mean(tk);     % 평균
stdtk=std(tk);    % 표준편차
i=1;q=1;z=1;                % 순환 연산의 초기치 설정
while i<=length(tk)          % 처음부터 끝까지 반복
   if (tk(1,i)<= (mtk+1.5*stdtk)) & (tk(1,i)>=(mtk-1.5*stdtk))

      tka(1,q)=tk(1,i);       % 설정 범위 안의 데이터들은 txa로 분류
      q=q+1;
   else
      tkb(1,z)=tk(1,i);      % 설정 범위 밖의 데이터들은 txb로 분류
      z=z+1;
   end
   i=i+1;
```

```
  end
  % 출력 보이기
  disp('범위 안의 데이터군'),disp(tka),disp('범위 밖의
데이터군'),disp(tkb)
```

Result
범위 안의 데이터군

```
    23    19    23    23    20    19    19    19    56    19    63    19    19    19    19
```

범위 밖의 데이터군

```
   339   234   219
```

## 10. 조건문

"if ... end", "if ... else ... end", "if ... elseif ... end"

Program
[Ex.1]

```
a1=rand(4);
if det(a1)~=0
    a2=inv(a1);
else
    a3=a1+a1^2;
end
------------------------------------
```

```
>> a2
a2 =
  -15.2997    3.0761   14.7235    9.6445
   -0.2088   -1.8442    1.0366    1.8711
   14.5694   -1.9337  -14.6497   -9.0413
   -0.3690    0.5345    1.4378   -0.4008
```

[Ex.2]

```
for i=1:5
    for j=1:5
```

```
        if i==j
           b(i,i)=7;
        elseif  abs(i-j)==1
           b(i,j)=0;
        end
    end
end
--------------------------------------------
>> b
b =
     7     0     0     0     0
     0     7     0     0     0
     0     0     7     0     0
     0     0     0     7     0
     0     0     0     0     7
```

[Ex.3]

```
for i=1:5
    for j=1:5
        if i==j
           b(i,i)=7;
        elseif abs(i-j)==1
           b(i,j)=2;
        else
           b(i,j)=4;
        end
    end
end
-----------------------------------------
>> b
b =
     7     2     4     4     4
     2     7     2     4     4
     4     2     7     2     4
     4     4     2     7     2
     4     4     4     2     7
```

## 11. 그래프 그리기

명령어함수: 가장 많이 사용하는 것은 plot 이다. 먼저 plot에 대해 살펴본다.

x: 데이터를 가진 변수

t: x가 발생한 축으로 t의 데이터 수와 x의 데이터 수가 같아야 한다.

| 형 태 | 설 명 |
|---|---|
| plot(x) | 변수 x의 데이터를 알아서 그린다.<br>default는 파랑실선이다. |
| plot(t,x) | t를 가로축으로 x를 그린다. |
| plot(t,x,'색')<br>plot(t,x,'형태')<br>plot(t,x,'색과 형태')<br>(예) ':r': 빨강점선,<br>'*': 파랑스타<br>'g': 녹색실선 | 선의 색을 결정한다.<br>b: 파랑, g:녹색, k:검정, r:빨강<br>w;흰색, y:노랑, m:진홍, c:하늘색<br><br>선의 형태를 설정한다.<br>'-' : 실선, '--': 대시선, ':' 점선<br>'o': 원, '*':스타, '+':더하기 |
| plot(t,x,t,y,t,k) 또는<br>plot(t,[x y k])<br>plot(t,x,':r',t,y,'*',t,k,'g') | 여러 선을 동시에 그린다.<br>동시에 여러 색과 형태로 그린다. |
| plot3(a,b,c) | 3차원그래프 그리기 |
| loglog | log 그래프 그리기 |
| semilogx, semilogy | log 그래프 그리기 |
| plotmatrix | 데이터를 2차원 공간에 행렬로 배치한다. |
| scatter | 데이터를 2차원 공간에 뿌린다. |
| stem | 그래프를 데이터에 대해 세로 라인으로 표시한다. |

**함께 사용하는 명령어 함수들**

| 형 태 | 설 명 |
|---|---|
| axis([xmin xmax ymin ymax]) | 그래프의 가로 세로 범위를 지정한다.<br>xmin, xmax, ymin, ymax, 들은 숫자로서 각 범위이다.<br>xmin: 가로축 최소값, xmax: 가로축 최대값<br>ymin: 세로축 최소값, ymax: 세로축 최대값 |
| axis('square') | 그래프가 정사각형이다 |
| axis('equal') | 그래프의 가로 세로 눈금이 같다. |
| hold on | 이미 작성된 그래프에 새로운 선을 추가할 때 사용한다. |
| hold off | hold on 삭제 |
| grid | 그래프 내에 격자눈금을 만든다. |
| grid(on) | 현재 그래프에 격자눈금을 만든다. |
| title('문장') | 그래프의 제목 |
| legend('문장','문장') | 그래프안의 선에 대한 설명 |
| xlabel('문장') | 가로축 설명 |
| ylabel('문장') | 세로축 설명 |
| subplot(abc) | 그래프를 그리기 전에 먼저 그래프들을 공간에 어떻게 배치할 것인 가를 결정한다. a와 b는 공간을 a개의 행과 b 개의 열로 구분한 다음 c는 그 해당하는 순서 부분이다. |

| subplot(311) |
|---|
| subplot(312) |
| subplot(313) |

| (221) | (222) |
|---|---|
| (223) | (224) |

| (321) | (322) |
|---|---|
| (323) | (324) |
| (325) | (326) |

| subplot(211) |
|---|
| subplot(212) |

Program

```
t=linspace(-2,30);
x=sin(t); y=1.5*cos(t); z=x+y;
title('sin and cos graph plot')
subplot(211); plot(t,x,'k',t,y,'r:'), axis([-1 20 -2.2 2.2]),
grid
title('sin and cos graph plot')
xlabel('time sequence'), ylabel('value')
subplot(212); plot(t,z), axis([-1 20 -2.2 2.2]), grid
xlabel('time sequence'), ylabel('value')
```

Result

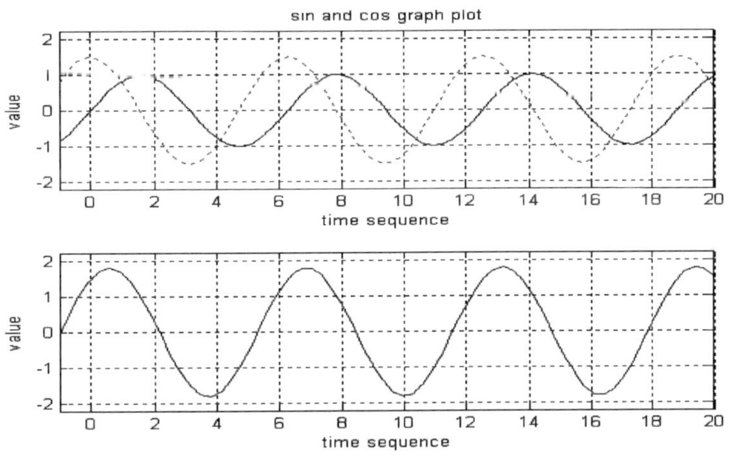

# 부록 II. Matlab 영상처리 사용 함수들

| <함수> | <설 명> |
|---|---|

**영상으로 나타내기**

| | |
|---|---|
| colorbar | color bar를 제시 |
| immovie | Make movie from multiframe image |
| implay | Play movies, videos, or image sequences |
| imshow | 영상출력, 영상 출력에 가장 많이 사용한다. |
| imtool | Image Tool, 영상의 출력 형태를 결정한다. |
| montage | 시각형 montage로 multiple image frames 나타내기 |
| subimage | 하나의 figure 안에 여러 영상을 보이기 |
| warp | texture-mapped surface로 영상을 나타내기 |

**영상 파일 입출력**

| | |
|---|---|
| analyze75info | Read metadata from header file of Analyze 7.5 data set |
| analyze75read | Read image data from image file of Analyze 7.5 data set |
| dicomanon | Anonymize DICOM 파일 |
| dicomdict | Get or set active DICOM data dictionary |
| dicominfo | DICOM message로 metadata 읽기 |
| dicomlookup | Find attribute in DICOM data dictionary |
| dicomread | DICOM 영상 읽기 |
| dicomuid | DICOM unique identifier 생성 |
| dicomwrite | DICOM 파일로 영상 쓰기 |
| hdrread | HDRI(high dynamic range image)fmf 읽는다. |
| hdrwrite | Write Radiance high dynamic range (HDR) image file |
| interfileinfo | Interfile 파일로부터 metadata 읽기 |
| interfileread | Interfile format으로 영상 읽기 |
| makehdr | HDRI(high dynamic range image)를 생성 |
| nitfinfo | National Imagery Transmission Format(NITF) 파일로 metadata 읽기 |
| nitfread | National Imagery Transmission Format(NITF) 파일로 영상 읽기 |
| tonemap | HDRI(high dynamic range image)를 보이게 하기위해 렌더링 |

### 영상형태와 형태간 변환

| | |
|---|---|
| demosaic | Bayer pattern encoded 영상을 truecolor image로 변환 |
| dither | Convert image, increasing apparent color resolution by dithering |
| gray2ind | grayscale or binary영상을 indexed image로 변환 |
| grayslice | grayscale영상을 multilevel 문턱치들을 사용하여 indexed 영상으로 변환 |
| graythresh | Otsu방식으로 문턱치 산출. 그 값은 0~1(화소값: 0~255)로 나타난다. |
| im2bw | 문턱치로 영상을 이진영상으로 변환 |
| im2double | 영상을 double형태로 변환 |
| im2int16 | 영상을 16-bit signed integers 로 변환 |
| im2java | 영상을 Java image 로 변환 |
| im2java2d | 영상을 to Java buffered image 로 변환 |
| im2single | 영상을 single precision 로 변환 |
| im2uint16 | 영상을 16-bit unsigned integers 로 변환 |
| im2uint8 | 영상을 8-bit unsigned integers 로 변환 |
| ind2gray | indexed 영상을 grayscale 로 변환 |
| ind2rgb | indexed 영상을 RGB 로 변환 |
| label2rgb | label matrix 를 RGB 영상으로 변환 |
| mat2gray | matrix를 grayscale 영상으로 변환 |
| rgb2gray | RGB영상이나 colormap 를 grayscale로 변환 |
| rgb2ind | RGB 영상을 indexed영상으로 변환 |

### 공간변환

| | |
|---|---|
| checkerboard | checkerboard image생성 |
| findbounds | spatial 변환의 output bounds 탐색 |
| fliptform | Flip input and output roles of TFORM structure |
| imcrop | Crop 영상 |
| impyramid | Image pyramid reduction 과 expansion |
| imresize | 영상의 크기조정. 일종의 zoom이다. |
| imrotate | 영상회전 |
| imtransform | Apply 2-D spatial transformation to image |
| makeresampler | resampling structure 생성 |

| | |
|---|---|
| maketform | 공간 transformation structure (TFORM) 생성 |
| tformarray | Apply spatial transformation to N-D array |
| tformfwd | Apply forward spatial transformation |
| tforminv | Apply inverse spatial transformation |

**영상등록**

| | |
|---|---|
| cp2tform | control point pairs로부터 Infer 공간변환 |
| cpcorr | Tune control-point locations using cross correlation |
| cpselect | Control Point 선택 툴 |
| cpstruct2pairs | Convert CPSTRUCT to valid pairs of control points |
| normxcorr2 | Normalized 2-D cross-correlation |

**영상분석**

| | |
|---|---|
| bwboundaries | 이진영상의 영역 경계 추적 |
| bwtraceboundary | 이진영상의 object 추적 |
| edge | grayscale영상의 에지 추출 |
| hough | Hough 변환 |
| houghlines | Hough변환에 의한 line segments 추출 |
| houghpeaks | Identify peaks in Hough transform |
| qtdecomp | Quadtree decomposition |
| qtgetblk | quadtree decomposition의 Block |
| qtsetblk | quadtree decomposition의 Set block 값들 |

**텍스트 분석**

| | |
|---|---|
| entropy | grayscale 영상의 엔트로피 |
| entropyfilt | grayscale영상의 Local entropy |
| graycomatrix | 영상에서 gray-level co-occurrence matrix생성 |
| graycoprops | gray-level co-occurrence matrix 특성 |
| rangefilt | Local range of image |
| stdfilt | 영상의 Local 표준편차 |

화소값과 통계처리

| | |
|---|---|
| corr2 | 2-D correlation coefficient |
| imcontour | 영상데이터의 contour plot 생성 |
| imhist | 영상의 히스토그램 그리기 |
| impixel | 화소의 컬러값 |
| improfile | Pixel-value cross-sections along line segments |
| mean2 | 2차원 데이터의 평균치 |
| pixval | 영상화소 정보 |
| regionprops | Measure properties of image regions (blob analysis) |
| std2 | 2차원 데이터의 표준편차 |

**영상합성**

| | |
|---|---|
| imabsdiff | 두 영상의 절대값 차이 |
| imadd | 두 영상을 더하거나 영상과 상수값을 더한다. |
| imcomplement | 영상의 명암을 반전시킴 |
| imdivide | 영상끼리 서로 나누거나 영상을 상수로 나눈다. |
| imlincomb | 영상들끼리의 Linear combination |
| immultiply | 영상끼리 서로 곱하거나 영상과 상수를 곱한다. |
| imsubtract | 영상끼리 서로 빼거나 영상과 상수를 뺀다. |

**영상향상**

| | |
|---|---|
| adapthisteq | Contrast-limited adaptive histogram equalization (CLAHE) |
| decorrstretch | Apply decorrelation stretch to multichannel image |
| histeq | histogram 균등화(equalization) |
| imadjust | 영상의 명암도 스트레칭 |
| imnoise | 영상에 잡음첨가 |
| intlut | lookup table에 의한 정수로의 변환 |
| medfilt2 | 2D median filtering |
| ordfilt2 | 2D order-statistic filtering |
| stretchlim | 스트레칭의 한계치 |
| wiener2 | 2D adaptive noise-removal filtering |

**영상회복(Deblurring)**

| | |
|---|---|
| deconvblind | blind deconvolution에 의한 영상 Deblur |
| deconvlucy | Lucy-Richardson 방식에 의한 영상 Deblur |
| deconvreg | regularized filter에 의한 영상 Deblur |
| deconvwnr | Wiener filter에 의한 영상 Deblur |
| edgetaper | Taper discontinuities along image edges |
| otf2psf | optical transfer function을 point-spread function로 전환 |
| psf2otf | point-spread function을 optical transfer function로 전환 |

**Linear Filtering**

| | |
|---|---|
| conv2 | 2D convolution |
| convmtx2 | 2D convolution matrix |
| convn | N-D convolution |
| filter2 | 2D linear filtering |
| fspecial | predefined 2-D filter 생성 |
| imfilter | N-D filtering of multidimensional images |

**Linear 2-D Filter Design**

| | |
|---|---|
| freqspace | Determine frequency spacing for 2-D frequency response |
| freqz2 | 2D 주파수 응답 |
| fsamp2 | 주파수 샘플링에 의한 2D FIR filter |
| ftrans2 | 주파수 변환에 의한 2D FIR filter using |
| fwind1 | 1D window method를 사용한 2D FIR filter |
| fwind2 | 2D window method를 사용한 2D FIR filter |

**영상변환**

| | |
|---|---|
| dct2 | 2D discrete cosine 변환 |
| dctmtx | Discrete cosine 변환 matrix |
| fan2para | Convert fan-beam projections to parallel-beam |
| fanbeam | Fan-beam 변환 |
| fft2 | 2D fast Fourier 변환 |

| | |
|---|---|
| fftn | N-D fast Fourier 변환 |
| fftshift | Shift zero-frequency component of fast Fourier transform to center of spectrum |
| idct2 | 2D inverse discrete cosine 변환 |
| ifanbeam | Inverse fan-beam 변환 |
| ifft2 | 2D inverse FFT(fast Fourier 변환) |
| ifftn | N-D inverse FFT(fast Fourier transform) |
| iradon | Inverse Radon 변환 |
| para2fan | parallel-beam projections을 fan-beam로 전환 |
| phantom | head phantom 영상 생성 |
| radon | Radon 변환 |

### 형태론적 영상처리

Intensity 와 이진영상

| | |
|---|---|
| conndef | connectivity array 생성 |
| imbothat | Bottom-hat filtering |
| imclearborder | Suppress light structures connected to image border |
| imclose | 형태론적 close |
| imdilate | 팽창(Dilate) |
| imerode | 침식(Erode) |
| imextendedmax | Extended-maxima 변환 |
| imextendedmin | Extended-minima 변환 |
| imfill | Fill image regions and holes |
| imhmax | H-maxima 변환 |
| imhmin | H-minima 변환 |
| imimposemin | Impose minima |
| imopen | 형태론적 open image |
| imreconstruct | 형태론적 복원 |
| imregionalmax | Regional maxima |
| imregionalmin | Regional minima |
| imtophat | Top-hat filtering |

| | |
|---|---|
| watershed | Watershed 변환 |

<u>이진영상</u>

| | |
|---|---|
| applylut | lookup tables을 사용한 이진영상의 Neighborhood operations |
| bwarea | 이진영상의 objects 면적 |
| bwareaopen | 형태론적 open binary image (remove small objects) |
| bwdist | 이진영상의 Distance 변환 |
| bweuler | 이진영상의 Euler number |
| bwhitmiss | Binary hit-miss operation |
| bwlabel | 이진영상의 Label connected components |
| bwlabeln | N-D 이진영상의 Label connected components |
| bwmorph | 이진영상의 Morphological operations |
| bwpack | 이진영상의 Pack |
| bwperim | 이진영상의 objects perimeter 추출 |
| bwselect | 이진영상의 objects 선택 |
| bwulterode | Ultimate erosion |
| bwunpack | Unpack binary image |
| imregionalmin | Regional minima |
| imtophat | Top-hat filtering |
| makelut | applylut을 사용한 lookup table 생성 |

<u>Structuring Element (STREL) Creation and Manipulation</u>

| | |
|---|---|
| getheight | Height of structuring element |
| getneighbors | Structuring element neighbor locations 와 heights |
| getnhood | Structuring element neighborhood |
| getsequence | Sequence of decomposed structuring elements |
| isflat | True for flat structuring element |
| reflect | Reflect structuring element |
| strel | morphological structuring element (STREL) 생성 |
| translate | Translate structuring element (STREL) |

### ROI-Based 처리

| | |
|---|---|
| poly2mask | Convert region of interest (ROI) polygon to region mask |
| roicolor | Select region of interest (ROI) based on color |
| roifill | Fill in specified region of interest (ROI) polygon in grayscale image |
| roifilt2 | Filter region of interest (ROI) in image |
| roipoly | Specify polygonal region of interest (ROI) |

### Neighborhood and Block Processing

| | |
|---|---|
| bestblk | 블록처리를 위한 최적 블록 size 결정 |
| blkproc | 영상의 Distinct block 처리 |
| col2im | Rearrange matrix columns into blocks |
| colfilt | Columnwise neighborhood operations |
| im2col | Rearrange image blocks into columns |
| nlfilter | General sliding-neighborhood operations |

### Colormap Manipulation

| | |
|---|---|
| brighten | Brighten or darken colormap |
| cmpermute | Rearrange colors in colormap |
| cmunique | colormap에서 duplicate colors 제거; grayscale이나 truecolor 영상을 indexed 영상으로 전환 |
| imapprox | Approximate indexed image by one with fewer colors |
| rgbplot | colormap 그리기 |

### 컬러공간 Conversions

| | |
|---|---|
| applycform | Apply device-independent color space 변환 |
| hsv2rgb | hue-saturation-value (HSV) 를 RGB color space로 변환 |
| iccfind | ICC profiles 탐색 |
| iccread | ICC profile 읽기 |
| iccroot | Find system default ICC profile repository |
| iccwrite | ICC color profile를 disk 파일에 쓰기 |
| isicc | True for valid ICC color profile |

| | |
|---|---|
| lab2double | L*a*b* data를 double로 변환 |
| lab2uint16 | L*a*b* data를 uint16로 변환 |
| lab2uint8 | L*a*b* data를 uint8로 변환 |
| makecform | color 변환구조 생성 |
| ntsc2rgb | NTSC 를 RGB 로 변환 |
| rgb2hsv | RGB를 hue-saturation-value (HSV)로 변환 |
| rgb2ntsc | RGB를 NTSC로 변환 |
| rgb2ycbcr | RGB를 YCbCr로 변환 |
| whitepoint | standard illuminants의 XYZ color 값 |
| xyz2double | XYZ color 값을 double로 변환 |
| xyz2uint16 | XYZ color 값을 uint16로 변환 |
| ycbcr2rgb | YCbCr color값을 RGB로 변환 |

# 부록 III. HDRI 렌더링 기법

## 들어가는 말

컴퓨터비전 분야에서 시각세계의 영상과 관련한 조명 정보의 실제 데이터를 구현할 수 있는 HDRI(High Dynamic Range Image)는 실물이나 객체를 극도로 사실감 있는 가상공간으로 렌더링 할 수 있다. 사실감 있는 영상에 대한 요구가 증대하면서 물체와 조명과의 관계를 고려한 그림자 생성효과 및 빛 반사효과를 광역조명(Global illumination)의 색상형성과 함께 연구되어 극도의 사실적인 영상 형성이 가능하게 되었다. 극 사실화에 따른 방대한 양의 조명 정보 저장을 위한 영상 포맷인 HDRI 기술은 하나의 영상에서 각 화소들이 색상과 함께 밝기 강도를 저장하고 있어 영상의 표현 폭이 커지고 동일한 컬러를 가진 화소들 간의 구별화로 입체감과 사실감을 증대시킨다. 본 논문에서는 HDRI 기법을 정리하고 이와 관련된 응용 사례를 살펴봄으로 최근의 기술 동향을 고찰하고자 한다. 특히 고고학이나 건축학 및 디자인 응용분야를 중심으로 살펴본다.

### 1. HDRI 란 무엇인가?

컴퓨터 비전 분야에서 객체의 이미지 처리를 통한 실시계(real scene)로의 유시 표현은 매우 중요한 관건이다. 이미지에 대한 사실감의 요구가 증대하면서 인간의 시각이 느끼는 실제감에 대한 물리적 실험과 연구들이 진행되었다. 인간은 물체를 시각적으로 인식할 때, 물체의 그림자형성(shadowing), 선별과 삭제(occlusion), 및 운동시차(motion parallax)에 의존한다. 이는 시각인지 이전에 객체와 조명환경과는 밀접한 관계가 있으며, 만약 이 관계를 수학적으로 규명할 수 있다면 이차 평면 상에 주어진 이미지 데이터를 수식처리에 의해 실제감이 있는 이미지도 재구성할 수 있음을 의미하기도 한다.

8 비트 컴퓨터가 보급되기 시작하였던 1960년대 컴퓨터비전 분야에서는 화소의 색을 8비트로 나타내었다. 비트맵이다. 256가지 모드 색으로 된 회색조 이미지와 마찬가지의 RGB 각 색 정보가 이 비트맵으로 일반에 보급되었다. 이 무렵 이미지의 실시계적 요구는 선별과 삭제에 근거한 은면이나 은선의 제거와 1970년대 래스터 기술 개발과 함께 Z-버퍼, 스캔라인, 워노크 알고리즘 및 occlusion culling 기법 등이 개발되었다. 그리고 입체감에 대한 요구가 증대하면서 전역조명(global illumination)과 국부조명(local illumination) 모델이 제시되었고 2차원 이미지 데이터에 그림자 효과를 부가하였다. 2차원 이미지상에서 3 차원 효

과가 나타나도록 이미지 화소값을 재구성하는 작업인 렌더링(rendering)이 본격화한 것도 이 무렵이다.

사실적인 렌더링을 위해서는 전역조명이나 국부조명 모델링과 모델처리 그리고 대개 색상, 농도 같은 질감 표현이 요구되는데, 이는 거의 수작업에 의존하는 시간이 많이 소요되는 작업이다. 1960년대 간단한 은면/은선 제거로부터 시작된 렌더링은 그 후 여러 형태로 발전하여 아래에 정리한 바와 같이 처리 기법이나 적용 분야가 매우 다양하다.

Occlusion: Z-buffer algorithm, Scan-line algorithm

Surface-mapping: Texture Mapping, Bump Mapping, Procedure Mapping, Transparency Mapping, Reflection Mapping, Environment Mapping

Global Illumination Model: Ray Tracing, Photo Map Ray Tracing, Radiosity, Sub Surface Scattering

Local Illumination Model: Phong Model, Blinn Model

Shadowing: Shadow Mapping, Shadow Volume

Distribution Rendering

여기서 대상으로 하고 있는 HDRI 렌더링은 위의 여러 기법들 가운데 하나이다. 궁극적으로 렌더링은 디지털카메라에 잡힌 이차원 이미지의 각 화소값에 어떤 입체감 내지는 사실감을 줄 수 있는 정보를 더 부가하면서 이미지를 재구성해 가는 과정이라 할 수 있다. 색상의 벡터요소를 기하학적으로 강조하든지, 조명모델을 통한 정보를 부가하든지, 그림자 정보를 사용하든지 그 방법은 여러 가지이다. 여기서 렌더링은 광도(light intensity)정보를 부가함으로 이미지의 표현 폭을 확대나 강조하여 사실감을 갖도록 하는 기법이다. 이하 HDRI 기술을 고찰하고 이와 관련한 동향 및 응용을 살펴본다.

## 2. HDRI 기술

### (1) LDRI와 HDRI

이미지에는 LDRI (low dynamic range image)와 HDRI (high dynamic range image)가 있다. LDRI는 화소당 8 비트인 256 종류의 색 모드로 나타내는 비트맵 방식이다. 대부분의 LDRI에서 화소값은 100:1 정도의 DR(dynamic range)로 제한되며 일반적으로 많이 사용하는 디스플레이 장치로 표현되는 JPEG, TIFF, BMP 등의 영상이 이에 해당한다. 반면에 실시계의 DR이나 사람의 눈에 실제로 들어오는 장면의 DR은 그보다 훨씬 큰 범위를 갖는다. HDRI이다. 단순한 색 모드에 제한되어 있지 않고 광범위한 색 모드 분포를 갖는다. 이러한 시각범위를 DR이라 하는데 가장 밝은 것과 어두운 것의 비로 정의한다. 실시계에서 사람의 눈에 인지되는 DR이 10,000:1 정도로 10,000 가지 색 모드가 눈으로 입력된다. 디지털카메라로 이미지를 읽어드릴 때에 비트맵으로 표현되기 때문에 이미지 데이터 상 실시계 시각 정보를 표현하는데는 한계가 있다. HDRI에서는 각 화소에 색상과 함께 광도맵(radiance map)을 사용하여 광도 정보를 공유케 함으로 실시계와 구별할 수 없는 DR에 의해 가상물체를 사실감 있게 렌더링할 수 있다.

(2) HDRI Format

LDR과는 달리 HDR에서는 실시계 DR을 추구하기 위해서는 화소당 실수범위의 비트수가 필요하여 부득이 부동점색공간 (floating-point color space)을 지향해야 한다. 대부분 부동점 표현들의 단점은 화소당 96비트 정도의 너무 큰 공간을 차지한다는 점이었다. 이렇게 하는 것이 비록 컬러 형성을 위해 불가피하기는 하지만 이 데이터를 디스크에 저장하거나 인터넷에 전송하는 데는 무리가 있다. HDR에서는 이 문제를 화소당 32 비트를 할애함으로서 visual color를 재형성한다. 일반적으로 많이 사용하는 Radiance RGBE, Pixar Log TIFF, SGI LogLuv TIFF 포맷은 이를 기반으로 한다. 여기서 Radiance RGBE는 한 화소당 각 Red, Green, Blue를 위한 3 바이트와 Exponent에 1 바이트를 할당한다. 4 바이트로 32 비트를 완성한다. 광도범위가 256개의 값으로 표현되어 RGB 정보와 조합함으로 종래의 RGB 24 비트 LDR 영상 포맷에서는 표현할 수 없었던 보다 더 폭넓은 밝기로의 확장이 가능하다. Pixar Log TIFF는 Log RGB 에 의한 33 비트를 사용한다. 전자의 포맷이 HDR을 가지나 RGB값이 양수로 제한되며 후자는 RGB의 제한이라는 단점이 있다. 두 방식의 결점을 RGB가 아닌 Log LUV로 보완한 것이 SGI Log Luv TIFF 이다. 32 비트를 사용하며 시각인지 전 범위의 DR을 제공한다.

(3) Tone Mapping

톤 매핑은 1993년 J. Tumblin 등이 제시한 것으로 실시계 환경으로 포맷된 HDRI를 모니터 상에 디스플레이 하기 위해 두 환경의 시각적 매칭을 도모한 기법이다. 실시계의 휘도 범위가 1/1,000,000 에서 10,000 cd/m2임에 비해 컴퓨터 디스플레이는 1 에서 100 cd/m2미만이기 때문에 HDR로 표현된 이미지 휘도 범위를 디스플레이 장치가 허용하는 범위 내로 매핑시켜 관측자로 하여금 모니터 상에서 HDRI 효과를 유지하게끔 해야 한다.

실제 HDRI를 LDR인 디스플레이 휘도 범위로 매칭하는 데는 관측자의 휘도 적응을 무시한 채 색상(color)을 계량하여 디스플레이 상에 정확한 색상을 재생산하거나 색상의 이동을 허용하더라도 가능한 한 컬러포화를 유지하게 하거나 또는 디스플레이 범위와 관측자 적응 이라는 색상인식의 매칭 측면에서 휘도 조정을 기할 수 있다. 이는 더 구체적으로 크게 나누어 선형 매칭과 비선형 매칭으로 구분한다. 선형 매칭은 HDRI의 휘도 범위를 중심선에 대해 디스플레이 범위로 선형적으로 균일하게 축소시킨 것으로 중간값 매칭(mean value matching) 이나 산호연동보정법(interactive calibration) 이 있다. 비선형기법은 일부 포화를 허용하거나 전달함수를 곡선이나 시각인지곡선으로 매칭시킨 것으로 Schlick, Tumblin, Ferwerda 등이 제시한 기법들이 이에 속한다.

[그림 1] 톤 매핑 예

그림 1은 톤 매핑의 예를 보여주고 있다.

### 3. HDRI의 구현

HDRI를 구현하기 위해서는 조명 환경 및 조건과 관련한 실시계에 관한 수학적 모델이 제시되어야 한다. HDRI의 생성은 실험을 통해 이루어진다. 그 몇 가지 방법을 고찰한다.

① 카메라 노출 시간조정에 의한 HDR 생성

초기 단계에서의 HDRI 생성은 영상입력시 카메라 노출시간을 조정하여 카메라오 유입되는 빛의 양에 의해 HDR 휘도맵을 작성하였다.

② Light probe 에 의한 HDR 생성

그림 2는 Light probe 의 예를 보이고 있다. 구형태의반사거울로서 3차원 공간에서 전 각도 범위에 걸쳐 HDR 생성이 가능하다.

[그림 2] Light probe와 다각도에서의 이미지 취득

③ 조명정보에 의한 HDR생성

여러 다양한 조명 조건 하에서 취득한 영상들로부터 3 차원 정보를 사용한 HDR영상을 생성한다. 물체 표면의 반사와 흡수 두 방향에서 구한 반사분포함수(bidirectional reflection distribution function)로부터 구한다. 관측되는 광선의 입출사 방향 사이의 빛전달에 반사특성 모델을 생성한다. 실험은 카메라 위치를 고정시킨 채, 광원의 위치를 3차 공간에서 이동시켜 가면서 그 때마다의 영상들을 취득하고 이미지 화소별로 표면휘도에 의존한 모델을 생성한다.

## 4. HDRI의 응용

HDRI를 응용하여 렌더링하는 여러 형태의 소프트웨어 툴들이 개발되었다. 대표적인 것으로는 mkhdr이나 HDR shop 등이 있는데 전자는 노출정보를 사용하여 HDRI 를 생성하며 후자는 가장 많이 사용하는 툴로서 HDR생성을 비롯한 다양한 기능을 수행한다. 그 밖에 Light probe 관련한 Light Gen, 파노라마 이미지 뷰어인 PanoPan HDR이 있다. 그림 3은 이러한 툴을 사영하여 HDR로 고고학에 적용, 금석문 문자를 판독하는 예를 보이고 있다.

[그림 3] HDRI와 고고학적 응용

```
Program
% ===============================================================
% 파일명: PR_ .m
% 용도: LDR영상을 이용하여 HDR 영상을 생성
% 주의점: 노출(exposure)이 서로 다른 동일 영상을 읽어들여야한다.
% ===============================================================
clear,clc
%원본 영상은 같고 노출이 다른 6장의 영상을 지정한다.
files = {'office_1.jpg', 'office_2.jpg', 'office_3.jpg', ...
        'office_4.jpg', 'office_5.jpg', 'office_6.jpg'};
%영상의 노출값을 지정한다.
expTimes = [0.0333, 0.1000, 0.3333, 0.6250, 1.3000, 4.0000];
%파일과 노출값을 이용해 HDR영상을 생성한다.
hdr = makehdr(files, 'RelativeExposure', ...
      expTimes ./ expTimes(1));
%생성된 HDR영상을 저장한다.
hdrwrite(hdr,'make_hdr.hdr');
%생성된 HDR 영상을 디스플레이하기 위하여 색역을 조정한다.
rgb = tonemap(hdr);
%색역이 조정된 영상을 디스플레이한다.
figure; imshow(rgb)
```

Result

Program

```
% ==============================================================
% 파일명: PR_ .m
% 용도: HDR 영상을 읽어 디스플레이한다.
% ==============================================================
clear,clc
%HDR영상을 읽는다.
hdr = hdrread('make_hdr.hdr');
%읽어들인 HDR 영상을 디스플레이하기 위하여 색역을 조정한다.
rgb = tonemap(hdr);
%색역이 조정된 영상을 디스플레이한다.
figure; imshow(rgb)
```

Result

## 5. 정리

이미지 데이터로부터 필요한 정보를 추출하거나 시각 향상을 도모하던 초기의 영상처리는 컴퓨터비전 분야의 급속한 발전에 힘입어 실시계 구현을 위한 HDRI를 생성하였다. 본고에서는 LDRI와 HDRI의 차이점을 비교하고 HDRI포맷, 톤 매핑 관련 기술을 간략히 정리하고 실시계비전으로의 구현과 그 응용에 관한 전반적인 기술 동향을 살펴보았다. 컴퓨터비전의 궁극적 목표라 할 수 있는 디스플레이 상에서의 실시계의 재연과 사실감 추구는 이미지 렌더링을 통해 가능하다. 여기에는 인간의 시각인지 특성을 근거로 한 파라미터 추출과 노출 , 조명 조정 실험을 통한 모델링 작업이 선행되어야 했다. 그에 따라 이차원 이미지 데이터 상에서 실시계 물체의 입체적 재연이 가능하다. 이러한 HDRI 렌더링 기법은 차후 HDTV, 고화질, 고해상도 화면 LCD 모니터, 나아가 휴대폰 영상 형성에 까지 파급되어 형태와 물체 표면의 상세부분까지를 인식하는 시각효과 극대화에 적용이 가능하다. 더욱이 대상으로부터 정보를 쉽게 인지함에 의해 골동품, 고대 유물, 고고학, 의료진단, 과학수사 및 산업제품 검사와 품질 검사 등에 널리 활용될 전망이다.

# 찾아보기

## ㅈ



## ㅊ



## ㅋ



## ㅍ



## ㅎ



## C



## D



## F



## H

## I



## M



## O



## P



## R



## S



## Y

### 저자 약력

**황재호** (黃載皓, Hwang Jae-ho)

1982. 2 아주대학교 전자공학과 (공학사)
1986. 2 서울대학교 대학원 전기공학과 (공학석사)
1994. 2 서울대학교 대학원 전기공학과 (공학박사)
1982 ~ 1992 전력연구원 부장대리
1992 ~ 현재 한밭대학교 전자공학과 교수
전공 및 관심 분야 : 컴퓨터비전, 영상처리, 디지털 신호처리
e-mail : hwangjh@hanbat.ac.kr

[Matlab 활용] 처음부터 배우는
**디지털영상처리와 비전**

2009년 7월 20일 초판 인쇄
2009년 8월 5일 초판 발행

저 자 / 황재호
발행자 / 오판근
발행처 / 교우사

주 소 / 서울 동대문구 제기2동 148-19
전 화 / 925-2861(代), 편집부 / 925-2825
팩 스 / 925-2860
E-mail / kyowoo@kyowoo.co.kr
http://www.kyowoo.co.kr

등록 / 1994. 3. 24 제6-0256호

ISBN 978-89-8172-802-1 (93560)
값 **22,000**원